**퀀트로 가치투자하라**

# QUANTITATIVE VALUE

# 퀀트로 가치투자하라

마법공식을 뛰어넘는 최강 QV 주식투자법

**웨슬리 그레이 · 토비아스 칼라일** 지음

**서태준** 옮김 | **신진오** 감수

에프엔미디어

## 과정으로서의 퀀트에 충실한 책

퀀트투자를 많이 접하지 않은 사람들이 퀀트 전략가에게 하는 단골 질문이 몇 가지 있다. 가장 궁금해하는 것은 "퀀트투자 모델에서 나온 결과를 언제나 따르는가?"다. 나는 "무조건 따르는 게 퀀트"라고 단언한다. 이렇게 답하면 믿지 않는 사람이 태반이다. 보통 퀀트투자에 관심이 있는 사람은 엑셀이나 프로그래밍 등으로 간단한 회귀분석 정도를 하고서 퀀트투자를 해보았다고 여긴다. 그러니 내 대답을 온전히 수긍하기 어려울 수밖에 없을 것이다. 그들은 올바른 퀀트투자 모델을 만들지 못할 뿐 아니라, 어떤 경로를 통해 올바른 모델을 얻더라도 주변의 소음에 흔들려 모델의 결과를 무시하기 쉽다.

나는 답을 추가한다. 퀀트 전략은 경제와 금융시장, 그 시스템의 일부인 기업의 운영 방식에 바탕한 원리를 포함하는 데서 출발해야 한다. 즉, 애초에 논리적으로 설명되는 모델을 만들어야 따를 수 있다. 사람들은 그래도 미련을 버리지 못한다.

"퀀트 전략 모델을 만들고 계산해도 결과를 선택하는 것은 인간이라는 말씀이죠?"

"아니요. 선택을 인간이 하면 퀀트투자가 아닙니다. 인간의 일은 모델을 만드는 단계까지이고, 모델을 만든 후에는 그 결과에 따라야 합니다."

이렇게 퀀트 전략을, 그리고 세계 최고의 퀀트투자 회사에서 사용하는 투자 의사결정 방식을 설명하는 데 실패하지만, 나는 답을 이해하지 못하는 사람들 대부분을 이해한다. 많게는 수조 원까지 투자를 결정하는 간단한 수식 한 줄이 얼마나 오랜 시간 동안 얼마나 많은 생각과 토론, 테스트를 거쳐서 나오는지 알기가 쉽지 않기 때문이다.

이 점에서 《퀀트로 가치투자하라》의 저자들이 책을 서술한 방식이 퀀트 전략가가 투자를 결정하는 수식을 만드는 과정을 잘 보여준다고 생각한다. 어떤 것을 왜 시작하는지, 어떤 것은 왜 쓸모없는지를 조목조목 따지면서 자신의 것을 만들어나가는 과정을 전개하기 때문이다. 여기서 내가 '자신의 것'이라 표현한 것은 퀀트의 세계에서 흔히 '시그널'이라 부르는, 초과 수익률을 예측하는 공식이다. 퀀트 전략을 이용한 투자 의사결정에는 리스크와 거래 비용 예측을 결합해 진짜 초과수익을 낼 수 있는지 확인하는 과정도 있다. 그러나 이 책은 이 과정의 처음이라 할 수 있는, 기본 아이디어에서 초과수익률을 예측하는 식을 만드는 과정에 초점을 맞추었다. 운용 규모가 작은 퀀트 전략가와 개인 투자자에게 가장 유용하다고 생각하는 부분이다.

저자들은 책 전반에서 이 과정에 필요한 것을 설명한다. 예를 들어 7장에서 펀더멘털 가격 지표 여럿을 경쟁시켜 승자를 결정한다. 8장에서는 여러 지표를 묶어 결합 지표를 만든 후 결과를 비교한다. 퀀트투자를 꽤 안다면 8장 중간쯤 읽을 때쯤 약간 화가 날 수도 있다. 힘들게 여러 지표를 묶어서 하나보다 못한 것을 만들어내는 멍청한 짓처럼 보이기 때문이다. 그러나 참을성을 가지고 8장의 끝까지 읽어보면 저자들이 의도적으로 이를 통해 시그널 형성으로 가는 과정을 아주 친절하게 보여주었다는 점을 알 수 있다.

박사 수백 명을 고용하는 대형 퀀트투자 회사들 역시 퀀트 모델을 100% 믿고 따르지 못한 시기를 거쳤다. 퀀트 모델의 결과로 나온 투자 의사결정을 트레이더나 포트폴리오 매니저가 자기 마음대로 바꾸는 일을 오버라이팅overwriting이라 한다. 예전에는 퀀트투자 회사에서도 이런 일들이 일어났었다. 그러나 그때마다 누가 어떻게 오버라이팅했는지 기록했고, 이 행위가 어떤 결과를 낳았는지 분석했다. 인간이 개입하지 않고 모델대로 진행했다면 도출되었을 결과도 포함했다. 비교해보니 인간이 개입한 결과는 거의 모두 처참했다. 이런 역사를 거쳐 퀀트투자 회사들은 인간의 직관과 논리가 잘 녹아든 모델을 인간이 이길 수 없다는 것을 인정하고 모델을 철저하게 따르게 된다. 이 책의 저자들 역시 이를 강조한다.

> 우리는 퀀트 모형에 무언가를 보탤 수 있다고 생각하고 싶어 하지만, 사실 모형의 성과는 종종 우리가 보탤 수 있는 바닥이 아니라 우리가 미치지 못하는 천장에 해당한다. (50쪽)

하지만 이런 모델을 만들기 위해서는 끊임없이 논리적으로 생각하고 비판하고 테스트하고 향상시키는 인간이 필요하다. 이 책에 설명한 방법과 논리적으로 진행하는 순서를 따라 해보는 것은 함께 작업할 수 있는 퀀트가 많지 않을 때 특히 도움이 되리라 생각한다.

이 책은 '퀀트가치 투자 전략Quantitative Value'을 다루었다. 가치투자는 일반적으로 기업의 본질적 가치와 시장 가격의 괴리를 찾아 투자한다. 이때 많은 투자자는 본질적 가치를 알아내는 데 기업의 재무제표에 있는 정보를 이용한다. 여기 나온 많은 숫자를 엑셀 등을 이용해 정리하고 그래프를 그려보기도 한다. 이 숫자들이 충분히 의미가 있다고 판단하면 그에 기반해 투자 의사결정을 한다. 퀀트가치 투자 역시 같은 곳에서 출발해 같은 방법을 사용하지만 여러 가지를 더한다. 예를 들어 상당히 긴 기간의 데이터를 여러 측면에서 분석할 수 있고, 이 여러 가지를 더할 때 투자 정보로서의 가치가 얼마나 커지는지 정확히 계량화할 수 있다. 무엇보다 투자 의사결정을 실행에 옮길 때 인간의 감정에 영향받지 않게 해준다.

퀀트가치 투자 전략은 퀀트투자의 가장 뿌리 깊은 분야다. 저자는 바클레이스 글로벌 인베스터즈 등 특정 퀀트의 업적을 언급하고, 그보다 늦은 1990년대에 설립된 여러 헤지펀드 역시 언급한다. 전통적으로 1980~1990년대 혹은 그 이전부터 이들이 연구해온 분야가 바로 퀀트가치 투자다.

저자는 서문에서 '액티브 투자의 성과를 패시브 투자의 성과와 비교해보면 겸손해지고, 액티브 투자가 낭비처럼 느껴진다'고 설명했다. 학계에서도 액티브 펀드 매니저의 평균 성과가 패시브 투자에 비해 형편없다는 논문을 지난 20년간 내놓았고, 2008년 글로벌 금융위기 이후 세계 금융시장의 회복과 더불어 큰 성장을 기록한 패시브 투자자들은 액티브 펀드 매니저들을 비웃다시피 한다. 그러나 액티브 펀드 매니저 중에서도 퀀트가치 투자 매니저들은 오랫동안 실적을 증명해왔다. 저자 역시 서문에서 이를 강조한다. 인간의 인지 편향을 투자에 반영하지 말고 시스템을 통해 가치투자를 하라고 말이다.

많은 독자가 책에서 마지막으로 결론을 낸 공식 한두 줄을 알아내기 위해 책을 구입했을지 모르겠다. 만약 그렇다면 생각을 약간 바꾸어 책을 자세히 읽으면서 더 중요한 것을 건지기를 권한다. 앞에서 이야기했듯이 저자들이 마지막 장까지 가는 과정을 잘 살펴보기를 바란다. 자신의 전략을 세우는 과정에 큰 도움이 될 것이다.

퀀트 모델을 가장 잘 쓰는 방법은 비교적 큰 투자 유니버스에 적용하는 것이다. 굉장히 많은 종목에 동시에 적용할 수 있어야 한다는 말이다. 이를 통해 높은 수익률 대비 낮은 변동성을 갖는 포트폴리오를 형성할 수 있다. 퀀트 모델은 한 종목에서 엄청난 수익을 내는 것을 목표로 하지 않는다. 독자의 결론은 포트폴리오에 기반하고 있어야 한다. 이 점을 잊지 말고 펀더멘털이 녹아든 자신만의 공식을 만들어내기를 바란다.

퀀트투자는 논리의 과정이다. 그렇기 때문에 끊임없이 생각하고 시도하고 노력해야 하는, 어떻게 보면 참 귀찮은 투자법이다. 하지만 이 과정에서 진짜 재미를 찾을 것이다.

2019년 8월 오슬로에서

**영주 닐슨**_성균관대학교 경영전문대학원 교수,
《월스트리트 퀀트투자의 법칙》 저자

# 서문

이 책은 무엇보다 가치투자, 즉 재무제표상의 펀더멘털을 분석해 기업의 내재가치를 평가하고 주식 투자를 통해 사업의 공동 소유자가 된다는 생각을 다루었다. 벤저민 그레이엄Benjamin Graham은 75년 전에 가치투자의 원리를 정립했다. 오늘날 가치투자의 원리는 투자 업계에 널리 적용되며 학계에서도 일반적인 것으로 받아들여진다. 가치투자가 투자 철학으로 성공할 수 있었던 계기로는 그레이엄의 수제자 워런 버핏Warren Buffett의 투자 성과를 들 수 있다. 버핏의 주주서한에 영향을 받은 수많은 사람이 그를 추종하고 있다. 가치투자라는 투자 철학이 이미 널리 알려져 있고, 컴퓨터 연산 능력이 기하급수적으로 향상되며, 금융 정보가 도처에 넘쳐나는 오늘날에도 여전히 가치투자 열풍이 식지 않는다는 것은 논리에 어긋나 보인다. 시장은 효율적이라는데 공짜 점심이 남아 있는 이유는 무엇일까? 정답은 그레이엄 당시나 지금이나 변함없이 인간이 비이성적으로 행동한다는 것이다. 투자 기법이 발전하는 동안에도 인간은 여전히 비이성적인 존재로 남았고, 태초부터 우리를 괴롭혀온 인지 편향도 여전하다. 인간 행동에 내재된 약점을 완전히 극복하지는 못하더라도, 투자 과정에 합리적인 해결책을 적용해 오류를 최소화하도록 도모할 수는 있다. 이 책의 두 번째 측면, 즉 계량적 투자quantitative investment, 이하 퀀트투자가 바로 그 해결책이다.

퀀트 하면 강력한 컴퓨터가 쏟아내는 복잡한 방정식을 떠올리겠지만, 행동 오류에 대한 해독제로 이해하면 쉽다. 불확실한 상황에서 이성적 판단을 내려야 하는 우리의 인지 장치는 불완전한 데다 종종 눈뜬장님처럼 실패를 향해 직진하기도 한다. 말하자면 우리는 확신에 찬 무능력자다. 인지 편향으로부터 우리를 지켜줄 수단이 필요한데, 바로 퀀트가 그 역할을 해낼 수 있다. 퀀트는 행동 오류에서 우리를 보호하는 동시에 남의 행동 오류를 활용할 수 있게 해준다. 모형이 복잡할 필요는 없다. 단순한 모형으로도 최고의 전문가를 능가할 수 있다는 증거는 차고 넘친다. 더욱이 이 사실을 최고 전문가들에게 알려줘도 달라지지 않는다는 점은 우리의 인지 장치가 얼마나 엉터리인지 잘 웅변해준다. 이는 가치투자자뿐만 아니라 다른 분야에 종사하는 전문가에게도 똑같이 해당되는 이야기다.

이 책은 가치투자자를 위한 책이다. 액티브active 투자 성과를 패시브 passive 투자 성과와 비교하다 보면 겸손해지는 한편 은근히 열 받게 된다. 왜 숱한 노력을 낭비한단 말인가? 여기서 '낭비'라는 표현은 그나마 점잖은 편이다. 더 솔직하게 표현하면 '가치 파괴'라고 할 수 있다. 액티브 펀드를 운용하는 매니저가 무의식적이지만 체계적으로 인지 편향을 포트폴리오에 반영한 결과 투자수익률 하락을 자초했기 때문일 것이다. 그렇다면 해결책은 없을까? 다행히 퀀트 기법을 사용하면 개선의 여지가 있다. 안전마진을 확보하고, 최고 수준의 경제적 해자를 확인하며, 가장 저평가된 종목을 찾아내는 기법 등이다. 각각의 기법을 다룬 논문을 자세히 알아보고 백테스트한 결과를 기반으로 최고의 아이디어들을 하나의 퀀트가치 모형으로 통합할 것이다. 수동적인 지수화indexing와는 다르다. 우리는 시스템을 통해 수행하는 적극적 가치투자를 추구한다.

# 차례

# 퀀트가치
# 투자 전략의
# 토대

이 책은 6부로 구성된다. 1부는 퀀트가치quantitative value 투자 전략의 논리적 근거를 제시하고 우리의 체크리스트를 소개한다. 몇몇 단순한 형태의 퀀트가치 투자 전략을 살펴봄으로써 투자 과정의 핵심 요소를 짚어볼 것이다. 2부에서는 투자 손실을 초래하는 기업을 회피하는 기법을 다룬다. 재무제표 조작, 사기, 자금난에 처한 기업의 주식이 대표적인 회피 대상이다. 3부는 우량주가 갖는 특징, 즉 강력한 경제적 해자와 탁월한 재무건전성을 분석하는 내용을 담고 있다. 4부에서는 저평가된 종목을 쉽게 찾고 위험조정수익률을 높이는 가격 지표를 알아보면서 염가 종목 사냥에 나설 것이다. 우리는 장기 평균을 사용하거나 지표를 여럿 결합하는 등 특별한 가격 지표를 검토할 것이다. 5부는 여러 시장 참여자가 보내는 다양한 신호를 살펴본다. 자사주 매입과 내부자 매수, 공매도, 주주행동주의를 비롯해 기관투자가의 주식 거래 등을 들여다볼 것이다. 마지막 6부에서는 우리의 퀀트가치 모형을 구축하고 이를 테스트할 것이다. 우리가 살펴본 논문의 핵심 내용을 하나의 투자 시스템으로 통합하는 방법론을 다루고 그 결과를 백테스트할 것이다.

# 눈먼 돈의 역설

포커판에 이런 말이 있다.
"게임을 시작한 지 30분이 지나도록 누가 호구인지 모르겠다면
바로 당신이 호구다."
워런 버핏(1987)

1968년 여름, 캘리포니아 대학교 어바인 캠퍼스UCI의 젊은 수학 교수이 자 《Beat the Market: A Scientific Stock Market System시장을 이겨라》(1967)의 저자인 에드워드 소프Edward Thorp는 브리지 게임을 하며 오후를 보내자 는 워런 버핏Warren Buffett의 초대에 응했다. 당시 버핏은 '가치투자'로 유명 해지기 전이었다. 랠프 월도 제라드Ralph Waldo Jerard가 자리를 주선했다. 그는 버핏이 설립한 버핏 투자조합의 초창기 투자자이자 소프가 재직하던 UCI 경영대학원의 학장이었다. 버핏은 막 투자조합을 청산하려던 참이었 고, 그 결과 투자금을 회수하게 된 제라드는 자신의 돈을 맡길 새로운 펀드 매니저를 찾는 중이었다. 그는 이색적인 '퀀트투자'로 UCI에서 찬찬히 명성 을 쌓아가던 젊은 교수 소프를 버핏이 어떻게 볼지 궁금했다.

제라드는 친척이 컬럼비아 대학교에서 버핏을 가르쳤던 인연으로 버핏 투자조합에 투자하게 되었다. 가치투자의 아버지로 유명한 벤저민 그레이 엄Benjamin Graham이 바로 그 친척이었다. 그레이엄이 데이비드 도드David Dodd와 함께 가치투자의 바이블이 된 《증권분석Security Analysis》을 출간한 해는 1934년이다.[1] '월가의 학장'으로 불리던 그레이엄은 버핏을 수제자로 여겼다. 그가 사람 보는 눈이 얼마나 정확했는지는 이후 명백하게 증명되었다.

소프를 만난 1968년 당시 버핏은 이미 눈부신 투자 업적을 쌓아 올리고 있었다. 12년 전인 1956년, 그는 26세의 나이에 단돈 10만 100달러로 버핏 투자조합을 설립했다. 자신은 끝에 붙은 100달러만 출자했다고 농담조로 말한 적이 있다. 1968년 투자조합의 운용 자금은 1억 달러를 돌파했고, 이 중 2,500만 달러가 버핏 몫이었다.[2] 1956~1968년의 12년간 그는 투자조합 의 운용 자금을 연복리 수익률Compound Annual Growth Rate, 이후 CAGR 30% 로 불려놓았다. 이 수익률은 연 6%를 초과하는 수익의 25%에 해당하는 그 의 성과보수를 공제하기 이전의 것이고, 제라드를 비롯한 투자자의 CAGR

은 24%에 이르렀다. 1달러가 13달러 이상으로 늘어난 셈이다. 버핏의 몫은 성과보수 없이 30%로 불어났기 때문에 1달러가 23달러 이상이 되었다. 하지만 더 이상 저평가된 종목을 찾기가 어려워지자 1968년 버핏은 투자조합을 청산하기로 결정했다. 제라드는 다른 투자처를 물색해야 했고 소프가 적임자이길 바랐다. 소프의 특이한 퀀트투자가 잘 작동할지 궁금했던 제라드의 간청에 못 이겨 소프는 브리지 게임을 하기 위해 버핏과 마주 앉게 되었다.

버핏은 세계적인 수준의 브리지 고수다. "버핏은 상대를 가리지 않을 만큼 고수예요. 사고가 논리적인 데다 문제를 풀어내는 실력과 집중력이 있기 때문이죠." 세계적인 브리지 게임 선수이자 종종 버핏의 상대가 되어주는 샤론 오스버그Sharon Osberg의 말이다.[3] 버핏은 "일주일에 12시간, 그러니까 깨어 있는 시간의 10%는 브리지 게임에 할애합니다. 요즘은 잠을 줄이고 몇 게임 더 하는 방법을 찾고 있답니다"라고 말했다.[4] 소프에게 버핏은 버거운 게임 상대였다. 그는 브리지 게임 선수로서의 버핏을 관찰했다.[5]

> 브리지 게임 애호가라면 이 게임이 수학자가 말하는 '불완전 정보 게임'의 일종이라는 것을 알 수 있다. '비딩(bidding)'은 마주 앉은 같은 편 2쌍이 보유한 카드 정보를 말없이 주고받는 과정이다. 게임이 시작되면 선수들은 비딩과 바닥에 놓인 카드를 통해 아직 보지 못한 나머지 카드를 누가 쥐고 있는지 추론하게 된다. 주식시장 역시 '불완전 정보 게임'의 일종이고 속임수와 사기가 있다는 점에서 브리지 게임을 빼닮았다고 할 수 있다. 브리지 게임처럼 주식시장에서도 정보를 빨리 알수록, 그리고 잘 활용할수록 더 좋은 성과를 내기 마련이다. 이런 이유로 역사상 가장 위대한 투자자로 칭송받는 버핏이 브리지 게임 중독자라는 사실이 놀랍지 않다.

소프 역시 카드 게임이 낯설지 않았다. 그는 주식시장에 뛰어들기 전에《딜러를 이겨라Beat the Dealer》를 저술했는데 이 책은 지금도 블랙잭 blackjack 교본의 최고봉으로 여겨진다. 윌리엄 파운드스톤William Poundstone 은 저서《머니 사이언스Fortune's Formula》에서 소프의 카드 계산법을 자세히 다루었다.[6] 1958년 소프는 수학자 로저 볼드윈Roger Baldwin이 미 육군의 컴퓨터로 블랙잭 승률을 계산해 최강 전략을 탐색한 글을 읽게 되었다. 당시 컴퓨터는 문자 그대로 계산기나 계산원을 가리켰다. 볼드윈과 동료 3명이 3년에 걸쳐 연구한 결과, 특이한 전략을 쓰면 카지노가 갖는 우위를 0.62%p까지 낮출 수 있다는 사실을 알아냈다. 놀랍게도 이들의 논문이 발표되기 전에는 누구도, 카지노조차도 카지노의 우위가 얼마인지 몰랐다. 카드 한 벌(52장)로 만들 수 있는 경우의 수가 워낙 많아서 우위를 계산할 방법이 없었기 때문이었다. 다른 논문에서는 우수한 블랙잭 선수라면 카지노의 우위를 2~3%p까지 낮출 수 있다고 했다. 이를 0.62%p까지 낮출 수 있다는 볼드윈의 전략도 사실 대단한 진전이었다. 그런데 소프가 보기에는 볼드윈의 전략이 해결하지 못한 결정적 문제가 남아 있었다. 여전히 돈을 잃는다는 점이었다. 소프는 개선할 자신이 있었다.

그는 당시 블랙잭이 카드 한 벌로 진행되고 판이 바뀔 때도 카드를 섞지 않는다는 점에 주목했다. 블랙잭 판들이 통계학 용어로 서로 '독립적'이지 않다는 의미였다. 한 판에서 수집한 정보를 다음 판에 활용할 수 있었다. 이를테면 이런 식이다. 블랙잭에서는 에이스를 가진 쪽이 유리하다. 딜러가 이미 에이스를 3장 쥐고 있다면 남은 에이스는 1장뿐이다. 이 정보를 활용하면 다음 판은 불리해질 것으로 추정할 수 있고 따라서 베팅 금액을 조절할 수 있다. 소프가 MIT의 컴퓨터를 이용해 자신이 관찰한 사실이 암시하는 바를 검증해보니 완전히 직관에 반하는 사실이 드러났다. 숫자 '5' 카드가 남아 있는 카드의 운명에 가장 큰 영향을 미친다는 점이었다. 숫자 5 카드는 선수에게 불리하고 카지노에 유리하다. 소프는 단순하게 숫자 5 카드만 살펴봐도 남아 있는 카드의 유불리를 판단할 수 있음을 알게 되었고, 개선된 전략으로 선수가 0.13%p의 우위를 점할 수 있다고 계산했다. 근소한 우위였지만 판을 충분히 반복하면 큰돈도 벌 수 있다고 결론을 내렸다.

소프는 이 연구 결과를 먼저 논문으로 썼고, 1962년에《딜러를 이겨라》라는 책으로 출간했다. 이 책은 지금도 도박 분야에서 고전의 반열에 올라 있다. 여기에는 그가 카드 계산법으로 몇 년에 걸쳐 2만 5,000달러를 벌어들인 내용이 자세히 수록되어 있다. 카지노에서는 카드를 계산하는 악성 고객에 대한 '대책'을 바로 마련했다. 카드를 여러 벌로 늘렸고, 카드를 시도 때도 없이 섞었을 뿐만 아니라, 카드를 조작하는 소위 '기술자'까지 고용했다. 또 물리력으로 소프를 위협하다 못해 아예 카지노에 발을 들여놓지 못하게 해버렸다. 1964년 소프는 블랙잭으로 돈을 벌지 못하게 되자 관심을 잃었다. 대신 새로운 관심사를 발견했는데 바로 주식시장이었다. 게다가 이미 우위를 점할 방법을 찾고 있었다.

그는 UCI로 옮긴 1964년에 이미 훗날 퀀트투자로 발전하는 핵심 요소를 연구하고 있었다.[7] 그곳에서 그는 UCI 교수이자 같은 주제를 연구하던 신 카수프Sheen Kassouf를 만난다. 그 주제는 특정 사건이 일어나면 주식으로 전환되는 워런트warrant라는 특이 증권의 가치를 평가하는 것이었다. 두 사람은 일주일에 한 번씩 만나 이 심오한 주제를 공동으로 연구했다. 소프는 생각지도 않은 곳에서 해답을 얻었다.《The Random Character of Stock Market Prices주가의 무작위성》(1964)에 실린 파리 대학교 학생 루이 바슐리에 Louis Bachelier의 1900년 논문 영어 번역본을 읽고서 워런트의 가치를 평가할 수 있는 실마리를 찾았다. 논문에 실린 '랜덤 워크random walk' 이론에 따르면 '주가는 무작위로 움직인다'. 역설적으로 들리겠지만 주가가 무작위로 움직인다면 확률론적으로 미래 주가 예측이 가능해진다.

랜덤 워크 이론이 암시하는 중대한 실마리를 소프가 놓칠 리 없었다. 이 이론을 활용해서 워런트의 가치를 추정할 수 있게 된 것이다. 이렇게 확률론적으로 추정한 워런트의 가치와 실제 가격이 다르면 해당 워런트와 연계된 주식의 차익거래를 통해 수익을 챙길 수 있다. 하나의 워런트로는 장담할 수 없지만 여러 종목의 워런트로 포트폴리오를 구성하면 돈을 챙길 수 있다고 판단했다. '확률론적인 가치 평가 방식'과 '여러 개의 작은 수익으로 구성된 포트폴리오'라는 통찰이 향후 트레이딩 전략에서 역사상 가장 꾸준한 수익을 내는 소프의 '과학적 주식시장 시스템'의 양대 기둥이 된다. 1965년 소프는 친구에게 보낸 편지에서 자신의 전략에 대해 이렇게 썼다.[8]

> 드디어 주식시장에서 노다지를 찾은 것 같아. 주식시장의 작은 분야에서 잘 통하는 수학 모형을 완성했거든. 작은 수라도 무한대를 곱하면 그리 작다고 말할 수 없겠지만 말이야. 과거보다 변동성이 커진다고 보수적으로 가정해도 안정적으로 달성 가능한 기대수익률이 연 33%로 추정돼. 백테스트 결과로도 검증한 수치야. 포트폴리오를 1년에 한 번만 변경한다고 가정했는데도 이정도야. 포트폴리오를 꾸준히 운용하면 세전 50%를 넘길 수도 있을 것 같아. 아직 세밀한 부분은 손보지 못했지만 보수적으로 연 33%는 장담할 수 있어. 크진 않지만 내 자금 대부분을 투자한 지 몇 개월 되었어. 언젠가 우리가 1단계로 2년에 2배씩 늘리자고 목표를 세웠던 것 기억나지? 이제 그 꿈이 실현될 날이 머지않은 것 같아.

블랙잭에서와 마찬가지로 소프는 아주 작은 우위를 꾸준히 써먹는 방법으로 시장을 이기려 하고 있었다.

그는 헤지펀드인 프린스턴-뉴포트 파트너스Princeton-Newport Partners를 설립하고 이 전략을 적용해서 역사상 가장 성공한 헤지펀드 중 하나로 만들었다. 1969년 설립되어 1988년 청산할 때까지 20년간 운용보수를 공제하고도 CAGR 15.1%를 달성해, 청산 당시 운용 자산이 2,700억 달러를 상회했다. 1969년에 투자한 1달러가 청산 당시 14.78달러가 된 셈이다. CAGR 8.8%인 S&P500지수 총수익률(배당을 재투자한 S&P500 총수익률, 이하 S&P500) 대비 초과수익 6%p를 달성했다는 의미다. 게다가 펀드의 변동성은 시장보다 훨씬 작았다. 펀드가 손실이 난 것은 1년은 고사하고 분기조차 없었다. 그는 정크본드 투자로 유명한 투자회사 드렉셀 버넘 램버트Drexel Burnham Lambert를 대신해 스톡파킹(stock parking, 규제를 피하기 위해 제3자에게 일시적으로 주식을 매도했다가 환매수하는 것-역자 주)을 했다는 혐의로 루디 줄리아니Rudy Giuliani 당시 미국 뉴욕 남부지방법원 검사에게 조사받게 되자 1988년 펀드를 청산했다. 그는 어떤 범법 행위로도 기소되지 않았다.

주식시장을 떠나기 싫었던 그는 1994년 8월 리지라인 파트너스Ridgeline Partners를 설립하며 복귀했다. 리지라인은 시작부터 프린스턴-뉴포트를 능가해서, 운용보수를 공제하고도 CAGR 18%를 달성했다. 1998년 소프가 남긴 기록에 의하면 프린스턴-뉴포트를 설립한 1969년부터 30년간 CAGR 20%와 표준편차 6%를 달성했다.[9]

이것이 행운이 아니라는 근거를 대자면 이렇다. 우리 펀드는 800억 달러 정도를 거래(카지노 용어로는 '판돈')했다고 추정된다. 평균 6만 5,000달러짜리 '내기'를 125만 번 했다는 뜻이다. 그것도 매번 수백 개의 '포지션'을 잡아가면서 그랬다. 전반적으로 제법 '장기간'에 걸쳐 상당히 높은 확률로 초과수익이 발생했다는 사실로 미루어 볼 때 단순한 행운으로 치부하기엔 무리가 있다.

1968년 버핏과 소프는 브리지 게임을 하려고 마주 앉았다. 하지만 두 사람 사이의 투자 철학에는 커다란 차이가 있어 보였다. 버핏은 가치투자자로서 펀더멘털 분석을 통해 개별 주식의 '내재가치'를 면밀하게 추정한 후 크게 저평가된 종목을 찾았다. 반면 소프는 퀀트투자자로서 확률 이론에 근거해 가치를 평가하고 통계학 용어로 '대수의 법칙(표본이 많을수록 모집단에 가까워져 예측의 정확도가 올라간다)'을 좇아 포트폴리오를 구성함으로써 시장을 능가하고자 했다. 이 외에도 두 사람 사이에는 결코 타협할 수 없는 차이가 존재했다. 버핏은 버크셔 해서웨이Berkshire Hathaway의 1992년 주주서한에서 가치투자에 대해 다음과 같이 밝혔다.

> 현금흐름 할인법(Discounted Cash Flow, DCF)으로 내재가치를 추정해 가장 저평가된 종목에 투자해야 합니다. 사업의 성장성, 이익의 안정성, 주가수익배수(Price Earning Ratio, PER), 주가순자산배수(Price Book-Value Ratio, PBR)의 수준이 어떻든 그렇게 해야 합니다.

소프는 생각이 달랐다.《Beat the Market》에서 그는 이렇게 썼다.[10]

> 나는 펀더멘털을 분석하기가 현실적으로 어려웠기 때문에 투자에 도움이 되지 않았다. 기업의 미래 수익을 1~2년 이상 예측한다는 것은 불가능하다. 이건 약과다. 저평가된 종목을 매수한 후 남들도 비슷한 계산 과정을 거쳐 해당 주식에 매수세가 몰려야만 주가가 오른다. 오늘날 만년 '저평가' 상태인 종목이 적지 않다는 사실은 이런 방식에 문제가 있다는 방증이다. 회사의 미래 수익을 정확히 추정한 족집게라도 좌절감을 맛볼 수밖에 없다.

버핏은 1987년 주주서한에서 투자 실무에 컴퓨터를 사용하는 것에 대해 이렇게 말했다.

성공적인 투자는 신비로운 수학 공식이나 컴퓨터 프로그램, 주가 차트 신호로 달성할 수 있는 게 아니라고 생각합니다. 그보다는 주식시장을 지배하는 감정에서 자신의 생각과 행동을 격리하는 능력과 올바른 사업적 판단력을 결합한 투자자가 성공한다고 생각합니다.

소프는《Beat the Market》서문에서 다음과 같이 반박했다.[11]

우리 이론을 검증하고 완벽을 기하기 위해 수학과 경제학, 컴퓨터를 사용했다. 책을 수십 권 읽고 다양한 투자 자문 서비스와 뮤추얼펀드를 탐구하고 다양한 시스템을 사용해본 후, 주식시장에서 꾸준하게 수익을 내는 것이 과학적으로 검증된 시스템은 우리 시스템이 최초라는 결론을 내렸다.

소프와 버핏은 투자 철학이 크게 달랐지만 브리지 게임을 하면서 통계학과 재무학이라는 공통 관심사를 통해 담소를 나눌 수 있었다. 소프는 버핏에게 완전히 매료되어 나중에 버핏이 "네브래스카 특유의 비음 섞인 억양으로 농담과 일화를 쉴 새 없이 섞어가며 현명한 말을 빠르게 쏟아내는 사람"이라고 썼다.[12] 그뿐 아니라 "숫자 정보를 기억하고 활용하는 능력이 탁월하고 암산 능력이 뛰어났다"라고 회상했다. 그날 저녁 그는 아내에게 버핏이 언젠가 미국 최고의 부자가 될 것 같다고 말했다. 지금까지의 버핏의 인생 궤적을 보면 소프의 예언은 적중한 셈이다. 불행히도 버핏이 소프에게서 어떤 인상을 받았는지는 알려지지 않았지만 긍정적이었던 것으로 짐작한다. 두 사람이 만난 후 제라드는 소프에게 투자하기로 결정했고, 앞서 보았듯이 또 하나의 성공 투자를 낳았다.

언뜻 보기에 소프와 버핏의 전략은 180° 다르고 전혀 타협의 여지가 없는 듯하다. 하지만 두 사람은 매우 중요한 한 가지에는 의견이 일치했다. 바로 시장을 능가할 수 있다는 확신이었다. 효율적 시장 가설을 정면으로 반박하는 생각이다. 소프의 전략이 랜덤 워크 이론, 즉 효율적 시장 가설의 핵심 이론에 근거한 것은 사실이지만 그는 효율적 시장 가설을 신봉하는 사람들과는 달리 시장이 효율적이라는 생각에 동의하지 않았다. 오죽하면 자신이 쓴 책의 제목이 '시장을 이겨라'이겠는가. 버핏 역시 효율적 시장 가설은 말도 안되는 소리라고 여겼고 1988년 주주서한에서 다음과 같이 말했다.

> 효율적 시장 가설이라는 신조는 대단히 유행을 탔습니다. 1970년대 학계에서는 마치 성경처럼 받들어졌습니다. 주식 분석은 쓸데없다는 것이 요점입니다. 왜냐하면 공공연하게 알려진 모든 사실이 이미 주가에 다 반영되었기 때문이라는 것입니다. 달리 말하면 주식시장은 언제나 모든 것을 알고 있다는 소리입니다. 효율적 시장 가설을 가르치는 교수들은 업계 최고의 애널리스트가 구성한 포트폴리오라도 다트판에 다트를 던져 구성한 포트폴리오보다 나을 것이 없다고 결론을 내립니다. 놀라운 점은 학자는 물론이고 수많은 투자 전문가와 경영자까지도 효율적 시장 가설을 받아들였다는 사실입니다. 시장이 '종종' 효율적인데도 '항상' 효율적이라고 잘못된 결론을 내린 것입니다. 둘은 낮과 밤만큼이나 차이가 큽니다.

버핏과 소프는 가장 핵심적인 이 부분에 의견이 일치했다. 즉 시장은 이길 수 있다. 단, 우위를 점할 수만 있다면.

# 가치투자가 시장을 이긴다

'1달러를 40센트에 살 수 있다'는 개념을 즉시 또는 아예 이해하지 못하는 사람들이 여전히 많다는 사실이 나로서는 신기할 정도다. 마치 예방주사를 맞고 병원균을 막아내는 것처럼 이런 생각을 완강하게 거부하는 것처럼 보인다. 즉시 이해하지 못하는 것은 그렇다 치고, 몇 년 동안 이야기를 하고 눈앞에서 보여주는데도 결과는 마찬가지다. 개념을 도무지 받아들이지 못하는 것 같다. 그렇게 단순한데도 말이다.
- 워런 버핏, '그레이엄-도드 마을의 탁월한 투자자들'[13]

지금 기업의 황금 덩어리가 반값 이하로 널려 있다. 단, 조건부로.
- 벤저민 그레이엄, "기업이 적자를 내면 자산이 아무리 많아도 청산시켜야 하는가?"[14]

벤저민 그레이엄이 월가에 미친 영향은 이루 말할 수 없을 정도로 막대하다. 그는 1914년 컬럼비아 대학교를 졸업하자마자 철학, 수학, 영문학 강사 제안을 모두 마다하고 월가에 발을 들여놓았다. '통계 담당자'로 채용되었는데, 당시에는 애널리스트를 그렇게 불렀다. 업무를 하면서 그는 무디스 Moody's와 스탠더드 스태티스틱스 Standard Statistics 등이 제공하는 '대량의 정보'가 '주식 분석에 제대로 활용되지 않고 낭비되는' 현장을 목격할 수 있었다. 그에게 월가는 '진정한 의미로 제대로 된 주식 가치를 분석한 적이 없는 불모지'로 보였다.[15]

월가에 진정한 의미의 주식 가치 분석이 존재하지 않는다는 그의 말은 결코 과장이 아니었다. 당시 주식시장 통계 담당자는 형편없다는 평판을 들을 만했다. 알프레드 카울스 3세 Alfred Cowles III는 1932년 논문에서 "주식

시장 예측가는 예측할 수 있는가?"라고 묻고서 그렇지 않다는 결론을 내렸다. 그는 IBM 카드 천공기를 이용해 각종 투자 성과를 분석해보았다. 검토 대상은 1903년 12월부터 1929년 12월까지 16개 통계 서비스, 25개 보험사, 24개 주가 예측 소식지, 윌리엄 피터 해밀턴William Peter Hamilton이 쓴 다우이론 사설Dow Theory Editorials 등이었다. 시장을 능가한 것은 손으로 꼽을 정도였다. 게다가 시장을 능가한 몇 건도 '순전히 행운'에 불과하다는 것이 그의 결론이었다.16

그레이엄은 주식을 면밀하게 조사할 엄정한 분석 틀을 개발하고자 했다. 그는 1927년 컬럼비아 대학교에 '증권 분석'이라는 야간 강좌를 열고 자신의 투자 철학을 가르치기 시작했다. 그리고 데이비드 도드의 도움을 받아 강의 내용을 정리해서 1934년《증권분석》을 출간했다. 도드는 그레이엄의 첫 강의를 수강했는데, 1934년에는 컬럼비아 대학교 경영대학원 교수가 되었다.

논리가 정연한《증권분석》은 포괄적으로 주식을 분석한 최초의 시도로 평가된다. 그레이엄은 개정판 출간 후 1949년 후속작《현명한 투자자The Intelligent Investor》를 출간하면서17 자신의 방법을 계속 개선했다. 하지만 원래의 투자 철학, 즉 "주식 투자는 사업에 동업자로 참여하는 것과 같다"라는 생각에는 변함이 없었다. 투자자는 재무제표를 철저하게 분석해서 기업의 내재가치를 보수적으로 평가해야 한다고 생각했다. 그렇게 계산한 내재가치에 비해 현저하게 저평가되어 안전마진을 제공한다면 그 주식은 살 만하다. 이것이 바로 '가치투자'다.《증권분석》은 전문적인 증권 애널리스트의 시대를 연 책으로 꼽힌다. 하지만 정말로 가치투자가 유효할까? 효과가 있다면 어떻게 알 수 있을까?

가치투자의 효과는 크게 두 가지 접근법으로 살펴볼 수 있다. 하나는 논리적 접근법이고 또 하나는 경험적 접근법이다. 우선 논리적 접근법으로 말하면, 가치투자는 가격을 내재가치와 맞바꾸는 것이다. 이를 두고 버핏은 "가격을 지불해 가치를 획득한다"라고 간명하게 정리했다. 가치투자자는 내재가치보다 싸게 사려고 한다. 주가가 내재가치에 도달하면 투자수익이 발생하겠지만, 내재가치보다 싸게 매수한 시점에 이미 투자수익이 확보된 셈이다. 이 주장에는 내재가치와 주가는 별개라는 개념이 함축되어 있다. 청산가치는 가장 보수적으로 추정한 내재가치라고 할 수 있다. 그레이엄은《증권분석》(1934년판)에서 청산가치를 밑도는 주가가 계속 형성되는 것은 '펀더멘털을 감안할 때 말이 되지 않는다'라고 했다. 그가 보기에 주가가 싸도 너무 쌌다. 청산 절차를 밟아보면 내재가치와 주가는 별개라는 점을 분명하게 알 수 있다. 보통주 주주는 부채를 전액 상환하고 남은 자산에 대해 청구할 권리가 있다. 바우포스트그룹Baupost Group의 회장인 전설적 투자가 세스 클라만Seth Klarman은《Margin of Safety안전마진》(1991)에서 이를 다음과 같이 우아하게 설명했다.[18]

> 어떤 면에서 기업이 청산 절차를 밟을 때야말로 주식시장의 본질이 드러나는 보기 드문 순간이다. 주식은 끊임없이 사고파는 종잇조각에 불과한가, 아니면 사업에 대한 지분인가? 이런 논쟁은 청산 절차를 밟으면서 종지부를 찍게 된다. 낙찰된 기업 자산의 경매 대금이 종잇조각을 쥐고 있는 주주들에게 분배되기 때문이다. 따라서 청산 절차는 주식시장과 현실을 묶어주는 역할을 한다. 즉 주가가 과소평가되었든 과대평가되었든 실제 내재가치에 가까워지도록 작동한다.

내재가치와 주가가 이론적으로 별개라고 해서 이를 통해 실제로 돈을 벌수 있는 것은 아니다. 현실 세계에서는 내재가치가 보이지 않는다는 것이 문제다. 무엇인가를 대용치로 삼든가 불완전한 정보나 과거의 데이터로 내재가치를 추정해야 하고, 미래에 대해 어떤 가정을 해야 한다. 가정이 바뀌면 '내재가치' 추정치도 바뀐다. 세스 클라만은 청산가치로 '순유동자산가치Net Current Asset Value, NCAV' 또는 '순-순운전자본Net-Net Working Capital, NNWC'을 사용한다.[19]

기업의 청산가치로 그레이엄처럼 순-순운전자본을 간편하게 사용하는 가치 투자자들이 있다. 순운전자본은 유동자산(현금, 유가증권, 미수금, 재고)에서 유동부채(1년 이내의 외상매입금, 지급어음, 이연법인세)를 뺀 것이다. 순-순운전자본은 순운전자본에서 모든 장기 부채를 뺀 것으로 정의한다. 비록 계속기업가치가 미미하더라도 순-순운전자본보다 낮은 가격으로 주식을 매수한 투자자는 유동자산의 청산가치 정도로도 보호받을 수 있다.

다 그럴듯한 소리지만 이런 평가는 모두 불완전한 정보를 토대로 한다는 것을 잊지 말자. 이 모형에는 수많은 가정이 포함되었기 때문에 계산이 무척이나 어려울 수밖에 없다.[20]

운전자본이 과대 계상되어 있지 않고 현금 소모가 급격하지 않다면 기업은 자산을 청산해 부채를 상환한 후 주가를 초과하는 부분을 주주에게 돌려줄 수 있다. 하지만 적자가 지속되면 순-순운전자본은 빠르게 잠식될 수 있다. 따라서 투자자는 매수에 앞서 언제나 기업의 현황을 살펴봐야 한다. 또한 실제로 청산 절차를 밟을 때 발생하는 부외부채나 우발부채 등도 고려해야 한다. 공장 폐쇄와 환경법 등을 예로 들 수 있다.

이런 생각에 비판적인 사람, 특히 효율적 시장 가설의 신봉자는 투자자가 접하는 정보가 유용하지 않다고 지적한다. 기업의 내재가치에 영향을 줄 만한 정보는 즉시 주가에 반영되기 때문에 내재가치와 주가에 괴리가 있을 수 없다고 주장한다. 새로운 정보가 발생하면 차익거래자들이 즉시 주가에 반영하며 거래가 발생한다. 따라서 괴리로부터 수익을 내기는 불가능하다. 어느 날 길을 걷다가 땅에 떨어진 10달러 지폐를 발견한 재무학 교수에 관한 농담이 떠오른다. 한 교수가 다른 교수에게 말했다. "저거 10달러 지폐 아니야?" 다른 교수가 답했다. "말도 안 되는 소리. 진짜 10달러 지폐면 벌써 누가 주워 갔겠지."

한편 가치투자의 효과는 경험적 접근법에 의해서도 살펴볼 수 있다. 수많은 연구가 각종 가격 지표로 시장을 능가하는 종목을 발굴하는 사례를 보여주고 있다. 7~8장에서 다양한 가격 지표를 살펴볼 것이다. 그림 1.1은 널리 쓰이는 펀더멘털 가격 지표들로 걸러낸 가장 저평가된 종목들의 투자 성과를 간략하게 보여주고 있다. PER, PBR, '기업 가치 대비 이자, 법인세, 감가상각비 차감 전 이익Total Enterprise Value divided by Earnings before Interest, Taxes, Depreciation and Amortization, EV/EBITDA' 등이 사용되었다.

이 그림이 보여주듯 간단하고 핵심적인 가격 지표를 이용한 가치투자 전략은 40~50년간 누적해서 S&P500을 능가했다.

표 1.1은 가격 지표 전략이 달성한 투자 성과를 추가로 보여준다. 숫자가 보여주듯 가치투자 전략은 매우 성공적이었다(7장에서 투자 시뮬레이션 방법을 보다 자세하게 논한다).

가치주가 시장을 능가한다는 주장을 반박하는 사람은 가치주가 본질적으로 더 위험하기 때문이라고 이야기한다. 여기서 위험이란 가치주가 추가 변동성을 갖고 있다는 뜻이다. 현대적인 퀀트투자의 창시자이자 왕성한 논문을 쏟아내는 유진 파마Eugene Fama와 케네스 프렌치Kenneth French는 1992년 논문 '주식 기대수익률의 횡단면 분석The Cross-Section of Expected

**그림 1.1** — 가격 지표 전략의 누적 성과(1974~2011)

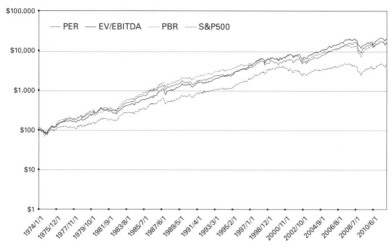

원금 100달러의 평가액(로그 척도)

**표 1.1** — 가격 지표 전략의 장기 성과(1964~2011)

|  | PER | EV/EBITDA | PBR | S&P500 |
|---|---|---|---|---|
| CAGR(%) | 12.44 | 13.72 | 13.11 | 9.52 |
| 표준편차(%) | 17.62 | 17.25 | 17.39 | 15.19 |
| 하방편차(%) | 12.17 | 11.49 | 11.12 | 10.66 |
| 샤프지수 | 0.46 | 0.53 | 0.50 | 0.33 |
| 소르티노지수 | 0.68 | 0.82 | 0.80 | 0.50 |
| 최대 낙폭(MDD, %) | -49.01 | -43.45 | -49.2 | -50.21 |
| 월간 최저 수익률(%) | -22.02 | -18.66 | -22.37 | -21.58 |
| 월간 최고 수익률(%) | 25.75 | 16.95 | 28.59 | 16.81 |
| 수익월 비율(%) | 60.42 | 62.85 | 61.63 | 60.94 |

Stock Returns'에서 이 점을 특히 강하게 주장했다. 행동재무학자인 조셉 래코니쇼크, 안드레이 슐라이퍼, 로버트 비시니 등은 1994년 논문 '역투자와 외삽법 그리고 위험'[21]에서, 가치투자 전략의 수익률이 더 나은 것은 본질적으로 더 위험해서가 아니라 '순진한' 전략과 상반되는 역투자 전략이기 때문이라고 주장한다. 순진한 투자자들은 저조한 기업 실적이 먼 미래까지 지속될 것이라고 생각해서 주가 하락이 계속되리라고 판단하거나 더 단순하게는 악재에 예민하게 반응해 과도하게 매도한 결과 저평가된 상태로 만든다. 역투자자는 이런 순진한 전략과 상반되게 염가주에 집중 투자해 결과적으로 시장을 능가한다. 더 정확하게 말하면 이렇다. 가치주 하나하나는 순진한 투자자에게 더 위험하게 보일지 모르지만, 포트폴리오로 구성해서 전체적으로 보면 오히려 덜 위험하다. 쓸데없는 논쟁에 휘말리기 싫으니, 버핏이 1985년에 한 말로 마무리한다.

> 반면 1970년대 초반에는 대부분의 기관투자가가 매매할 주가를 결정할 때 내재가치를 별로 중요하게 고려하지 않았습니다. 지금 생각해보면 믿기지 않을 정도입니다. 기관투자가는 경영대학원의 유명 교수가 설파해 당시 유행하던 새로운 이론, 즉 주식시장은 완벽하게 효율적이라서 내재가치를 계산하는 것, 심지어 내재가치 자체가 중요하지 않다는 생각에 매혹되어 있었기 때문입니다. 우리는 그런 교수에게 엄청난 신세를 진 셈입니다. 브리지 게임이든, 체스든, 또는 종목 선정이든 지적인 게임에서 '생각하는 것'이 시간 낭비라고 배운 상대를 대하는 것보다 더 유리한 일이 어디 있겠습니까?

## 그레이엄의 간단 퀀트가치 투자 전략

1934년 출간된 《증권분석》은 개별 주식 분석에 집중한 책으로 내용과 두께 모두 중량감 있는 야심작이었다. 초판의 서문에서 그레이엄과 도드는

다음과 같이 썼다.[22]

이 책에서는 제목이 시사하는 범위보다 더 넓은 내용을 다룰 것이다. 개별 주식을 분석하는 기법뿐만 아니라 종목을 선정하고 원금을 보전할 수 있는 일반 원칙을 수립하는 내용을 다루고 있다. (중략) 투자 분야에서 가장 중요한 업무로 염가주를 발굴하는 기법을 줄곧 강조해왔다. 왜냐하면 염가주 발굴이야말로 증권 애널리스트의 재능을 맘껏 발휘할 수 있는 일이기 때문이다.

《증권분석》을 출간한 지 40여 년이 지나서 그레이엄은 자신의 기법에 매우 중요한 수정을 가했다. 만년에 이루어진 거의 마지막 인터뷰에서, 여전히 철저한 분석을 통해 종목을 선정하느냐는 질문에 그는 이렇게 답했다.[23]

이제는 탁월한 가치투자의 기회를 잡기 위해 증권 분석에 공들이는 기법을 더이상 옹호하지 않습니다. 40년 전 도드와 함께 교과서를 처음 출간했을 때는 큰 보상이 돌아오는 방법이었지만 지금은 상황이 많이 바뀌었다고 생각합니다. 예전에는 숙련된 애널리스트라면 꼼꼼하게 분석해서 저평가된 종목을 쉽게 찾을 수 있었지만, 엄청난 양의 리서치가 행해지는 요즘도 큰 비용을 들여서 찾을 만큼 저평가된 종목이 존재할지 의문입니다. 그런 매우 제한적인 맥락에서는 오늘날 교수들 사이에 널리 받아들여지는 '효율적 시장 가설' 학파와 생각을 같이합니다.

대신 개별 종목 선정이 아니라 포트폴리오 전체의 성과에 중점을 두는 간단한 전략을 추천했다. 그는 이 전략이 "정연한 논리와 간단한 적용, 현격하게 뛰어난 투자 성과라는 3가지 미덕을 결합한 방식"이라고 생각했다.
간단 퀀트가치 투자 전략에 대해서는 이렇게 말했다.[24]

필요한 것은 첫째, 내재가치 대비 저가 매수라는 원칙에 입각한 구체적인 매수 원칙이다. 둘째, 이 접근법이 효과를 거두려면 충분히 많은 종목에 투자해야 한다. 끝으로 매우 구체적인 매도 원칙이다.

그는 크게 두 가지 접근법을 제시했다. 하나는 《증권분석》 초판에서 자세하게 설명한 NCAV 전략이다.[25]

보다 제한적인 첫 번째 기법은 NCAV 혹은 NNWC 대비 저가에 주식을 매수하는 것이다. 이때 공장 등 고정자산은 모두 무시하고 유동자산에서 부채 총액을 공제한다. 투자 펀드를 운용할 때 즐겨 사용한 방법으로, 30년 이상 연 20% 정도의 수익률을 냈다. 하지만 1950년대 중반 이후 강세장이 만연해 저가 매수 기회가 매우 드물어졌다. 그러다가 1973~1974년 하락장 이후 다시 기회가 많아졌다. 1976년 1월 〈S&P 주식 가이드〉에서 이런 종목을 300개 이상 찾을 수 있었는데 전체 종목의 10%에 해당하는 수치였다. 나는 이 방법이 실패할 염려가 없는 체계적 투자 기법이라고 생각한다. 다시 말하지만 개별 주식의 투자 성과에 근거해서가 아니라 집합 포트폴리오의 투자 성과라는 면에서 그렇다.

이 전략은 '거의 틀림없이 신뢰할 수 있고 만족스럽지만' 워낙 소형주이면서 드물기 때문에 '실제로 적용하는 데는 심한 제약'이 따랐다.

그레이엄의 두 번째 전략은 보다 손쉽게 적용할 수 있는 것이었다. 그가 연구한 바에 따르면 지난 50년간 장기적으로 이 전략을 운용했다면 다우지수의 2배를 벌 수 있었다. 다시 말해 연 15% 이상의 수익률이 가능했다.

그가 생각한 간단 퀀트가치 투자 전략이란 무엇일까? 종목 30개 이상, PER 10배 이하, 부채 비율 50% 미만의 조건을 충족해서 '통계적인 성공 가능성을 최대한 높인' 다음 '수익률 50%를 달성하거나 보유 기간이 2년을 넘으면 무조건 매도하라'고 추천했다. 그가 연구한 바로는 이전 50년간 이 전략을 운용했다면 연 15%에 달하는 수익률을 달성할 수 있었지만 매년 15% 수익률을 기대하지는 말라고 당부했다. 이 전략의 효과를 가늠하려면 최소 5년은 지켜보아야 한다.

이 전략은 믿어지지 않을 정도로 뛰어나다. 그런데 1976년 이전의 50년간은 가능했지만 컴퓨터의 계산 능력과 광범위한 재무 정보를 누구나 접할 수 있는 오늘날의 IT 시대에도 과연 그럴까? 우리가 직접 알아보기로 했다. 그레이엄과 마찬가지로 우리도 PER 10배 이하와 부채 비율 50% 미만을 사용했다. 또한 그처럼 수익률 50%를 달성하거나 보유 기간이 2년을 넘으면 무조건 매도하는 규칙을 따랐다.

그림 1.2는 1976~2011년 그레이엄 전략과 S&P500의 성과다. 놀랍게도 그레이엄 전략이 지속적으로 시장을 능가했다.

표 1.2는 우리가 그레이엄 전략을 분석한 결과를 보여준다. 이 전략을 따르면 1976년 1월 1일의 원금 100달러가 2011년 12월 31일 3만 6,354달러로 불어난다. CAGR이 17.80%로, 심지어 그레이엄 자신이 예측한 15%를 넘어선다.

이 성과는 1976년 1월 1일의 원금 100달러가 2011년 12월 31일에 4,351달러로 불어나 CAGR 11.05%를 기록한 S&P500을 능가한다. 그레이엄 전략은 23.92%라는 매우 높은 변동성을 수반해서 15.40%를 기록한 S&P500의 변동성과 비교된다. 또한 기준을 만족시키는 종목은 손에 꼽을 정도로 드물었는데, 우리가 돌린 백테스트 시뮬레이션은 운용 자산 전부를 이들 종목에 투자한다고 가정했기 때문에 이 전략을 운용하려면 강철 같은 배짱이 있어야만 했다. 이 전략의 포트폴리오는 전체 기간 동안 평균 21개 종목

**그림 1.2** — 그레이엄 전략의 성과(1976~2011)

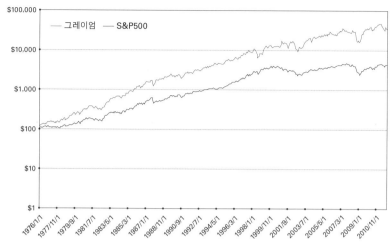

원금 100달러의 평가액(로그 척도)

**표 1.2** — 그레이엄 전략의 성과(1976~2011)

|  | 그레이엄 | S&P500 |
| --- | --- | --- |
| CAGR(%) | 17.80 | 11.05 |
| 표준편차(%) | 23.92 | 15.40 |
| 하방편차(%) | 16.26 | 11.15 |
| 샤프지수 | 0.59 | 0.42 |
| 소르티노지수(MAR=5%) | 0.88 | 0.60 |
| MDD(%) | -54.61 | -50.21 |
| 월간 최저 수익률(%) | -28.84 | -21.58 |
| 월간 최고 수익률(%) | 40.79 | 13.52 |
| 수익월 비율(%) | 59.95 | 61.57 |
| CAGR(5) 승률(%) | - | 90.35 |
| CAGR(10) 승률(%) | - | 95.53 |

**그림 1.3** — 그레이엄 전략의 보유 종목 수(1976~2011)

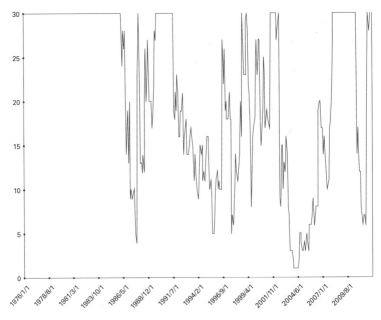

으로 구성되었지만 그림 1.3에 나타나듯 몇 종목에 집중된 적도 종종 있었고 심지어 2004년에는 한 종목에 올인되어 있었다. 실제 상황에서 한 종목에 올인하는 것은 포트폴리오 위험 관리 측면에서 불가능하다.

표 1.2는 그레이엄 전략이 1976~2011년 달성한 성과를 나타낸다. 그레이엄은 전략의 성과를 적어도 5년은 살펴봐야 한다고 했다. 이 표를 보면 그레이엄 전략이 5년 보유 CAGR(CAGR(5))에서는 S&P500을 90.35%, 10년 보유 CAGR(CAGR(10))에서는 95.53% 이기는 것을 알 수 있다. 그림 1.4(a), (b), (c)는 1976~2011년 동안 그레이엄 전략이 거둔 CAGR(1), CAGR(5), CAGR(10)을 나타낸다. 수치가 보여주듯 그레이엄 전략은 실적이 부진한 기간도 있었지만 장기간에 걸쳐 매우 탁월한 실적을 냈을 뿐만 아니라 그레

이엄의 예측에도 부합하는 것을 알 수 있다.

그레이엄 전략이 지속적으로 시장을 능가했다는 증거는 분명하다. 이유를 살펴보는 것이 유용하겠다. 얼핏 보면 가격 지표(PER 10배 이하)와 퀄리티 지표(부채 비율 50% 미만)를 결합하는 방식 덕분에 높은 수익률이 가능하지 않았을까 생각된다. 하지만 더 깊이 생각해보아야 할 성공 이유가 있지 않을까? 단순히 전략을 아는 것을 넘어 초과 성과를 내게 한 다른 이유가 있지 않을까? 우리는 그렇다고 생각한다.

우리는 백테스트 기간 동안 그레이엄 전략의 규칙을 확실하게 준수했다. 전략의 성과가 시장보다 부진할 때는 물론이고 2004년에 운용 자산 전부를 한 종목에 투자해야만 했을 때도, 실제 투자라면 너무나 두렵고 내키지 않았겠지만 일관성 있게 규칙을 준수했다. 그렇다면 전략의 일관성 자체가 중요한 성공 요인일까? 우리는 그렇다고 믿는다. 가치투자 자체로도 우위가 있지만 그런 우위를 십분 활용하려면 다른 요소가 필수적이다. 버핏과 찰리 멍거Charlie Munger에 따르면 바로 '기질temperament'이다. 버핏은 이렇게 말했다. "성공 투자를 위해서 IQ가 125보다 높을 필요는 없다. 투자자에게 IQ는 평범한 수준이면 충분하며, 무엇보다 조급함을 다스리는 기질을 갖추어야 한다. 조급함을 참지 못해서 투자에 곤경을 겪는 사람들이 있기 때문이다."[26]

**그림 1.4(a)** ── 그레이엄 전략의 CAGR(1)(1976~2011)

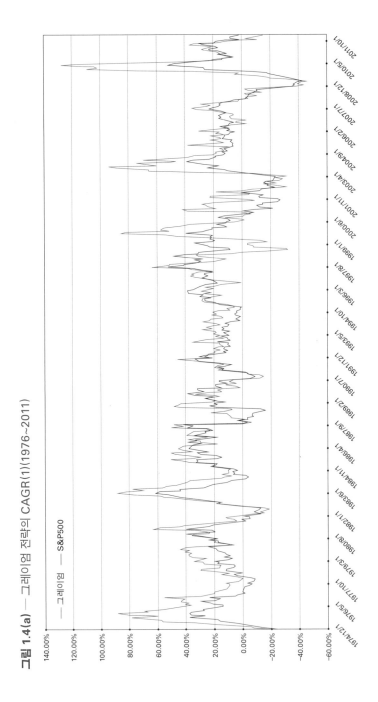

Part 1. 퀀트가치 투자 전략의 토대

**그림 1.4(b)** — 그레이엄 전략의 CAGR(5)(1976~2011)

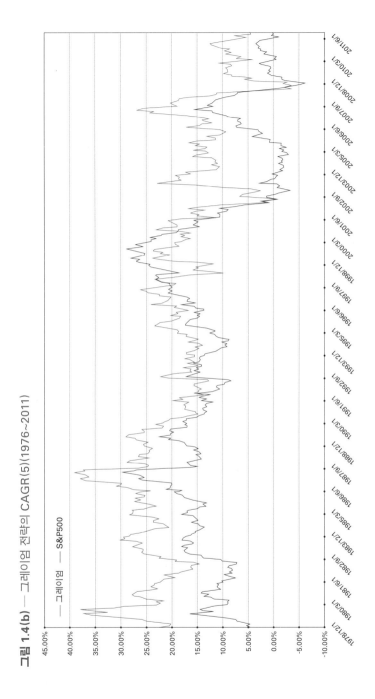

— 그레이엄    — S&P500

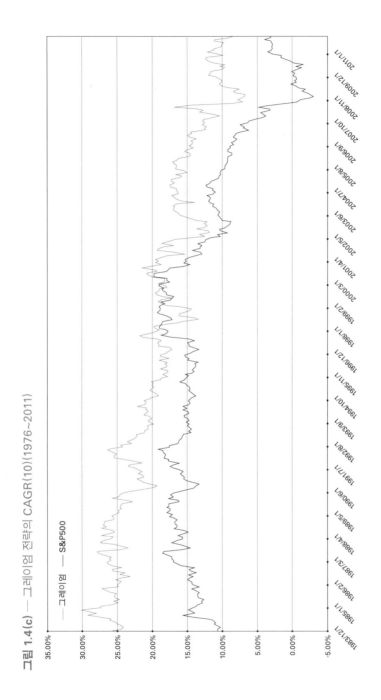

**그림 1.4(c)** — 그레이엄 전략의 CAGR(10)(1976~2011)

　　　　　　　　　　Part 1. 퀀트가치 투자 전략의 토대

# 퀀트투자는 어떻게 행동 오류를 예방할 수 있는가

펀드 평가 회사인 모닝스타Morningstar가 2009년 12월 31일까지 10년간 집계한 결과 미국 주식 뮤추얼펀드 중에서 켄 히브너Ken Heebner의 CGM 포커스 펀드CGM Focus Fund가 최고 수익률을 거두었다고 〈월스트리트 저널〉이 보도했다. 이 펀드는 10년간 CAGR 18.2%를 달성했는데 차점자를 연 3.4%p 따돌린 매우 뛰어난 성적이다. 하지만 이 펀드에 가입한 투자자 대부분은 연 11%씩 손해를 보았다. 투자자 수익률, 다른 말로 '금액가중 수익률'은 투자자들이 넣고 빼는 투자 금액의 흐름을 반영한다. 투자자 수익률이 펀드 자체 수익률보다 낮은 것은 투자자들이 펀드 성과가 좋아질 때 몰려들었다가 성과가 곤두박질치면 빠져나갔기 때문이다. 2007년 이 펀드가 80% 수익률을 달성하자 26억 달러나 몰려들었다. 바로 이듬해 펀드는 48% 곤두박질쳤고 투자자들은 무려 7억 5,000만 달러 이상을 환매했다. 히브너의 말이다.[27]

> 펀드가 최고의 실적을 기록하자 자금이 엄청나게 몰려들어 할 말을 잃을 정도였습니다. 난입하는 투자자들을 막을 방도가 없었습니다.

투자자들의 이런 행태 때문에 히브너의 펀드는 모닝스타가 집계하는 펀드 중 최악의 투자자 수익률을 기록한 펀드 중 하나가 되었다. 최악의 투자자 수익률이 10년 최고 수익률을 기록한 펀드에서 나왔다는 것이 놀랍다. 투자자 자신이 최대의 적인 셈이다.

## 이성은 감성의 노예

행동재무학자는 투자자가 비이성적인 행동을 하는 이유를 알아냈다. 인간은 의사 결정을 할 때 오류투성이라는 점이다. 물론 어마어마한 능력을 보이는 순간도 있다. 논리와 유머, 연역, 추상적 사고, 창의력 등이 대표적이다. 하지만 인간의 두뇌는 순간의 선택이 생사를 좌우하는 야생에서 생존하기 위해 진화했다. 그러다 보니 휴리스틱heuristics, 어림짐작이라 불리는 마음속 지름길을 개발하게 되었는데, 이를테면 뱀을 머릿속으로 인식하기도 전에 뱀일 거라고 짐작해서 펄쩍 뛰어 피하는 것을 들 수 있다.[28] 잠시 후 그것이 뱀이 아니라 막대기인 것을 확인한 후에야 우리는 뱀처럼 생긴 물건을 일단 피하고 보는 휴리스틱에 속았음을 깨닫는다. 이처럼 휴리스틱은 생존에 유리할지는 몰라도 인지 편향cognitive bias을 양산해 이성적이며 최적의 의사 결정을 하려는 노력을 방해한다.

인지 편향은 우리 삶 전반에 영향을 미치지만 특히 투자에 치명적이다. 첫 번째인 과신overconfidence은 객관적으로 적절한 수준 이상으로 자신의 판단에 무게를 두는 것을 말한다. 예를 들어 시험을 치르고 나서 정답을 맞혔다고 생각하는 문제를 세보라고 하면 실제로 맞힌 것보다 더 많이 꼽는 경향이다. 자신의 능력을 잘못 파악한 수준을 넘어 실제보다 더 잘했다는 판단이 너무나 강하기 때문이다. 게다가 문제가 어렵거나 생소할수록 굉장히 잘 풀었다고 생각하는 경향이 있다. 행동재무학의 선구자인 대니얼 카너먼Daniel Kahneman과 아모스 트버스키Amos Tversky는 이러한 과신이 자기 귀인 편향self-attribution bias과 후견지명 편향hind-sight bias에서 비롯된다고 설명한다.[29] 자기 귀인 편향이란 성공하면 자신의 능력이 뛰어나기 때문이고, 실패하면 실력이 부족해서라기보다는 단지 운이 나빴기 때문이라고 생각하는 경향이다. 예를 들어 주가가 상승하면 자신의 종목 선정 실력이 뛰어난 것이고, 주가가 하락하면 의회가 법을 바꾸었기 때문이라든가 연준이 금리를 인상했기 때문이라는 등의 외부 효과 탓으로 돌리는 경향을 말한다. 자꾸 이러다 보면 자신이 매우 뛰어난 능력자라는 결론에 이르게 되는데, 기분이 좋을지는 몰라도 잘못된 일이다. 후견지명 편향은 어떤 사건이 일어난 후 자신이 그 일을 예견했었다고 믿는 경향이다. 일어나기 힘든 어떤 일을 목격한 후 "그럴 줄 알았어"라고 말한 적이 있다면, 그리고 그저 감에 의존해 그렇게 말했다면 여러분도 후견지명 편향에서 자유롭지 않다는 뜻이다. 후견지명 편향의 문제는 실제로 그렇지 않은데도 과거를 잘 예측했다고 믿다 보면 미래를 내다보는 능력인 선견지명도 있다고 믿게 된다는 점이다.

관련된 편향으로 기저율 무시neglect of the base case 편향이 있다. "B가 주어진다면 A가 발생할 확률은 얼마인가?" 또는 "B를 처리하면 A가 나올 확률은 얼마인가?"라는 질문에 답할 때 드러난다. 기저율 무시 편향은 대표성representativeness 편향이라고 불리는 휴리스틱에서 비롯된다. 주어진 B에서 A가 발생할 확률을 구하는 대신, A가 얼마나 B를 대표하는지 또는 닮았는지 판단해 답하기 때문이다. 카너먼과 트버스키는 1974년 논문 '불확실성하의 판단: 휴리스틱과 편향'30에서 다음의 고전적인 사례를 들었다.

스티브는 매우 수줍음이 많고 내성적이며 남에게 늘 도움이 되지만 사람들이나 현실 세계에는 별로 관심이 없다. 온순하고 깔끔한 사람이며 정돈되고 틀이 잡힌 것을 좋아하고 꼼꼼하다. 다음 중 스티브의 직업이라고 생각되는 것은?
- 농부, 영업사원, 여객기 조종사, 도서관 사서, 내과 의사

카너먼과 트버스키는 이 묘사가 전형적인 도서관 사서의 모습과 비슷하

다는 이유로 많은 사람들이 스티브를 도서관 사서로 판단하는 것을 발견했다. 그러나 기저율에 주목해야 한다. 인구 분포상 도서관 사서보다 농부가 훨씬 많으니 스티브는 농부일 확률이 높다. 우리는 기저율을 무시하고 대표성으로 확률을 판단한다.

인지 편향은 이 밖에도 많다. 예를 들어 가용성availability 편향은 인상 깊었던 정보를 지나치게 중시하게 한다. 상어의 공격과 비행기 추락은 매우 드물게 발생하지만 언론을 통해 생생하게 접하면 깊은 인상을 받게 된다. 그 결과 이들이 발생할 확률을 실제보다 지나치게 높게 생각한다. 세상을 떠들썩하게 한 비행기 추락 사고가 발생한 이후 항공사 주가가 비이성적으로 폭락한 사례도 있었다.

정박 효과anchoring와 수정adjustment 편향은 의사 결정을 할 때 하나의 정보에 지나치게 의존하거나 '정박'하려는 경향을 말한다. 예를 들어 주가가 하락해서 손실 상태라면 매수 가격을 기준점으로 삼아 매도 가격을 희망하는 경향이 있다. 본전을 만회하겠다는 희망으로 새로운 정보를 무시한 채 버틴다. 최초의 기준점이 너무 큰 영향을 미쳐서 새로운 정보를 충분히 반영하지 못하고 그 결과 최초의 기준점에 편향된다.

눈으로 본 것을 왜곡하고 비이성적으로 해석하고 잘못 판단하기를 너무 자주 하다 보니 추론 과정에서 어떤 오류가 발생할지 예측 가능할 정도다. 댄 애리얼리Dan Ariely가 말했듯이 우리는 '예측 가능하게 비이성적predictably irrational'이다.31 이런 타고난 약점을 통제할 수 있는 투자자라면 남들이 체계적으로 저지르는 행동 편향이 오히려 기회가 된다. 예를 들어 많은 연구에 따르면 투자자 대다수는 '가치주'를 기피한다. 즉 저PBR '가치주'를 멀리하고 고PBR '인기주'를 매수한다. 왜 그럴까? 인기주를 둘러싼 생생한 투자 스토리에 열광하고, 이 종목에 투자해서 주변 사람들이 돈을 벌었다는 소식에 솔깃하며, 고PBR 주식의 수익률이 갖는 기저율을 무시하기 때문이다. 기쁘게 첨단 기술주를 샀다가 돈을 잃는다. 라벨 생산 회사 주식처럼 지루한 주식은 좋아하지 않는다. 그런 주식에 투자했다고 말하면 친구들이 비웃을지도 모르기 때문이다. 저PBR '가치주'의 투자수익률이 높은 경향이 있는데도 기저율을 무시하는 것이다.

휴리스틱에 의존하고 편향이 만연한 것은 일반인에게만 해당되는 문제가 아니다. 전문가 역시 직관적인 추론에서는 똑같은 편향에 노출되어 있다. 필립 테틀록Philip Tetlock은 《Expert Political Judgment전문가의 정치적 판단》[32]에서 예측이 직업인 사람, 즉 전문가를 다룬다. 그는 전문가도 행동 편향에서 자유롭지 못하고 믿을 수 없기는 일반인과 마찬가지라고 결론을 내린다. 수많은 연구를 통해 전문가의 실적을 간단한 통계 모형과 비교해보니 거의 모든 경우에서 전문가가 모형의 실적을 밑돌거나 잘해야 같은 수준임이 입증되었다. 전문가든 아니든 직관보다는 통계적 접근을 따르는 편이 낫다는 것이다.

## 전문가도 행동 오류를 범한다

간단한 퀀트 모형이 최고 전문가의 직관을 능가하는 분야가 많다. 심지어 전문가가 모형의 결과를 이용할 수 있게 해도 간단한 퀀트 모형은 지속적으로 최고 전문가들을 능가한다. 행동주의 투자 전문가인 제임스 몬티어 James Montier는 《Behavioral Investing행동주의 투자》[33]에서 이 현상을 다룬다. 다음은 그가 자신의 주장을 뒷받침하는 2개 요소를 간명하게 보여준다고 제시한 사례로, 환자가 신경증인지 정신병인지 진단하는 문제다. 정신병 환자는 "외부 세계와의 끈이 끊긴" 반면 신경증 환자는 "외부 세계와의 끈은 있지만 내부의 감정적 괴로움에 시달려 꼼짝달싹하지 못하는" 경우다. 미네소타 다면적 인성 검사Minnesota Multiphasic Personality Inventory, 이하 MMPI

는 신경증과 정신병을 판가름하는 표준 검사다.

오리건 대학교 신경정신과 교수 루이스 골드버그Lewis Goldberg는 1968년 1,000명이 넘는 환자의 MMPI 결과와 신경증 또는 정신병의 최종 판정을 분석했다. 이 데이터로 MMPI 결과에 근거해 최종 판정을 예측하는 간단한 모형을 개발했다. 그가 이 모형을 표본 외 데이터에 적용한 결과 최종 판정을 약 70%의 정확도로 예측할 수 있었다. 그런 다음 MMPI 점수를 임상 심리학자들에게 보여주고 환자를 판정해보라고 했다. 간단한 모형인데도 가장 경험 많은 심리학자까지 능가하는 것을 알 수 있었다. 이번에는 모형이 예측한 판정 결과를 함께 제공했다. 결과는 충격적이었다. 모형의 판정 결과를 제공했는데도 이들의 예측 성적은 모형에 미치지 못했다. 판정 결과를 주지 않았을 때보다는 나아졌지만 여전히 모형보다 못했다. 몬티어는 연구에서 흥미로운 결론을 도출했다. "우리는 퀀트 모형에 무언가를 보탤 수 있다고 생각하고 싶어 하지만, 사실 모형의 성과는 종종 우리가 보탤 수 있는 바닥이 아니라 우리가 미치지 못하는 천장에 해당한다."[34]

이언 에어즈Ian Ayres는 2007년《슈퍼크런처Super Crunchers》[35]에서 간단한 모형이 전문가를 능가하는 수많은 분야를 논하는데, 여기에는 퀀트 분석에 어울리지 않을 법한 분야도 꽤 나온다. 대법원 판결을 예측하는 통계 알고리즘이 하나의 사례다. 법률 용어는 결코 평범하지 않기 때문에 대법원 판결을 퀀트 모형으로 만들기는 쉽지 않아 보인다. 에어즈는 앤드루 마틴과 케빈 퀸의 '대법원 판결 예측 시합Competing Approaches to Predicting Supreme Court Decision Making'이라는 논문을 언급하며, 정치 성향과 관련된 변수 몇 개를 보면 대법관들이 어떻게 판결할지 예측할 수 있다고 주장했다. 마틴과 퀸은 대법관들이 판결한 사건 628건을 분석했다. 6가지 요소를 살펴보았는데 그중에는 사건을 맡은 최초 순회재판소와 하급심의 정치적 이데올로기처럼 무관해 보이는 요소도 포함되었다. 이로부터 대법관 각자가 어떤 판결을 내릴지 예측하는 간단한 모형을 개발했다. 예를 들어 모형은 하급심의 판결이 '진보적'이었다면 샌드라 데이 오코너Sandra Day O'Connor 대법관은 이를 뒤집는 판결을 하리라고 예측했다. 반면 '보수적'인 동시에 제2 또는 제3 순회재판소, 워싱턴 D. C. 순회재판소, 연방순회재판소에서 올라온 판결이면 기존 판결에 동의할 것이라고 예측했다.

에어즈에 따르면, 세미나에서 만난 마틴과 퀸에게 이 모형을 법률 전문가 집단에 테스트해보자고 제안한 것은 펜실베이니아 대학교 법학 교수인 테드 루거Ted Ruger였다. 마틴과 퀸은 시합을 붙여보기로 했다. 한쪽은 마틴과 퀸의 모형을 따르고, 다른 쪽은 법률 전문가와 법학 교수, 법률 실무자 83명이 모여 각자의 전문 분야 지식을 제공하기로 했다. 시합은 2002년 내내 열렸다. 대법관들이 어떤 판결을 내릴지 어느 쪽이 더 정확하게 맞혔을까? 독자들도 짐작했겠지만 마틴과 퀸의 모형이 전문가 집단을 이겼다. 모형은 대법원 판결의 75%를 정확하게 맞힌 반면 법률 전문가 집단은 겨우 59%의 정확도를 기록했다. 에어즈는 모형이 특히 오코너 대법관과 케네디 대법관의 결정적인 부동표 예측에 유용했다고 서술했다. 모형은 오코너 대법관의 판결을 70%의 정확도로 맞힌 반면 전문가 집단의 정확도는 61%에 그쳤다.[36]

간단한 모형이 숙련된 임상 심리학자나 사례에 정통한 유명 법률 전문가들을 어떻게 능가할 수 있을까? 그저 우연일까? 아니다. MMPI와 대법원 판결만 그런 것이 아니고, 이런 현상을 확증한 연구와 그런 연구를 연구한 메타 연구도 넘치도록 많다. 몬티어는 자신의 저서에서 뇌 손상 진단, 대학교 신입생 선발용 면접 과정, 범죄자의 재범률, 보르도 와인의 감별, 구매 담당자의 구매 결정 등 다양한 분야에 걸쳐 통계 모형과 전문가를 비교한 연구를 설명한다.

## 가치투자자 역시 인지 편향이 있다

일찍이 그레이엄은 감정을 다스려야 투자에 성공할 수 있다고 강조했다. 《현명한 투자자》서문에 이렇게 썼다.

> 투자하면서 결정적인 실수를 저지르지 않도록 안내하고, 안심하고 적용할 만한 투자 원칙을 개발하기 위해 이 책을 썼다. 투자 심리에 대해서도 많이 다룰 것이다. 투자에서 최악의 적은 바로 투자자 자신이기 때문이다. "친애하는 투자자여. 당신의 별자리가 좋지 않거나 나쁜 주식이기 때문에 투자에 실패하는 것은 아니랍니다. 바로 우리 자신이 잘못했기 때문이지요." 이는 최근 몇십 년 동안 사실로 밝혀졌다. 보수적인 사람에게도 주식 투자가 필수가 되면서 좋든 싫든 주식시장의 흥분과 유혹에 휩쓸릴 수밖에 없었기 때문이다. 독자들은 우리가 제시하는 주장과 사례, 권고를 통해 반드시 투자에 적합한 정신적, 감정적 자세를 정립하길 바란다. 우리는 투자 과정에 적합한 기질을 가진 '평범한 사람들'이, 금융과 회계에 밝고 주식시장에 관한 지식은 많아도 투자에 적합한 기질이 없는 사람들보다 훨씬 더 많은 부를 쌓아 올리는 것을 보아왔다.

"반드시 투자에 적합한 정신적, 감정적 자세를 정립하라"라고 투자자에게 권고하는 것만으로는 부족하다. 그레이엄 역시 투자에 적합한 기질을 가진 평범한 사람들이 금융과 회계에 밝고 주식시장에 관한 지식이 많은 사람보다 더 많은 부를 쌓을 것이라고 말한 것을 보면 이 점을 인정하는 듯하다. 문제는 이성이 아니라 행동이다. 머릿속으로는 뭐가 문제인지 잘 알고 있지만 감정 때문에 여전히 실수를 저지르게 된다. 세스 클라만 역시 다음과 같이 동의했다.[37]

> 전 국민이 애널리스트가 되고, 그레이엄의 《현명한 투자자》를 명심하고, 버핏

의 주주총회에 정기적으로 참석하더라도 사람들 대다수는 여전히 신규로 상장하는 인기주나 모멘텀 기법, 유행하는 투자에 마음이 끌릴 것이다. 사람들은 여전히 단타 매매에 솔깃해하고 차트로 기술적 분석을 추구할 것이다. 전 국민이 애널리스트가 되더라도 여전히 과잉 반응을 할 것이다. 요컨대 아무리 고도의 훈련을 받더라도 유사 이래 남들이 저질러온 것과 같은 실수를 범할 것이고, 여전히 같은 이유로 그걸 모면하지 못할 것이다.

우리의 판단이 편향되었다는 사실을 알아도 오류를 수정할 수 없다면 어떻게 해야 이런 실수를 예방할 수 있을까?

《행운에 속지 마라Fooled by Randomness》38에서 자신을 "문학 애호가이자 수학적 트레이더"라고 부르는 나심 탈레브Nassim Taleb는 행동 오류를 수정할 생각은 아예 포기하고 우리의 감정을 '에돌아가는' 게 낫다고 권한다.

우리는 원래 불완전한 존재다. 그러므로 우리의 오류를 수정하려고 애쓸 필요가 없다. 우리는 결함이 많고 환경에 적응이 서툰 존재다. 그래서 이런 단점을 에돌아가는 수밖에 달리 방법이 없다. 나는 어른이 된 이후 시간과 경력 대부분을 행운에 속지 않으려는 두뇌와 결국 완전히 행운에 속아버리는 감정 사이에서 갈등을 벌이느라 소진했다. 그 결과 감정을 이성적으로 수정하려고 하는 것보다는 차라리 감정을 에돌아가는 편이 성공할 수 있는 유일한 해결책이라고 깨달았다. 그래서 확신을 가지고 말할 수 있다. 인간의 기질을 바꿔서 해결할 문제가 아니다. 거창하게 윤리적인 해결책을 강구하는 것보다는 교묘한 속임수가 도움이 된다. 나는 의심 많은 경험론자이기 때문에, 설교 따위나 늘어놓는 도덕군자를 지구상 그 누구보다 혐오한다. 효과도 없는 방법을 무조건 신봉해야 하는 이유를 도저히 납득할 수가 없다. 충고라는 행위 자체에는 감정이 아니라 이성으로 뭔가 유의미한 통제를 행사한다는 전제가 내재되어 있는 것이다. 이게 얼마나 잘못된 전제인지를 현대의 행동과학은 잘 보여주고 있다.

연구 결과를 보면 탈레브의 방법이 옳은 것 같다. 즉 자신에게 속임수를 쓰는 편이 오로지 옳은 일을 하려고 노력하거나 그게 잘되지 않을 때 자신을 채찍질하는 것보다 낫다.[39] 몬티어는 이렇게 말한다. "일단 자신의 편향을 알더라도 지식과 행동은 다르다는 것을 인정해야 한다. 의사 결정 과정의 행동 오류에 견딜 수 있도록 최소한 일부라도 단단한 투자 모형을 설계하고 채택하는 것이 해결책이다."[40] 퀀트 기법의 장점은 우리 대부분이 기질적으로 투자에 적합하지 않다는 생각에서 출발해 잠재적인 실수를 방지하려는 노력으로 이어진다는 것이다. 이런 결함을 인정하면 우리를 속여서든 우리에게 강요해서든 올바른 자세를 가지게 하는 투자 모형을 구축할 수 있다. 퀀트 모형이 전문가를 능가하는 분야가 많다는 사실로 볼 때 가치투자 분야만 예외라면 놀라운 일일 것이다. 그럼에도 불구하고 가치투자 세계에서 퀀트 기법은 굉장히 보기 드물다. 퀀트 기법이 도입된 세계에서는 이들을 '못 말리는 괴짜 로켓 과학자'처럼 취급한다. 퀀트가치 투자 전략이 더 확산되지 않는 이유는 무엇일까? 몬티어는 오래된 인지 편향인 과신 때문일 것이라고 답한다. 우리는 오답률이 분명한 간단한 퀀트 모형보다는 오답률이 드러나지 않는 자신의 판단이 더 낫다고 생각한다.

이를 알게 된 사람들은 퀀트 자료를 의사 결정에 반영하도록 펀드매니저에게 재량권을 주어야 한다고 주장한다. 하지만 위에서 살펴보았듯이 퀀트 모형의 성과는 대부분 우리가 보태줘야 하는 바닥이 아니라 우리가 미치지 못하는 천장이다. 그뿐만 아니라 우리는 통계로 입증된 사실보다 자신의 의견과 경험을 지나치게 중시하는 경향이 강하다는 증거가 충분하다.

직관적으로 판단할수록 인지 편향이 극에 달하게 된다. 그러므로 재량권을 제한하고 통계로 입증된 사실에 근거할수록 실수를 더 많이 줄일 수 있다. 이는 가치투자를 퀀트로 접근해야 하는 아주 강력한 논거가 된다. 버핏의 말대로 "역설적이지만 눈먼 돈dumb money이 자신의 주제를 깨닫는 순간 더 이상 눈먼 돈이 아니다".[41]

## 퀀트가치 투자 전략의 힘

버크셔 해서웨이의 부회장인 찰리 멍거는 군에 복무하고 변호사로 활동한 젊은 시절에 포커를 즐기면서 얻은 경험이 투자를 잘하는 데 도움이 되었다고 했다. "승률이 안 좋을 때 패를 접는 법을 배워야 합니다. 그리고 대박 패를 잡았을 때는 크게 베팅해야 합니다. 대박 패는 자주 오지 않기 때문입니다."[42] 뛰어난 포커 선수는 수익을 확실히 챙기려면 대박 패가 들어왔을 때 승부를 제대로 걸어야 한다는 점을 잘 알고 있다. 이를 시간당 기대 수익으로 따져볼 수 있다(시간당 베팅 금액에 승률을 곱하면 시간당 기대 수익을 계산할 수 있다). 부진한 포커 선수의 시간당 기대 수익은 적자다. 포커처럼 운에 좌우되는 게임에서도 선수의 실력을 시간당 기대 수익으로 계량화할 수 있다는 것이 참 놀랍다. 포커의 달인이 언제 어디서나 모든 판에서 앉기만 하면 이긴다는 이야기가 아니다. 이들은 단기적으로는 실력보다 운에 좌우된다는 것을 잘 안다. 그린라이트 캐피털Greenlight Capital 설립자이자 탁월한 가치투자자인 데이비드 아인혼David Einhorn이 다음과 같이 말한 대로다.[43]

사람들은 내게 "포커는 운인가?", "투자는 운인가?"라고 묻는다. 나는 전혀 아니라고 대답한다. 그러나 표본 크기가 중요하다. 아무리 훌륭한 투자자나 뛰어난 포커 선수라도 잃는 날은 있기 마련이다. 아무리 대단한 우위가 발생해도 어떤 주식이든 손실이 날 수 있다. 포커도 마찬가지다. 포커를 한 판만

친다면 동전 던지기 시합과 다를 게 없다. 6개월 정도의 단기 투자도 마찬가지다. 그럴 때는 운에 좌우된다. 하지만 다양한 선수들과 수천 번 이상 포커 게임을 하거나 다양한 시장에서 수백 회 이상 투자한다면 실력이 이긴다.

여기에도 대수의 법칙이 적용된다. 많이 실행할수록 능력이 이긴다. 판이 거듭될수록 선수의 실력이 수익을 결정한다. 투자도 마찬가지다. 시장을 능가하려는 투자자에게는 우위가 필요한데, 가치투자에서 그런 우위를 확보할 수 있다. 하지만 투자자는 우위를 활용하는 데 어려움을 겪는다.

퀀트투자의 장점은 확보된 우위를 끈질기게 활용한다는 것이다. 퀀트투자에는 창과 방패의 양면성이 존재한다. 인지 편향으로부터 우리 자신을 지켜주는 방패의 역할과, 남들의 오류를 활용하는 창의 역할이 그것이다. 포커 테이블에 앉았을 때 우리가 호구가 아니라는 확신을 갖게 해준다.

이 책은 퀀트투자와 가치투자의 최고 장점만을 결합해 종목 선정과 포트폴리오 구성에 적용한다. 이렇게 하면 순수한 퀀트투자나 가치투자에 비해 여러모로 유리하다. 이런 방식을 퀀트가치 투자 전략Quantitative Value, 이하 QV이라 부르기로 한다. QV의 투자 철학과 최첨단 기법을 상세하게 설명하겠다.

우리는 소프의 퀀트투자와 버핏의 가치투자를 결합하려 한다. 가치투자의 핵심은 주식의 내재가치를 평가하는 기법이고, 퀀트투자의 핵심은 내재가치와 주가 사이에 존재하는 괴리를 지속적으로 활용하는 기법이다. 버핏은 방대한 경험과 탁월한 지성에 바탕을 두고 꼼꼼한 펀더멘털 분석을 통해 주식의 내재가치를 판단하려고 한다. 소프 역시 정보 처리를 통해 가치 평가를 했으나 투자를 결정할 때는 확률과 통계 이론에 주목했다.

퀀트투자와 가치투자를 결합하려는 시도는 우리가 처음이 아니다. 첫 번째는 당연하게도 가치투자 방식을 창안한 그레이엄이다. 두 번째는 그레이엄의 추종자로서 가치투자에 시스템 방식을 도입해 '마법공식Magic Formula'을 정립한 조엘 그린블라트Joel Greenblatt다. 마법공식 역시 크게 보면 그레이엄의 간단 퀀트가치 투자 전략과 원칙을 공유하지만 그레이엄의 절대적인 가격 지표 대신 가격 지표와 퀄리티 지표를 결합해 순위를 매김으로써 버핏의 투자 철학에 더 가까운 지표를 사용하는 점이 다르다. 다음 장에서 마법공식을 자세히 살펴볼 것이다.

그린블라트의 마법공식이 올바른 방향으로 우아하게 발걸음을 내딛기는 했지만, 우리는 QV 연구를 좀 더 진행해서 논리적인 검증 결과를 분석하고자 한다. 책의 나머지 부분은 엄격한 가치투자 철학에 퀀트 과정을 적용하는 데 할애했다. 우리는 QV의 최첨단 기법을 철저하게 검증할 것이다. 그러고 나서 가치를 찾아내기에 어떤 지표가 가장 유용한지를 시험하는 연구를 진행할 것이다. 즉 우량하면서도 저렴하고 주가와 내재가치 사이의 괴리를 빨리 해소할 것이라는 신호를 보내는 종목을 선정해줄 지표를 찾아낼 것이다. 최종적으로 이 지표를 가치투자에 결합해 높은 수익률이 기대되는 종목을 찾아낼 것이다.

# 퀀트가치
# 투자 전략의
# 설계도

투자자들은 과거 데이터로부터
도출된 모형을 조심해야 합니다.
괴짜 박사가 베타나 감마, 시그마 등 난해한 기호로 읊는
모형이 인상적으로 보일지도 모릅니다.
하지만 각종 기호 이면에 어떤 가정이 숨어 있는지
따져보는 투자자는 많지 않습니다.
우리는 이렇게 충고합니다.
"수학 공식이나 들먹이는 괴짜를 조심하라!"
워런 버핏, 주주서한, 2000년

《주식시장을 이기는 작은 책The Little Book that Beats the Market》1으로 유명해지기 전부터 조엘 그린블라트는 이미 당대 최고의 '특수 상황' 투자가로 명성을 날리고 있었다. 특수 상황이란 기업 분할이나 합병, 구조 조정, 신주 발행, 파산, 청산, 자산 매각 등과 같은 기업 이벤트에서 생기는 기회를 말한다. 그가 운용하는 고담 캐피털Gotham Capital은 특수 상황에 투자해 놀라운 실적을 쌓아 올리고 있었다. 로버트 골드슈타인Robert Goldstein과 함께 고담을 설립한 1985년부터 외부 투자금을 모두 돌려준 1995년까지 10년간 운용보수 공제 전 연 40%의 경이적인 수익률을 기록했다.

외부 투자금을 모두 돌려준 후에도 두 사람은 자신들의 투자금을 특수 상황에 계속해서 투자했다. 1999년 그린블라트는 고담의 탁월한 실적을 가능케 한 특수 상황 투자 전략을 다룬《주식시장의 보물찾기You Can Be a Stock Market Genius》를 출간했다.2 이 책은 그린블라트의 첫 베스트셀러로, 이 분야의 고전이자 특수 상황 투자자가 되려는 사람들의 필독서가 되었다.

그린블라트의 두 번째 책《주식시장을 이기는 작은 책》은 그가 2002년에 실험 삼아 한 일에서 비롯되었다. 그는 버핏의 투자 전략을 계량화할 수 있을지 궁금했다. 그래서 버핏이 공개적으로 발표한 글을 찾아 읽었다. 대부분 버크셔 해서웨이의 주주서한이었다. 버핏은 1978년 버크셔 해서웨이의 회장이 된 이래 해마다 주주들에게 서한을 보내 자신의 투자 전략을 꽤 상세하게 서술해왔다. 서한에는 그의 금언인 "우량하지 않은 기업을 싸게 사는 것보다 싸지 않더라도 우량 기업을 사는 편이 훨씬 낫다"의 근거가 담겨 있다. 그린블라트는 버핏의 "싸지 않더라도 우량 기업을 사는" 전략에 버핏의 섬세한 퀄리티 판단이 필요하다는 점을 알고 있었다. 하지만 여전히 궁금했다. 기계적으로 우량 기업을 싸게 사들인다면 어떨까? 실험해본 결과 기계적인 버핏 전략은 큰돈을 벌어주었다.

그린블라트는 그 결과가 너무나 인상적이었기 때문에 2006년 이 전략을 '마법공식MF'이라 이름 짓고 《주식시장을 이기는 작은 책》으로 출간했다. 그리고 여기서 멈추지 않았다. 그는 골드슈타인과 함께 이후 5년 동안 이 전략을 개선하는 데 몰두했다. 2010년 마침내 고담은 특수 상황 전략을 폐기하고 마법공식을 채택하기에 이르렀다. 당대 최고의 특수 상황 투자가들이 그토록 성공적이었던 전략을 폐기하고 갈아탄 전략이라면 자세히 들여다볼 필요가 충분하다고 생각한다. 이 장에서 현미경을 동원해 세밀하게 들여다보기로 한다.

## 그린블라트의 마법공식

그린블라트의 MF는 버핏의 "우량하지 않은 기업을 싸게 사는 것보다 싸지 않더라도 우량 기업을 사는 편이 훨씬 낫다"를 퀀트 방식으로 해석한 것이다.[3] MF는 버핏의 투자 전략에서 핵심적인 2개 요소를 '우량 기업'과 '염가'로 단순화한다. 곧 살펴보겠지만 그린블라트의 과제는 '우량 기업'과 '염가'를 계량적으로 정의하는 것이었다. 버핏의 주주서한을 참고했지만 이런 두루뭉술한 말을 실용적인 알고리즘으로 바꾼 것에서 그의 진정한 실력을 엿볼 수 있다.

### 우량 기업

그린블라트는 버핏이 우량 기업을 어떻게 정의했는지 참고했는데, 버핏은 자기자본이익률Return on Equity Capital, 이하 ROE이 높은 기업을 꼽았다. 1977년 주주서한에서 버핏은 우량 기업을 선별하는 지표로 ROE를 사용하는 이유를 설명했다.

주당순이익(Earnings per Share, EPS)이 고점을 경신할 때 '사상 최대' 이익을 내고 있다고 정의하는 경향이 있습니다. 하지만 주당순자산(Book-Value per Share, BPS)이 10% 증가할 때 EPS가 5% 증가에 불과하다면 그런 실적을 탁월하다고 보지 않습니다. 가만히 내버려 둔 예금조차도 복리의 마법 덕분에 해마다 이자가 늘어나는 법이니까요. 부채 비율이 이례적으로 높거나 중요 자산의 장부가치가 비현실적으로 기록되어 있는 것처럼 특별한 경우가 아니라면 ROE는 경영진의 성과를 평가하기에 바람직한 지표입니다.

그린블라트는 버핏이 사용한 ROE를 다음과 같은 투하자본이익률Return on invested Capital, 이하 ROIC로 해석한다.

$$ROIC = NOPAT / IC$$

ROIC = 투하자본이익률(Return on Invested Capital)
NOPAT = 세후순영업이익(Net Operation Profit after Tax)
IC = 투하자본(Invested Capital) = 순고정자산(고정자산 + 고정부채) +
　　순운전자본(유동자산 − 유동부채)[4]

단순화를 위해 그린블라트는 마법공식 투하자본Magic Formula Invested Capital, 이하 MF_IC을 '순고정자산(부동산 + 공장 설비) + 순운전자본'으로 정의한다. 분자는 ROIC에서 사용하는 세후순영업이익Net Operation Profit after Tax, 이하 NOPAT이 아니라 '이자 및 법인세 차감 전 이익Earnings before Interest and Tax, 이하 EBIT'을 사용한다. 그린블라트는 '마법공식 자본이익률Magic

Formula ROIC, 이하 MF_ROIC'을 다음과 같이 정의한다.

$$MF\_ROIC = EBIT / MF\_IC$$

MF_ROIC = 마법공식 자본이익률(Magic Formula ROIC)
EBIT = 이자 및 법인세 차감 전 이익(Earnings before Interest and Tax)
MF_IC = 마법공식 투하자본(Magic Formula Invested Capital)

MF_ROIC는 경영진이 MF_IC를 얼마나 효율적으로 사용했는지를 측정한다. 특히 여유 현금과 이자수익이 발생하는 자산은 계산에서 제외함으로써 EBIT를 창출하는 데 실제로 사용된 자산에만 초점을 맞춘다. MF_ROIC가 높을수록 MF_IC 대비 더 많은 돈을 벌어왔다는 의미다. 투자자라면 이런 상황을 꿈꿀 것이다.

## 염가

두 번째 요소인 염가를 계산할 때 그린블라트는 이익수익률earnings yield을 사용하는데 이는 낮익은 PER의 역수와 비슷하다. 단순하게 EPS를 그대로 사용하면 기업이 채택한 자본 구조의 영향을 받기 때문에 EBIT를 사용한다. 그는 각 기업의 EBIT를 기업 가치Enterprise Value, 이하 EV와 비교한다. EV는 기업을 통째로 사려는 사람이 지불해야 할 금액이다. 이는 우선주를 포함한 대주주 지분 및 소액투자자 지분 등 주식 시가총액과 이자를 포함한 모든 부채의 시가총액에서 기업이 보유한 여유 현금을 제외한다. 그린블라트는 이익수익률을 EBIT/EV로 정의한다.

$$이익수익률 = EBIT / EV$$

EBIT= 이자 및 법인세 차감 전 이익(Earnings before Interest and Tax)

EV = 기업 가치(Enterprise Value) = 보통주 시가총액 + 우선주 시가총액
+ 부채 총액 – 여유 현금

여유 현금 = 현금 + 유동자산 - 유동부채

시가총액/당기순이익 또는 주가/EPS인 PER과 달리 MF에서는 EBIT/EV를 사용하기 때문에 자본 구조가 상이한 기업을 공평하게 비교할 수 있다. 시가총액만 보면 기업의 자본 구조가 어떤지, 사업에 필요한 자금은 어떻게 조달하는지 등을 전혀 알아낼 수 없다. 다른 모든 조건이 동일하다면 우리는 부채 비율이 제로거나 낮은 종목을 선호할 것이다. 그런데 PER로는 부채 비율의 수준에 따른 차이를 알 수 없다. 마찬가지로 다른 모든 조건이 동일하다면 우리는 우선주가 없는 것을 선호할 것이다. 우선주는 배당과 청산 시 보통주보다 우선권을 갖기 때문이다. 그런데 PER로는 우선주 유무에 따른 차이를 알 수 없다. 그린블라트가 사용한 EBIT/EV는 자본 구조가 상이한 기업을 공평하게 비교할 수 있게 해준다.

### 그린블라트가 알아낸 것

우량 기업과 염가를 정의하는 알고리즘을 손에 쥔 그린블라트는 드디어 MF를 시험할 수 있게 되었다. 미국 주요 증권거래소에서 거래되는 대형주 3,500개의 목록을 만든 후 자신의 ROIC로 1등부터 3,500등까지 순위를 매겼다. ROIC가 가장 높은 주식이 1등, 가장 낮은 주식이 3,500등이었다. 동일한 작업을 이익수익률, 즉 EBIT/EV를 가지고 실시했다. 이 값이 가장 높

은 주식이 1등, 가장 낮은 주식이 3,500등이었다. 그는 ROIC와 EBIT/EV가 가장 큰 주식을 찾아내기 위해 개별 주식의 ROIC 순위와 EBIT/EV 순위를 더했다. 예를 들어 어떤 주식이 ROIC 12등, EBIT/EV 587등이면 결합 순위는 599$^{(12+587)}$가 되는 식이었다. ROIC가 2,068등이고 EBIT/EV가 439등이면 2,507$^{(2,068+439)}$이다. 이렇게 매긴 결합 순위로 3,500개 주식을 정렬했다. 결합 순위가 낮을수록 더 좋은 주식이다. 위의 예에서는 결합 순위가 599등인 주식이 2,507등인 주식보다 더 매력적이다. 과거의 데이터를 활용해 결합 순위 상위 30개 기업으로 포트폴리오를 구성하고 1년 보유해 매도한 다음 똑같은 작업을 반복한 가상 투자 실험을 연구했다. 결과는 놀라웠다.

그린블라트는 ROIC와 EBIT/EV 결합 순위 상위 30개 종목으로 구성한 포트폴리오가 1988~2004년의 16년간 CAGR 30.8%를 달성할 수 있었음을 알아냈다. 1만 달러가 96만 달러로 불어난다는 소리다. 반면 시장은 12.3%를 기록했는데, 1만 달러가 7만 1,000달러로 불어나는 데 그쳤다. 더욱이 MF는 이런 수익률을 시장보다 낮은 변동성으로 달성할 수 있었다. 이것이 사실이라면 MF는 문자 그대로 마법을 부리고 있는 셈이다.

### 우리가 알아낸 것

그린블라트가 MF를 어떻게 연구했는지 구체적인 내용을 밝히지 않아서 우리 나름대로 연구를 진행했다. 그가 외부에 밝힌 내용과《주식시장을 이기는 작은 책》에서 개략적으로 설명한 전략을 토대로 시뮬레이션을 실시했다. 데이터와 온갖 씨름을 해보았지만 그가 냈다는 대단한 성과를 재현할 수 없었다. 하지만 MF가 유용하며 S&P500을 능가하는 성과를 냈다는 것은 확언할 수 있다.[5]

이하는 우리가 1964~2011년을 대상으로 MF를 연구한 결과다. 그림 2.1은 그린블라트 MF 성과를 S&P500 및 미국의 10년 만기 국채 총수익률 Treasury Bond 10-year Total Return과 비교해 나타냈다. MF를 S&P500과 공평하게 비교하기 위해 시가총액가중 포트폴리오로 구성했다.[6]

표 2.1은 MF의 성과를 요약해서 보여준다. 표에서 'MF'에 해당하는 데이터는 결합 순위 최상 10분위(최상위 10%)로 구성된 포트폴리오의 성과를 나타낸다. MF는 1964년 1월 1일 결합 순위 최상 10분위에 투자한 원금 100달러를 2011년 12월 31일에 3만 2,313달러로 불려놓는다. CAGR 12.79%로 그린블라트가 발표한 30.8%에 못 미친다. 그보다 시가총액이 큰 종목을 선택했기 때문일 것이다.[7] 게다가 S&P500과 공평하게 비교하기 위해 시가총액가중 포트폴리오로 진행했는데, 그린블라트는 동일비중 포트폴리오를 적용했다. 우리의 백테스트 절차는 11장에서 자세하게 다루겠다.

MF가 S&P500보다 낮다는 점에 주목하라. S&P500은 100달러를 7,871달러로 불려서 CAGR 9.52%다. 이 표는 MF가 위험조정수익률에서도 우수했다는 점을 보여준다. 샤프지수Sharpe Ratio, 소르티노지수Sortino Ratio, 최대낙폭Maximum Drawdown, 이하 MDD 모두 S&P500보다 양호하다.

그림 2.2(a)와 2.2(b)는 MF가 1964~2011년 동안 기록한 CAGR(1)과 CAGR(10)을 각각 보여준다. MF는 1년 기준으로는 여러 번 저조한 실적을 거뒀다. 하지만 장기간이면 탁월한 성과를 입증해 보인다.

그림 2.3은 1964~2011년 동안 MF 결합 순위 10분위 각각의 성과다.

표 2.2는 1964~2011년 동안 MF 결합 순위 10분위를 종합한 성과를 나타낸다. '가치주'는 결합 순위 최상 10분위 포트폴리오, '중앙'은 중앙 10분위 포트폴리오, '인기주'는 최하 10분위 포트폴리오를 나타낸다. 그림 2.3과 표 2.2를 통해 MF의 결합 순위가 상당히 유용하다는 것을 알 수 있다. 마지

**그림 2.1** ― MF의 성과(1964~2011)

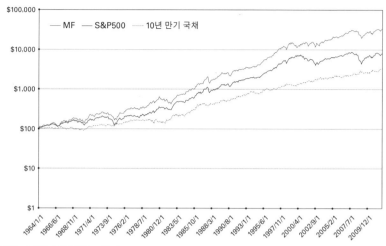

원금 100달러의 평가액(로그 척도)

**표 2.1** ― MF의 성과(1964~2011)

|  | MF | S&P500 | 10년 만기 국채 |
|---|---|---|---|
| CAGR(%) | 12.79 | 9.52 | 7.52 |
| 표준편차(%) | 16.54 | 15.19 | 10.39 |
| 하방편차(%) | 11.28 | 10.66 | 6.23 |
| 샤프지수 | 0.50 | 0.33 | 0.25 |
| 소르티노지수(MAR=5%) | 0.75 | 0.50 | 0.45 |
| MDD(%) | -37.97 | -50.21 | -20.97 |
| 월간 최저 수익률(%) | -23.90 | -21.58 | -11.24 |
| 월간 최고 수익률(%) | 14.91 | 16.81 | 15.23 |
| 수익월 비율(%) | 61.28 | 60.94 | 59.20 |
| CAGR(5) 승률(%) | - | 84.72 | 78.92 |
| CAGR(10) 승률(%) | - | 97.37 | 96.06 |

그림 2.2(a) — MF의 CAGR(1)(1964~2011)

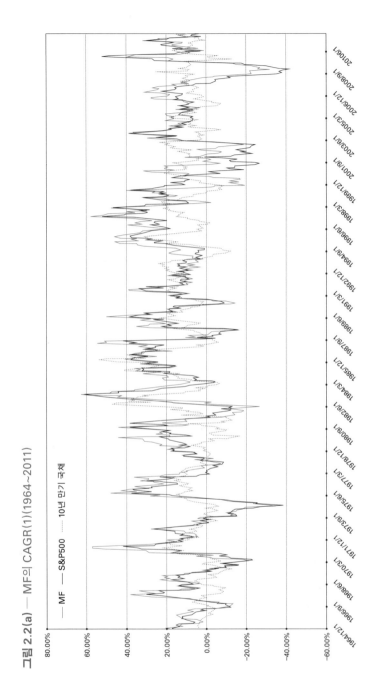

— MF ── S&P500 ······ 10년 만기 국채

　　　Part 1. 퀀트가치 투자 전략의 토대

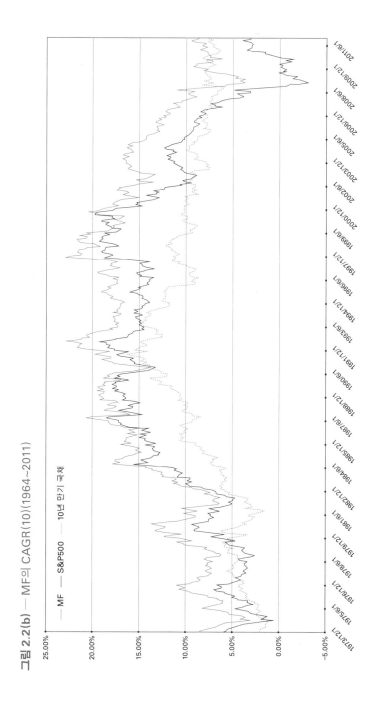

그림 2.2(b) ─ MF의 CAGR(10)(1964~2011)

**그림 2.3** ─ MF의 10분위 성과(1964~2011)

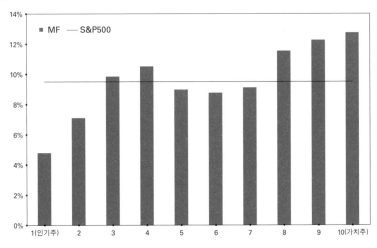

**표 2.2** ─ MF의 10분위 성과(1964~2011)

|  | 가치주(10) | 중앙(5) | 인기주(1) | S&P500 |
| --- | --- | --- | --- | --- |
| CAGR(%) | 12.79 | 9.03 | 4.83 | 9.52 |
| 표준편차(%) | 16.54 | 16.41 | 20.96 | 15.19 |
| 하방편차(%) | 11.28 | 11.05 | 15.28 | 10.66 |
| 샤프지수 | 0.50 | 0.29 | 0.08 | 0.33 |
| 소르티노지수(MAR=5%) | 0.75 | 0.45 | 0.13 | 0.50 |
| MDD(%) | -37.97 | -51.03 | -75.80 | -50.21 |
| 월간 최저 수익률(%) | -23.90 | -19.98 | -27.04 | -21.58 |
| 월간 최고 수익률(%) | 14.91 | 16.49 | 22.36 | 16.81 |
| 수익월 비율(%) | 61.28 | 59.90 | 57.99 | 60.94 |
| CAGR(5) 승률(%) | - | 74.08 | 95.16 | 84.72 |
| CAGR(10) 승률(%) | - | 85.78 | 99.56 | 97.37 |

막에 있는 최상 10분위(가치주)가 첫 번째에 있는 최하 10분위(인기주)를 능가한다. 그뿐만 아니라 표준편차와 하방편차로 측정한 변동성 역시 더 낮은 것을 알 수 있다. 이는 샤프지수와 소르티노지수, 즉 위험조정수익률도 더 높은 결과로 이어진다.

그림과 표가 보여주듯이 MF는 지속적으로, 그리고 낮은 변동성으로 시장을 능가했다. 우위가 작더라도 기간이 길어질수록 커다란 차이를 낸다는 점이 복리의 특징이다. MF가 찾아낸 우위가 작더라도 장기간 지속한다면 S&P500을 월등하게 능가할 것이다. 우위와 약간의 인내심, 복리의 마법이 손잡는 순간 무시하지 못할 부를 창출할 것이다.

우리가 MF를 연구한 결과, 가격을 대변할 수 있는 것(이를테면 '염가'나 '싸지 않은' 가격)과 퀄리티를 대변할 수 있는 것(이를테면 '우량한' 혹은 '우량하지 않은' 기업)을 이용해 주식을 분석하면 가치를 찾아내고 우위를 점하며 시장을 능가하고 탁월한 위험조정수익률을 달성할 수 있었다. 자연스럽게 묻게 된다. MF를 더 탁월하게 개선할, 간단하고 논리적인 전략은 없을까?

## 퀀트가치 투자 전략 연구

우리는 MF를 대체할 일반적이며 학술적인 대안 전략을 만들었는데, 이를 '퀄리티와 가격 전략Quality and Price, 이하 QP'으로 부르기로 했다. 논문에서 영감을 받았기 때문에 MF에 대한 학술적인 대안이다. 퀄리티 지표에 관한 발상은 로버트 노비 마르크스Robert Novy-Marx의 논문 '가치의 또 다른 면: 견실한 성장과 총이익률 프리미엄'[8]에서 얻었다. 가격 지표와 관련해서는 퀀트투자를 선구적으로 연구한 파마와 프렌치의 논문이 단초가 되었다.

QP 역시 MF와 마찬가지로 종목을 선정하는 데, 기대하시라, 가격과 퀄리티를 사용하고자 한다. 다른 점은 보다 학술적인 근거로 가격과 퀄리티를 측정해서 MF를 개선한다는 점이다. 더 나은 투자 성과로 이어질 수 있기 때문이다.

### 퀄리티 지표 탐색

MF는 주식의 상대적 퀄리티를 가늠하기 위해 MF_ROIC를 사용한다. ROIC가 높을수록 주식의 퀄리티가 높아지고 따라서 주식에 매겨지는 순위도 높아진다. 반면 QP는 ROIC 대신 총자산총이익률Gross Profitability to Total Assets, 이하 GPA을 사용하는데, 다음과 같이 정의한다.

$$GPA = GP \ / \ A$$

GPA = 총자산총이익률(Gross Profitability to Total Asset)
GP = 매출총이익(Gross Profit) = 매출 − 매출원가
A = 총자산(Total Assets) = 자기자본 + 부채 총액

QP에서는 주식의 GPA가 높을수록 퀄리티가 높다.

당기순이익을 쓰는 ROE, EBIT를 쓰는 MF_ROIC 대신 GPA를 사용하는 이유는 간단하다. GPA가 진정한 의미의 경제적 수익성을 가늠할 수 있는 가장 '정화된' 지표이기 때문이다. 다음은 노비 마르크스의 말이다.[9]

손익계산서의 아래로 갈수록 수익성은 오염되고 현실성은 떨어진다. 예를 들어 경쟁사보다 매출이 크고 원가는 낮은 기업이라면 분명 수익성이 더 좋을

것이다. 그럼에도 불구하고 얼마든지 경쟁사보다 당기순이익이 작을 수 있다. 만약 광고를 공격적으로 하거나 대리점 판매수수료를 높여서 매출이 빠르게 늘어난 것이라면 손익계산서 맨 끝에 위치한 당기순이익은 수익성이 낮은 경쟁사들보다 못할 수도 있다. 이와 유사하게 기업이 제품의 경쟁력을 높이기 위해 연구개발비 지출을 늘리거나, 경쟁우위를 유지하기 위해 조직의 효율성을 높이는 조직자본(Organizational Capital)에 투자하는 경우라면 상대적으로 작은 당기순이익을 기록하게 된다. 게다가 기업의 사업 규모를 직접적으로 키우는 자본적 지출이 늘면 상대적으로 잉여현금흐름이 더 줄어들게 된다. 이러한 사실은 GPA로 수익성을 평가하는 것이 더 낫다는 경험적 근거가 된다.

노비 마르크스의 주장은 간단한 예로 나타낼 수 있다. 기업 A가 있다고 치자. 연간 매출은 1억 달러이고 매출원가는 5,000만 달러다. A의 매출총이익Gross Profit, 이하 GP은 5,000만 달러다. A가 3,000만 달러를 광고비로 지출하면 A의 당기순이익은 2,000만 달러가 된다. 다음으로 기업 B를 보자. 연간 매출은 1억 달러, 매출원가는 8,000만 달러다. 하지만 광고비 지출이 없다. A나 B나 당기순이익은 2,000만 달러로 동일하다. 하지만 A가 B보다 경제적 수익성이 우수한 것은 자명하다. 이 사례가 보여주듯이 GPA야말로 경영진의 당면한 사업 결정과 무관하게 기업의 경제적 수익성을 가늠할 수 있는 더 '정화된' 지표다.

노비 마르크스는 분모에 총자산을 사용한다. GPA가 자본 구조와 상관없기 때문이다. 분자가 자본 구조와 상관없다면 분모도 자본 구조와 상관없는 것이 이치에 맞는다. 자기자본은 자본 구조에 영향을 받기 때문에 여기서는 적절치 않다. 자기자본은 총자산에서 부채 총액을 뺀 것이다. 어떻게 조달했든 기업이 보유한 자산을 합한 금액이 총자산이다. 이런 이유로 GPA와 어울려야 마땅하다. 그래서 GPA는 기업의 진정한 경제적 수익성을 공평하게 비교할 수 있는 지표다. 자본 구조, 당면한 사업 결정과 상관없이 기업을 비교할 수 있다.

퀄리티를 측정하는 도구로서 GPA가 갖는 논리적 장점도 있지만 GPA의 유용성은 경험적으로 보았을 때 더 크다. 노비 마르크스는 논문에서 GP가 당기순이익이나 잉여현금흐름Free Cash Flow, 이하 FCF보다 진정한 경제적 수익성 측정에 더 유리하다고 주장한다. GP가 투자의 기대수익률과 장기적인 이익성장률 및 잉여현금흐름성장률을 더 잘 예측하기 때문이다. 재무학자들이 선호하는 이익과 잉여현금흐름을 이용해 만들어진 수익성 지표들 역시 검토했다. 그에 따르면 "언론에서는 애널리스트가 예측하는 이익 개념에 주목하기" 때문이다. 그래서 GPA가 최고라고 결론을 내린다.[10]

> 3가지 수익성 지표, 즉 ROA, FCFA, GPA가 시합하면 GPA가 명백한 승자다. GPA는 거의 PBR만큼이나 투자의 기대수익률에 대한 예측력이 높게 나타났다. ROA를 완벽하게 포괄할 뿐만 아니라 FCFA도 압도하는 능력을 지녔다. (중략) 또한 GPA는 장기적인 이익성장률과 잉여현금흐름성장률을 예측할 수 있는데, 이런 이유로 투자의 기대수익률을 예측하는 데 유용한지도 모르겠다.

우리 역시 맞비교를 통해 GPA가 MF_ROIC보다 예측력이 우수하다는 것을 확인했다. 그림 2.4는 1964~2011년 동안 노비 마르크스가 제안한 3가지 퀄리티 지표, 즉 ROA, FCFA, GPA와 MF_ROIC의 CAGR을 S&P500과 비교해서 보여준다.

이 그림은 GPA가 ROA, FCFA, MF_ROIC를 모두 능가해 최고의 퀄리티 지표임을 입증한다. 표 2.3에서 다양한 퀄리티 지표의 성과를 살펴볼 수 있다.

이 표는 간단한 퀄리티 지표가 시장과 다를 바가 없음을 보여준다.

**그림 2.4** — 퀄리티 지표의 성과(1964~2011)

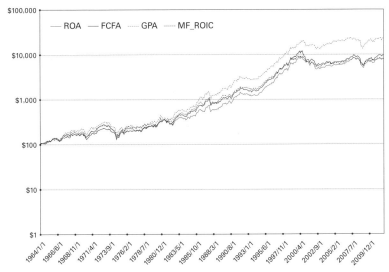

원금 100달러의 평가액(로그 척도)

**표 2.3** — 퀄리티 지표의 성과(1964~2011)

|  | ROA | FCFA | GPA | MF_ROIC | S&P500 |
|---|---|---|---|---|---|
| CAGR(%) | 9.65 | 10.02 | 12.06 | 9.93 | 9.52 |
| 표준편차(%) | 16.94 | 16.88 | 16.32 | 16.27 | 15.19 |
| 하방편차(%) | 10.79 | 11.45 | 11.00 | 10.90 | 10.66 |
| 샤프지수 | 0.32 | 0.34 | 0.46 | 0.34 | 0.33 |
| 소르티노지수(MAR=5%) | 0.53 | 0.53 | 0.71 | 0.54 | 0.50 |
| MDD(%) | -51.11 | -56.02 | -49.81 | -49.61 | -50.21 |
| 월간 최저 수익률(%) | -20.64 | -21.07 | -20.68 | -22.76 | -21.58 |
| 월간 최고 수익률(%) | 18.99 | 19.82 | 21.58 | 19.27 | 16.81 |
| 수익월 비율(%) | 60.07 | 60.94 | 59.55 | 60.42 | 60.94 |

CAGR은 S&P500과 구분하기 힘들고 위험조정수익률은 거의 같다. GPA만 이 독보적으로 유용하며, 위험조정 전후를 막론하고 시장을 능가한다.

### 가격 지표 탐색

MF는 종목의 순위를 매기기 위해 가격 지표로 EBIT/EV를 사용한다. 반면 QP는 전통적인 지표인 BM<sup>Book-Value to Market Capitalization</sup>을 사용한다.

$$BM = 자기자본 \ / \ 시가총액$$

친숙한 PBR 대신 학계 관례에 따라 PBR의 역수인 BM을 사용하겠다. BM은 MF의 EBIT/EV와 맞비교할 수 있다. 근거는 명확하다. 파마와 프렌치는 BM이 이익에 근거한 다른 지표보다 연도별 변동이 적기 때문에 더 우수하다고 생각한다.[11]

> 주당 얼마라는 식으로 계산하더라도 기업 전체의 숫자를 쪼갠 것에 불과할 뿐, 가격 지표를 통해 기대수익률을 예측하려는 목적은 변함이 없다는 사실을 강조한다. 자기자본, 당기순이익, 현금흐름 등 어떤 펀더멘털을 사용하든 같은 맥락이다. 그중에서 당기순이익이나 현금흐름에 비해 자기자본의 변동성이 낮기 때문에 결과적으로 포트폴리오 회전율도 낮게 유지할 수 있어서 BM을 선호하는 편이다.

이렇게 말했지만 다른 모든 회계 지표들과 마찬가지로 BM 역시 문제점이 약간 있다고 한 점에 주목해볼 필요가 있다. 지난 40~50년간 종목에 순위를 매길 때 PER이나 다른 가격 지표가 BM보다 더 우수한 수익률을 냈다는 사실이다. 7장에서 더 자세하게 다룰 것이다.

## 책으로 배운 지식이냐, 경험으로 배운 지식이냐

지금부터 QP와 MF를 비교하겠다. QP는 MF와 동일한 지적 프레임을 고수한다. 즉 우량 기업과 염가라는 2가지 요소의 최고 조합을 찾아내려고 한다. 그러나 MF와는 다른 지표를 사용한다. 뚜렷한 논리나 근거가 있어서가 아니라 결과적으로 성과가 우수했기 때문이다. 그렇다면 QP는 MF에 비해 어떤 성과를 냈을까?

1964~2011년 동안 QP와 MF를 비교한 연구 결과를 제시한다. 그림 2.5는 QP와 MF의 CAGR을 보여준다. 표 2.4에 QP의 성과를 요약했는데 MF를 가뿐하게 능가한다. QP는 1964년 1월 1일에 투자한 100달러를 2011년 12월 31일에 9만 3,135달러로 불려서 CAGR 15.31%다. MF는 투자금 100달러를 3만 2,313달러로 불려서 CAGR 12.79%인 것은 앞에서 살펴보았다. 표 2.4에서 볼 수 있듯이 많이 개선되기는 했지만 QP는 완벽한 전략이 아니다. CAGR이 높아지면서 변동성이 커졌고 MDD 역시 나빠졌다. 그럼에도 불구하고 위험조정수익률 관점으로 보면 QP가 승자다.

그림 2.6(a)와 2.6(b)는 QP의 1964~2011년 CAGR(1)과 CAGR(10)이다. QP가 1년 기준으로는 성과가 나쁜 경우가 많지만 장기간에 걸쳐서는 뚜렷하게 능가했음을 보여준다.

그림 2.7은 1964~2011년 동안 각각 QP와 MF로 매긴 순위에 따른 10분위 투자 성과를 나타낸다. 두 전략 모두 시장을 능가하는 종목을 선정하는 뛰어난 실력을 보여준다.

표 2.5는 1964~2011년 동안 각각 QP와 MF에 따른 '가치주'와 '인기주' 10분위의 투자 성과를 요약해서 보여준다. 이 표를 보면 QP가 순위를 잘 매기는 것을 알 수 있다. 가치주 10분위는 좋은 성과를 낸 반면 2000년 3월의 IT 주식처럼 인기주 10분위는 나쁜 성과를 냈다.

**그림 2.5** — QP의 성과(1964~2011)

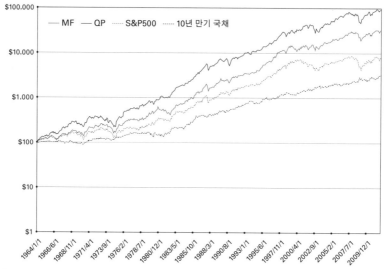

원금 100달러의 평가액(로그 척도)

**표 2.4** — QP의 성과(1964~2011)

| | MF | QP | S&P500 | 10년 만기 국채 |
|---|---|---|---|---|
| CAGR(%) | 12.79 | 15.31 | 9.52 | 7.52 |
| 표준편차(%) | 16.54 | 17.94 | 15.19 | 10.39 |
| 하방편차(%) | 11.28 | 12.32 | 10.66 | 6.23 |
| 샤프지수 | 0.50 | 0.60 | 0.33 | 0.25 |
| 소르티노지수(MAR=5%) | 0.75 | 0.89 | 0.50 | 0.45 |
| MDD(%) | -37.97 | -46.50 | -50.21 | -20.97 |
| 월간 최저 수익률(%) | -23.90 | -23.48 | -21.58 | -11.24 |
| 월간 최고 수익률(%) | 14.91 | 26.28 | 16.81 | 15.23 |
| 수익월 비율(%) | 61.28 | 62.85 | 60.94 | 59.20 |

Part 1. 퀀트가치 투자 전략의 토대

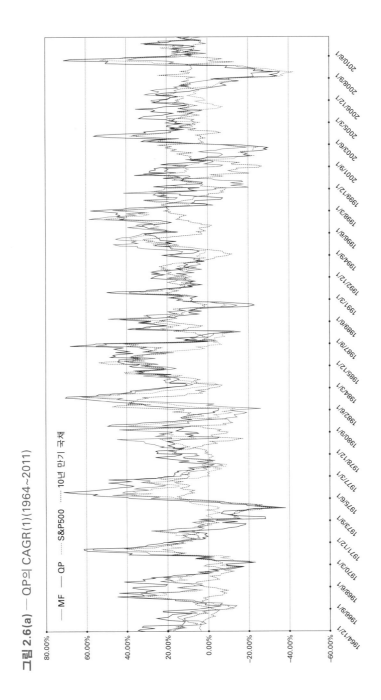

그림 2.6(a) — QP의 CAGR(1)(1964~2011)

— MF  — QP  ······ S&P500  ······ 10년 만기 국채

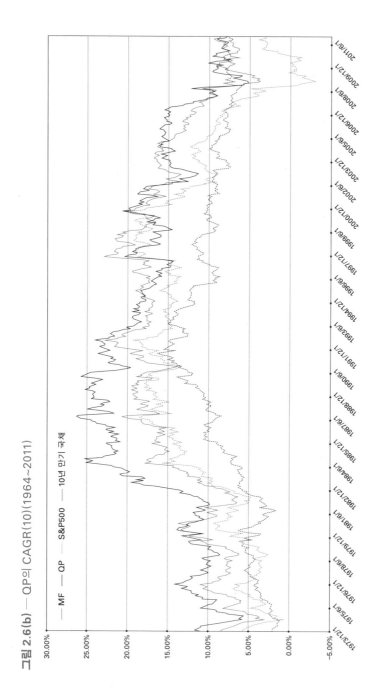

그림 2.6(b) — QP의 CAGR(10)(1964~2011)

— MF — QP ……… S&P500 …… 10년 만기 국채

Part 1. 퀀트가치 투자 전략의 토대

**그림 2.7** ― QP의 10분위 성과(1964~2011)

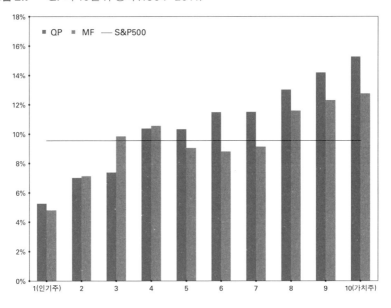

**표 2.5** ― QP의 최상 및 최하 10분위 성과(1964~2011)

|  | MF(가치주) | MF(인기주) | QP(가치주) | QP(인기주) |
|---|---|---|---|---|
| CAGR(%) | 12.79 | 4.83 | 15.31 | 5.18 |
| 표준편차(%) | 16.54 | 20.96 | 17.94 | 19.66 |
| 하방편차(%) | 11.28 | 15.28 | 12.32 | 14.36 |
| 샤프지수 | 0.50 | 0.08 | 0.60 | 0.09 |
| 소르티노지수(MAR=5%) | 0.75 | 0.13 | 0.89 | 0.14 |
| MDD(%) | -37.97 | -75.80 | -46.50 | -67.61 |
| 월간 최저 수익률(%) | -23.90 | -27.04 | -23.48 | -26.35 |
| 월간 최고 수익률(%) | 14.91 | 22.36 | 26.28 | 28.26 |
| 수익월 비율(%) | 61.28 | 57.99 | 62.85 | 58.51 |

MF와 형제라고 할 수 있는 QP를 간단하게 검토한 결과, 주식을 퀄리티 지표와 가격 지표로 분석하면 시장을 능가하는 결과를 낼 수 있음을 알았다. QP가 최고의 전략이라는 이야기가 아니다. QP조차 퀄리티 지표와 가격 지표를 다루는 기법이 거칠다. 더 정교한 기법들이 있다. 우리는 근본적으로 가치투자자다. 그리고 세상에는 가치투자자들이 높은 퀄리티와 염가를 찾기 위해 사용하는 지표가 무척 많다. 우리는 QP와 MF에서 사용하는 것보다 더 예측력이 뛰어난 퀄리티 지표와 가격 지표가 있는지 알고 싶다.

QP와 MF에 관한 연구는 퀀트 기법이 투자에 유용하다는 것을 입증했다. 경제가 좋건 나쁘건, 혹은 경기가 과열되건 침체되건 상관없이 작은 우위라도 오랫동안 꾸준하게 추구하면 탁월한 투자 성과를 얻을 수 있다. 1장에서 다룬 그레이엄의 전략처럼 이들 전략은 확고부동한 규칙을 꾸준하게 준수했다. 전략을 꾸준하게 준수한 점이 성공의 중요한 이유다. 다시 말해 모형을 충실히 따를 때 결과가 제일 좋다. 인간 본성에 휘둘려 모형을 지키지 않을 때 투자 성과는 급격하게 시장 수준 이하로 떨어진다. 다음에서 구체적으로 살펴보겠다.

## 전략 실행

2012년 그린블라트는 MF를 이용해 2009년 5월 1일부터 2011년 4월 30일까지 고객의 투자 성과를 분석해보았다.[12] 그의 회사는 MF를 이용하려는 고객에게 '직접 운용'과 '전문가 위탁'이라는 2가지 옵션을 제공했다. 고객이 '직접 운용'을 고르면 MF가 추린 목록 중에서 매매할 종목을 직접 선정하게 했다. 운용 지침을 안내했지만 최종 결정은 기본적으로 고객의 몫이었다. 고객이 '전문가 위탁'을 선택하면 거래는 자동화되어, 회사는 MF가 추린 종목을 주기적으로 매매했다. 그린블라트가 연구한 2년간 두 방식 모두 사전에 MF가 추린 종목들만 선정할 수 있었다.

결과는 어땠을까? MF가 추린 목록에서 자신이 종목을 선정해 '직접 운용'한 고객은 시장을 약간 하회하는 실적을 냈다. S&P500이 수익률 62.7%를 낸 동안 이들은 모든 비용을 제한 후 59.4%를 기록했다. '전문가 위탁' 방식은 모든 비용을 제한 후 84.1%를 기록함으로써 '직접 운용' 방식을 25%p, S&P500을 20%p 능가했다. 2년이라는 짧은 기간으로 보면 상당한 차이다. '직접 운용'과 '전문가 위탁' 방식 모두 동일한 목록에서 투자 대상을 골랐고 기본적으로 동일한 투자 전략을 따랐다는 점을 감안하면 더욱 놀랍다. 자신이 '직접 운용'한 고객은 시장을 초과할 수 있는 투자 시스템에 자신의 판단을 개입해서 시장 초과분 전부와 추가로 약간을 더 까먹은 셈이다. 그린블라트는 이런 실적 부진을 다음과 같이 설명하는데 행동 편향과도 관계가 있다.

첫째, '직접 운용' 고객은 최고의 '대박주'를 많이 사지 않았다. 일부러 피했는데 매수하기가 겁나서 그랬을 것이다. 이는 무작위로 주식을 선택해서 발생한 결과가 아니다. 고객은 확신을 가지고 체계적으로 대박주를 기피했다. 그린블라트는 주가가 종종 잘 알려진 이유로 하락한다고 말한다. 경제 전문 방송인 CNBC를 시청한 사람은 누구나 특정 주가가 싼 이유를 알 수 있다. 애당초 주가가 싼 것도 그것 때문이다. 이유를 불문하고 그런 주식은 사기가 겁나기 마련이다. 대표성 편향의 아주 좋은 사례다. 가치주를 사면, 즉 현금흐름이나 여타 펀더멘털 지표에 비해 상대적으로 싼 종목을 매수하면 초과수익을 달성할 확률이 높다는 기저율은 대부분 알고 있다. 하지만 대표성 편향에 빠져 기저율을 무시하게 된다. 어쩔 수 없다. 매수하기가 겁

나거나 유행에 휘둘려 주가가 떨어지게 된다. 사람들은 무섭거나 근시안적인 사안에만 주목하면서 기저율을 무시한다. '직접 운용' 고객은 MF가 추린 목록에 포함되지만 단지 CNBC가 방송했다는 이유로 겁을 먹고 몇 종목을 매수 대상에서 배제해버렸다. 그리고 이렇게 배제한 종목 상당수가 나중에 대박주가 되었다.

둘째, '직접 운용' 고객은 일정 기간 전략이 시장을 하회하거나 하락 장세를 만나서 포트폴리오의 평가액이 축소되어 수익률이 악화하면 주식을 팔고, 특정 종목이 오르거나 상승 장세가 되면 주식을 사는 경향을 보였다. 그린블라트는 MF가 시장을 하회하거나 포트폴리오의 평가액이 축소되면 '직접 운용'하는 많은 고객이 의기소침해져서 주식을 팔아버리고, 다른 주식으로 대체하지 않고 현금 보유량만 늘린 채 투자 전략을 주기적으로 업데이트하지 않는다는 점을 발견했다. 그것도 모자라 이미 상당한 기간 동안 가격이 오른 주식을 매수하는 것을 발견했다. 투자수익률이 악화하면 팔고 개선되면 사는 경향을 보이는데, 그린블라트가 보기에 장기적으로 투자 성과를 저하하기에 아주 좋은 방법일 뿐이다.

그의 데이터 중에서 가장 흥미로운 것은 '직접 운용'에서 실적이 가장 뛰어난 계정인데, 바로 아무것도 하지 않은 계정이다. 계정을 개설한 후 2년간 단 한 번도 운용하지 않았는데도 적극적으로 '직접 운용'한 모든 경우를 능가했다.

물론 예상한 결과다. 전문가도 단순한 모형을 이기지 못한다는 것을 우리는 이미 알고 있다. 그뿐만 아니라 모형의 결과를 보여줘도 여전히 모형을 하회한다는 것도 알고 있다. 왜냐하면 사람들은 자신의 판단을 더 선호하기 때문이다. 틀려도 그렇다. 이는 무지해서 일어나는 실수가 아니다. 올바르게 선택하라고 모형을 제공했으니 말이다. 무능해서 일어나는 실수다.

모형이 시키는 대로 하지 못한다. 사람들은 불확실한 상황에서 결정할 때 나타나는 인지적 오류 때문에 무능해진다. 압도당하고 공황 상태에 빠진다. 잘못된 결정을 내린다.

QP 분석은 지금까지 살펴본 단순한 2개 변수 모형보다 훨씬 더 복잡하다. 우리는 더 나은 결과를 얻기 위해 복잡성을 높였지만, 이는 양날의 검과 같다. 모형에 단계가 더 많을수록 실수할 가능성도 더 커진다. MF처럼 단순한 전략도 따르기 힘들어하는데 어떻게 더 복잡한 투자 과정을 만들어놓고 사람들이 규율 있게 행동하길 바랄 수 있다는 말인가? 우리는 이어서 체크리스트 개념을 제시하는데 이는 복잡한 과정을 감당할 만한 부분으로 쪼갬으로써 실수를 없애고 성공률은 높여 반복 실행할 수 있는 간단한 방법이다.

## 체크리스트가 필요한 이유

하버드 의대 외과 교수인 아툴 가완디Atul Gawande는 2007년 〈뉴요커The New Yorker〉에 '체크리스트'라는 글을 기고했다.[13] 그는 중환자실 환자의 생명을 유지시키는 데 필요한 엄청나게 복잡한 일을 의료진이 어떻게 성공적으로 해내는지 설명했다. 그에 따르면, 오늘날 중환자용 의약품을 다루는 일이 너무나 복잡해져서 기술적 도움 없이는 의료진이 도저히 해낼 수 없다. 과거라면 살 가망이 전혀 없다고 만장일치로 판정했을 상태, 즉 으스러짐, 화상, 폭격당함, 뇌출혈, 장기 파열, 중증 심장마비, 심각한 감염 등의 상황이 벌어져도 이제는 생명을 구하는 방법을 알고 있다. 하지만 여기에 동원되는 방법이 너무 복잡한 나머지, 의료진조차도 단순하고 방지할 수 있는 실수들을 흔히 저지른다.

가완디는 중환자실이 지닌 문제가 제2차 세계대전을 앞두고 B-17 폭격기 조종사들이 직면했던 문제와 같다고 보았다. B-17 폭격기 한 대가 시험 비행 중 요란하게 추락했는데, 조사 결과 기계적 결함이 아니라 '조종사의 실수' 때문이었다. 문제는 비행기가 너무나 복잡하게 진화한 나머지, 한 신문기자가 썼듯이 '조종사 한 사람이 조작하기엔 너무 버거운 비행기'가 되어버렸다는 사실이었다. 해결책은 조종사의 체크리스트였다. 이륙과 비행, 착륙, 활주에 관한 단계별 지침 말이다. 체크리스트는 효과가 있었다. B-17 조종사들은 290만 킬로미터를 단 한 건의 사고 없이 비행했고 연합군이 하늘을 지배할 수 있게 해주었다. 중환자실에서 환자의 생명을 지켜내는 일 역시 '의사 한 사람이 감당하기엔 너무나 많은 의약품'이 문제라는 것을 관찰한 가완디는 중환자실에서도 체크리스트가 효과를 보일지 궁금해졌다.

그는 존스홉킨스 병원의 피터 프로노보스트Peter Pronovost가 얼리어답터early adopter, 신제품이 출시되면 남보다 먼저 써보고 주위에 알려주는 소비자임을 알아냈다. 프로노보스트는 2001년 '혈관 도관 감염line infections, 중심 혈관에 도관을 삽입함으로써 일어나는 감염' 문제를 해결하기 위해 간단한 체크리스트를 만들었다. 도관을 몸에 삽입할 때 감염을 막기 위해 지켜야 할 5단계를 설명한 것이다. 첫째, 비누로 손을 씻을 것. 둘째, 소독제로 환자의 피부를 닦을 것. 셋째, 외과용 멸균 천으로 환자를 덮을 것. 넷째, 멸균 처리된 마스크와 모자, 가운, 장갑을 착용할 것. 다섯째, 도관을 삽입한 후 해당 부위를 소독한 붕대로 덮을 것. 프로노보스트는 중환자실 의사들이 환자의 몸에 도관을 삽입할 때 각 단계를 얼마나 잘 지키는지를 간호사들에게 한 달 동안 기록하게 했다. 기록 결과 3분의 1이 넘는 경우에서 1개 이상 잊어버리는 것이 드러났다.

다음으로 프로노보스트는 의사가 체크리스트의 한 단계라도 잊어버리면 간호사가 즉시 상기시키게 하고 결과를 1년 동안 지켜보았다. 효과는 대단했다. 첫 12개월에 걸쳐 감염률이 11%에서 0%로 떨어졌다. 이후 15개월 동안 단 2건의 감염이 발생했을 뿐이다. 프로노보스트는 체크리스트 덕에 감염 43건, 사망 8건을 방지하고 200만 달러를 아낄 수 있었다고 추정했다.

가완디는 〈뉴잉글랜드 의학 저널New England Journal of Medicine〉에 게재한 논문에서, 미시간주를 대상으로 광범위하게 연구한 결과 체크리스트를 시행함으로써 중환자실의 감염률을 66% 낮추었다고 보고했다. 대부분이 감염률 0%를 달성했다. 미시간주의 감염률이 너무 낮아져서 이 주의 평균이 미국 전역의 중환자실 90%보다 낮았다. 연구 대상 기간의 첫 18개월 동안 모든 병원이 총 1억 7,500만 달러의 비용을 절약하고 1,500명의 생명을 지킨 것으로 추산된다. 이 성공은 거의 4년 동안 지속되었는데 가완디는 이 모든 것이 '멍청할 정도로 단순한 체크리스트' 덕분이라고 서술했다. 이것이 시사하는 바는 명확하다. 복잡한 중환자실 처치 과정을 이끌어줄 단계별 체크리스트가 의료진에게 필요하다는 사실이다.

이후 이 논문은 《체크! 체크리스트The Checklist Manifesto: How to Get Things Right》라는 책으로 출간되어 베스트셀러가 되었다.[14] 책은 체크리스트를 더 넓은 분야에 적용할 것을 주장한다. 가완디는 많은 분야에서 문제는 지식이 부족한 것이 아니라 갖고 있는 지식을 지속적으로 올바르게 적용하게 하는 것이라고 생각한다. 그는 일기예보와 초고층 건물 건설 같은 다양한 분야의 성공 사례를 보여준다. 투자 분야도 물론 포함된다.

# QV 체크리스트

우리는 위의 연구에 근거해 QV 체크리스트를 만들었다. 체크리스트는 4개 부분, 즉 자본의 영구적 손실과 가격, 퀄리티, 신호로 나누었다. 개괄적인 내용은 다음과 같다.

**1단계: 자본의 영구적 손실을 초래할 수 있는 주식은 피하라 (2부 참조)**

자본의 영구적 손실을 초래할 수 있는 주식들인지 아래의 내용 체크

1. 이익 조작(3장)
2. 사기(3장)
3. 자금난과 파산(4장)

**2단계: 최상의 퀄리티를 지닌 주식을 찾아라(3부 참조)**

경제적 해자 체크(5장)

1. 장기 ROA
2. 장기 ROC
3. 장기 FCFA
4. 장기 총이익 성장률
5. 장기 총이익 안정성

재무건전성 체크(6장)

    1. 현재 수익성

    2. 유동성과 레버리지

    3. 최근 영업 호전성

**3단계: 가격이 가장 싼 주식을 찾아라(4부 참조)**

현재(7장), 장기와 복합적인(8장) 주가배수 체크

**4단계: 확증적인 신호를 보내는 주식을 찾아라(5부 참조)**

촉매 체크(9장)

    1. 자사주 매입 발표

    2. 내부자 매수

    3. (소극적이든 적극적이든) 기관투자가의 매수

    4. 공매도

QV의 장점은 체크리스트가 얼마큼의 성과를 내는지 과거 데이터를 이용해 확인할 수 있다는 점이다. 체크리스트의 2~4단계 항목은 우리 QV 모형의 핵심이다. 향후 9개 장에 걸쳐 우리는 체크리스트 각 항목의 기저에 놓인 근거를 점검하고 이를 뒷받침하는 연구 내용과 수익을 살펴볼 것이다. 그러고 나서 6부에서는 우리가 알아낸 백테스트 결과들이 믿을 만한지 확인하기 위해 사용한 투자 시뮬레이션 방법을 논할 것이다. 끝으로 투자 전략의 구조와 성과, 위험과 수익률을 살펴볼 것이다.

# 파산할 기업을
# 피하는 방법

2부에서는 체크리스트의 1단계를 살펴볼 것이다. 자본의 영구적 손실을 초래할 주식을 피하는 방법이다. 완전한 손실은 3가지로 나타날 수 있다. 재무제표의 이익 조작, 사기, 자금난과 파산이다. 서로 다른 위험이지만 밀접하게 관련되며 종종 함께 드러난다. 예를 들어 경영진은 기업의 실적을 사실보다 더 좋게 보이려고 재무제표를 조작할 수 있다. 경영진은 이것이 '선의의 거짓말'일 뿐 사기는 아니라고 정당화할지도 모른다. 하지만 조작이 있다면 내재가치 평가나 운용을 제대로 하기 힘들다. 이익 조작이 발견된 부엌이라면 바퀴벌레가 존재할 가능성이 있고 이는 명백한 사기에서 한 걸음 모자랄 뿐이다.

명백한 사기는 투자자에겐 매우 높은 수준의 위험이다. 재무제표가 부정확할 뿐만 아니라 경영진이 회삿돈을 횡령하는 것이다. 사기는 영원히 지속될 수 없고 결국에는 자금난이나 파산으로 끝을 맺는다. 원인과 결과가 바뀌어서 자금난의 공포에 빠진 경영진이 이익을 조작해 채권자들을 피해 가려고 할지도 모른다. 빚잔치를 할 경우 이해당사자 중 최후 순위인 주주는 끝이 좋은 경우가 드물다.

이익 조작과 사기, 자금난에 취약한 기업의 주식은 완전하고도 영구적인 자본의 손실을 초래할 가능성이 있다. 이런 종목은 얼마에 사든지 마음이 편치 않다. 따라서 투자 유니버스에서 지워버림으로써 아예 외면하는 것이 상책이다. 3장에서 이익 조작과 사기를 다루고 4장에서 자금난과 파산을 다루겠다.

# 이익 조작과 명백한 사기를 적발하라

이익을 조작하다 보면 문제가 눈덩이처럼 커지게 됩니다.
차기 이익을 당기에 선반영하기 시작하면,
부족분을 메우기 위해 더욱 '대담하게'
이익을 조작해야 하기 때문입니다.
그렇게 틀어막다 보면 결국 사기가 됩니다.
다들 알다시피 총보다 펜으로 훔친 돈이 훨씬 많습니다.
워런 버핏, 주주서한, 2000년

존 케네스 갤브레이스John Kenneth Galbraith는 자신의 저서《대폭락 1929 The Great Crash 1929》에서 횡령이야말로 '가장 흥미로운 범죄'라고 말했다.[1]

횡령은 유일하게 시간 변수가 있는 절도다. 범죄를 저지른 때와 발각된 때 사이에 수 주일이나 수개월 혹은 수년의 차이가 있을 수 있다. 발각될 때까지 횡령한 사람은 이득을 취하지만 횡령을 당한 사람은 손실을 느끼지 못하는 이상한 상황이 벌어진다. 정서상으로 부의 순증이 발생한 셈이다. 어떤 시점에나 발각되지 않은 횡령액이 기업과 은행에 자산으로 존재한다. 존재하지 않는다고 말하는 것이 정확하겠지만. 이런 횡령 자산은 특정 시점에 수백만 달러에 달할 수 있다. 또한 경기 순환 주기에 따라 크기가 달라질 수 있다.

'횡령 자산'은 발각되지 않은 모든 사취, 사기, 편취, 경제에 가해진 허튼소리의 총합이다. 갤브레이스에 따르면, 이는 돈이 넘쳐나는 호경기 때 불어나고 훨씬 더 날카롭고 꼼꼼하게 감사가 진행되는 불경기 때 줄어든다. 횡령 자산은 정의상 숨겨져 있을 뿐만 아니라 우리가 진행하려는 퀀트 분석을 무력화하는 잠재적 위협이라고 할 수 있다. 왜냐하면 퀀트 분석은 데이터가 정확해야 하기 때문이다. 예를 들어 우리가 주식의 ROC나 ROA를 알아내기 위해 사용하는 가치 지표들은 어떤 형태로든 수익률에 기반한다. 재무제표에 보고된 수치가 분식되거나 사기라면 이를 사용해 계산한 결과는 명백히 잘못된 것이다. 다음 증명을 보면 그 이유를 잘 알 수 있다.

$$GI \times (1 + e^{-i\omega t})^{\sum_{1}^{n} \sin x} = GO \times (1 + e^{-i\omega t})^{\sum_{1}^{n} \sin x}$$

단순화하면 이렇게 된다.

$$GI = GO$$

GI=garbage in,

GO=garbage out,

증명 끝(garbage in garbage out, 즉 정보나 수치가 잘못되면 결론 역시 잘못될 수밖에 없다는 의미다).


희망이 전혀 없는 것은 아니다. 사기꾼과 '조작꾼'이 행하는 완전한 사기든 경계가 애매모호한 이익 조작이든, 데이터에서 찾아내는 방법이 있다.

횡령을 적발하는 3가지 기법을 제안한다. 첫째는 총자산 대비 총발생액 Scaled Total Accruals, 이하 STA으로, 초기 단계 이익 조작을 잡아낸다. 둘째는 총자산 대비 순운전자본Scaled Net Operating Assets, 이하 SNOA으로, 경영진이 과거에 시도한 이익 조작을 잡아낸다. 마지막 무기는 조작 확률Probability of Manipulation, 이하 PROBM로, 사기나 이익 조작을 할 가능성이 높은 주식을 선별하는 통합적인 예측 도구다. 우선 이익 조작이라는 섬세한 기법을 살펴본 다음 PROBM을 이용해 저 거대한 사기였던 엔론Enron 사건을 들여다보고자 한다. 과연 우리라면 엔론의 파산을 사전에 잡아낼 수 있었을까?


## 발생주의 회계와 이익 조작

버핏은 2002년 주주서한에서 투자자들은 '불건전 회계'라고 이름 붙인 행태를 보이는 기업을 조심해야 한다고 했다.

경영진이 눈앞에서도 속이려 든다면 보이지 않는 곳에서는 두말할 것도 없습니다. 부엌에 바퀴벌레가 한 마리만 있는 경우는 드물지요.

버핏은 다음과 같이 말했다. "'선의의 거짓말'로 이익 '평준화'나 회계 '빅배스(big bath, 부실 자산을 한 회계연도에 모두 반영해 향후의 위험 요인을 일시에 제거하는 기법-역자 주)'를 저지르는 정도면 정직한 경영진이다. 이런 경영진도 일반회계원칙 GAAP을 '지켜야 할 표준이라기보다는 넘어야 할 장애물'로 인식한다." 이익 조작은 속임수 중에서도 온건한 편에 속할지 모르지만 횡령에 기여하기는 마찬가지고, 누구도 그렇게 돈을 뜯기고 싶어 하지 않는다.

이익을 조작하려면 경영진이 손익계산서 작성에 어느 정도 재량이 있어야 한다. 회계표준에 이런 재량을 명시해놓았는데, 다양한 업종에 동일한 회계표준을 적용해야 하기 때문에 어쩔 수 없이 부여된 것이다. 사기와 이익 조작을 선호하는 사람들은 현금흐름과 일치하지 않는 발생주의 회계를 좋아한다. 발생주의 회계accrual의 어원인 'accrue'는 '누적, 축적, 성장, 증가' 등의 의미다. 발생주의 회계와 관련된 회계 항목은 많지만 어떻게 비정상적인 내재가치 평가가 초래되는지 간단한 사례로 살펴보겠다(표 3.1 참조).

소년인 버니와 워런은 봄마다 잔디 깎는 일을 한다.[2] 4~6월 석 달간 각자 정원 10곳의 잔디를 깎고 고객에게 "잔디 깎은 비용 10달러를 지불해주시기 바랍니다"라는 내용으로 청구서를 보낸다. 두 소년 사업가의 수금은 차차 이루어지다가, 지불할 생각이 없는 2명을 제외하고 9월 말에 완료된다. 해마다 같은 일이 반복된다고 가정해보자. 이런 상황을 처리하는 방법이 일반회계원칙에 나와 있지만 자세한 내용은 생략하겠다.

6월 말 현재 버니의 간단한 손익계산서에는 순이익 100달러가 잡혀 있고 재무상태표에는 외상매출금 100달러가 잡혀 있다. 9월이 되자 악몽이 현실

**표 3.1** ── 버니와 워런의 재무제표 (단위: 달러)

|  | 버니 | 워런 |
|---|---|---|
| 손익계산서 |  |  |
| 매출 | 100 | 100 |
| 악성 채권 | 0 | -20 |
| 순이익 | 100 | 80 |
| 현금흐름표 |  |  |
| 영업활동 현금흐름 | 80 | 80 |
| 재무상태표 |  |  |
| 외상매출금 | 20 | 0 |

화되었다. 고객 2명이 돈을 내지 않은 것이다. 손익계산서에는 6개월간의 순이익이 여전히 100달러로 잡혀 있지만 외상매출금이 20달러이고 현금흐름은 80달러뿐이다. 여름 내내 순이익이 현금흐름을 20달러 초과했다. 징그럽게 돈을 안 내는 고객 두 명한테서 받아내지 않는 한(사실상 받아내지 못한다) 버니는 악성 채권을 제거해 재무상태표를 정화하고 손익계산서에 손실로 반영해야 할 판이다. 그는 나쁜 소식을 최대한 뒤로 미루고 싶다.

워런은 좀 더 사업과 회계에 능숙하다고 가정해보자. 6월 말 현재의 상태를 물어보면, 보다 현실적인 그는 순이익이 80달러라고 답한다. 이미 악성 채권을 예상하고 손실로 반영했다. 그의 재무상태표에는 외상매출금으로 80달러가 잡혀 있다. 악성 채권을 공제한 것이다. 9월 말 현재 손실을 이미 반영했고 80달러도 받았고 재무상태표도 정화된 상태다. 순이익이 80달러, 현금흐름이 80달러. 순이익이 현금흐름과 일치한다. 순이익 80달러는 그가 사업으로 여름 내내 번 돈이다.

이제 당신이 버니 또는 워런의 사업 지분 50%를 인수할 수 있다고 가정해보자. 버니와 워런 모두 수익의 5배에 해당하는 지분가치를 원한다. 즉 버니의 사업 지분 절반을 250달러(순이익 100달러×5=500달러의 50%)에, 또는 워런의 사업 지분 절반을 200달러(순이익 80달러×5=400달러의 50%)에 살 수 있다. 당신이라면 어느 쪽을 선호하겠는가? 워런 쪽이 당연히 더 좋다. 첫째, 더 싸다. 두 사업이 동일하다는 것을 우리는 안다. 따라서 두 사업의 내재가치는 동일하다. 하지만 워런 쪽이 버니보다 20% 싸다. 버니의 수익이 질적으로 떨어지는 것은 순이익이 부풀려졌기 때문이고 버니의 사업 가치도 마찬가지다. 둘째, 회계 관리 능력도 워런이 낫다. 워런의 숫자들이 사업의 실제를 보다 정확하게 반영하고 있으며, 더 정직하고 현실적으로 보인다. 물론 이익을 조작하는 방법은 수없이 많다. 버니의 악성 채권 수법은 그중 하나일 뿐이다. 흥미롭게도 현금흐름 대비 순이익을 확인하는 것만으로도 이익 조작을 상당히 잡아낼 수 있고 이를 통해 미래의 이익을 예측할 수도 있다.

발생주의와 이익 조작, 투자 성과 사이의 상관관계를 다룬 논문은 수없이 많다. 논문 '이익 조작과 IPO의 장기 투자 성과'를 쓴 테오와 웰치, 웡은 기업 공개IPO 때 비정상적으로 높은 발생주의 이익을 보고한 기업들이 IPO 이후 3년이 지나면 형편없는 투자 성과를 보인다는 증거를 제시했다.[3] IPO 주식 중에는 자유재량적인 회계를 채택함으로써 비정상적으로 높은 이익을 보고하는 기업이 있다. 이들은 실제 현금흐름에 비해 과도하게 높은 이익을 발표한다. 발생주의 회계를 방만하게 사용해 부풀려진 사실을 모른 채 기업의 이익이 높다는 이유로 주식을 매수한다면 필요 이상으로 비싸게 살 수 있다. 시간이 지나면서 언론과 애널리스트, 재무제표 등을 통해 추가적인 사실을 알아차리고서야 투자자들은 IPO 당시 전망한 이익이 달성될 수 없다는 것을 깨닫고 기대를 접을지도 모른다. 다른 모든 조건이 같다면 IPO 당시 이익 조작 규모가 클수록 나중에 주가 조정도 커지기 마련이다.

뒤샤르메와 말라테스타, 세프칙은 논문 '이익 조작, IPO, 그리고 주주 소송'[4]에서, IPO 때 비정상적인 발생주의 회계가 적용되며 정도가 심한 기업은 나중에 법적 소송에 휘말리는 것을 보여준다. 어떤 종목들은 기업 공개 직전에 교묘하게 이익을 조작했다가 나중에 소송에 휘말렸다. 추와 곰볼라, 류는 논문 '역차입 매수의 이익 조작과 주식 투자 성과'[5]에서 IPO 때 일어나는 이익 조작의 증거를 추가로 제시한다. 저자들에 따르면 역차입 매수(reverse leveraged buyout, 주로 사모펀드 등이 인수하려는 기업의 자산을 담보로 돈을 빌려 기업을 인수하고 재정비한 다음 다시 공개 상장해 투자금을 회수하는 기법-역자 주)와 자유재량적인 발생주의 회계 간에 밀접한 관련이 있다. IPO 후 1년이 지났을 때 투자 성과를 비교해보니 이익을 가장 '공격적'으로 조작한 4분위(조정 폭이 가장 큰 기업 25%)가 이익을 가장 '보수적'으로 조작한 4분위(조정 폭이 가장 작은 기업 25%)보다 15~25%p 낮은 투자수익률을 나타냈다. 경영진이 이익을 조작하기 위해 발생주의 회계를 이용한다는 증거가 이렇게나 많기 때문에 가치투자자는 이 주제를 절대 간과하지 않는다. 투자자 커뮤니티에서 이익 조작이 대체로 적발되지 않는 것은 조작을 적발할 기법이 별로 없기 때문이다. 다음에서 발생주의 회계와 관련된 조작을 적발할 수 있는 몇 가지 방법을 설명하고자 한다.

## 이익 조작을 적발하는 기법

발생주의 회계에 관한 가장 유명한 논문은 리처드 슬론Richard Sloan의 '주가에는 미래의 이익과 관련해 현금흐름과 발생액의 정보가 충분히 반영되고 있는가?'[6]다. 슬론은 이 논문으로 '발생주의 회계의 비정상'을 밝혀낸 덕분에 학계를 떠나 바클레이스 글로벌 인베스터즈Barclays Global Investors로 이직해서 더 유명해졌다. 이 논문은 당기순이익의 발생액과 현금흐름으로 추정하는 미래 이익과 관련 정보를 주가가 제대로 반영하고 있는지 조사한다. 슬론에 따르면 주가는 이익과 '딱 붙어 있다시피' 움직인다. 달리 말하면 우리가 앞서 살펴보았듯이 워런과 버니의 사업이 똑같은데도 이익이 달라서 다른 사업으로 생각한다는 의미다. 총자산 대비 총발생액STA이 낮은 주식을 매수하고 이 값이 높은 주식을 공매도하는 포트폴리오의 투자 성과는 대단히 높다. 슬론은 STA를 측정하기 위해 다음과 같이 재무상태표와 손익계산서의 정보를 활용한다.

$$STA = (CA - CL - DEP) / 총자산$$

CA = 유동자산 증감 − 현금 및 현금등가물 증감
CL = 유동부채 증감 − 유동부채에 속한 장기 부채의 증감 − 이연법인세 증감
DEP = 감가상각비

이 방법은 발생주의 회계에 따른 투자 전략 시뮬레이션을 돌려보는 연구자에게 유용하다. 컴퓨스태트(Compustat, 금융과 통계 정보 등을 상업적으로 제공하는 미국 회사-역자 주)는 1987년 이후의 '영업활동 현금흐름' 데이터만을 제공할 뿐이어서 주식 투자수익률을 연구하는 데 한계가 있다.

현금흐름 데이터는 실시간으로 구할 수 있기 때문에, 현금흐름에 기반한 투자에 단순화한 STA를 사용할 수 있다. 단순화한 STA는 다음과 같이 계산할 수 있다.

$$STA = (당기순이익 - 영업활동 현금흐름) / 총자산$$

허슐라이퍼와 후, 테오, 장은 논문 '투자자들은 재무상태표가 부풀려진 기업을 과대평가하는가?'[7]에서 또 다른 발생주의 회계 관련 척도를 설명한다. 이들은 누적 순영업이익의 증가량이 누적 잉여현금흐름의 증가량을 넘어서면 재무상태표가 '부풀어 오르고' 기업은 이익 성장을 지속하기가 갈수록 어려워짐을 알아냈다. 1964~2002년 표본 기간을 연구한 결과 총자산 대비 순운전자본SNOA으로 장기적인 투자수익률을 강력하게 예측할 수 있다는 점도 알아냈다. 파파나스타소풀로스와 토마코스, 왕 등은 한 걸음 더 나아가 논문 '주식 투자수익률을 예측할 수 있는 재무상태표 정보: SNOA가 알려주는 증거'[8]에서 SNOA와 주식 투자수익률이 역의 상관관계(즉 SNOA가 커질수록 주식 투자수익률이 줄어듦)임을 입증해 보였는데, 그 이유로 교묘한 이익 조작과 과매수를 지목했다.

우리는 허슐라이퍼 등이 행한 연구를 근거로 SNOA를 다음과 같이 계산했다.

$$SNOA = (영업자산 - 영업부채) / 총자산$$

영업자산(Operating Assets) = 총자산 – 현금 및 현금등가물
영업부채(Operating Liabilities) = 총자산 – 단기 부채 – 장기 부채
– 소수주주 지분 – 우선주 – 자기자본

SNOA 전략은 SNOA가 낮은 주식을 매수하고 SNOA가 높은 주식은 공매도하는 것이다. 그림 3.1은 1965~2002년 SNOA 롱숏long-short 포트폴리오의 동일비중 및 시가총액가중 투자 결과다.

우리의 투자 유니버스에 STA 롱숏 전략과 SNOA 롱숏 전략을 검증해보

았다. 최하 10분위 포트폴리오 수익률에서 최상 10분위 포트폴리오 수익률을 빼는 방법으로 롱숏 월별 수익률 데이터를 만들어 분석했다. 결과는 그림 3.2와 3.3에 나타나 있다.

그림 3.2는 학자가 자신의 아이디어를 월가로 가져오면 어떤 일이 벌어지는지 보여준다. 바로 효과가 줄거나 아예 사라진다. STA 전략은 1964~1996년에 원활한 거래를 수반하면서 탁월한 성과를 보였다. 하지만 슬론이 논문을 발표한 1996년 이후 눈에 띄게 실적이 나빠졌다.

그림 3.3에 보이는 SNOA 롱숏 전략 역시 STA와 비슷한 패턴을 보인다. 즉 수익률이 2000년 이후 사실상 사라졌다. 두 가지 발생주의 회계 척도가 투자수익률 면에서는 시간이 지나면서 효과가 사라진다고 보이지만 또 다른 유용한 면도 확인된다. STA로는 발생액의 증감을, SNOA로는 발생액의 기간 성장률을 알 수 있다.

우리는 이익을 조작하는 주식을 찾아내기 위해 STA와 SNOA 2개 척도를 함께 사용한다. 5~6장에서 다룰 퀄리티 지표와는 달리 STA와 SNOA가 퀄리티를 가늠하는 척도가 아님을 아는 것이 중요하다. STA와 SNOA는 문지기 역할을 한다. 겉으로는 고퀄리티 주식인 것처럼 보이지만 실상은 경영진이 심각하게 조작한 숫자가 만들어낸 착각일 뿐인, 퀄리티가 전혀 높지 않은 주식에 투자하는 것을 막아준다.

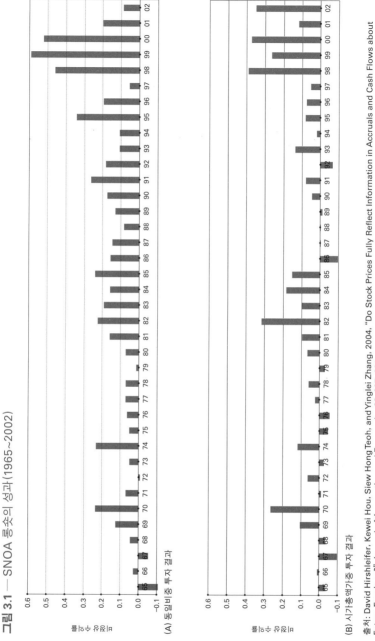

**그림 3.1** — SNOA 롱숏의 성과(1965~2002)

(A) 동일비중 투자 결과

(B) 시가총액가중 투자 결과

출처: David Hirshleifer, Kewei Hou, Siew Hong Teoh, and Yinglei Zhang, 2004, "Do Stock Prices Fully Reflect Information in Accruals and Cash Flows about Future Earnings?" *Journal of Accounting and Economics* 38: 297~331.

03. 이익 조작과 명백한 사기를 적발하라

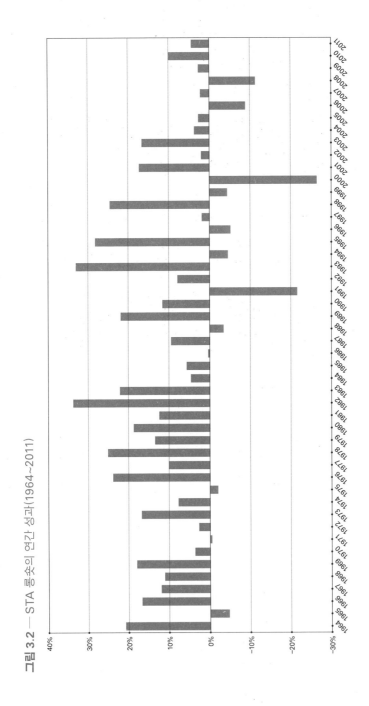

그림 3.2 ── STA 롱숏의 연간 성과(1964~2011)

　Part 2. 파산할 기업을 피하는 방법

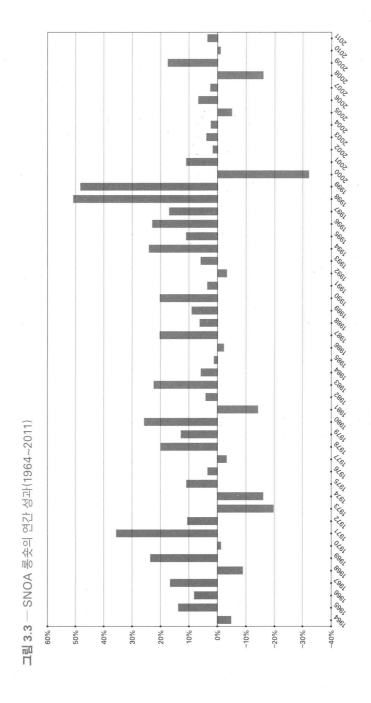

그림 3.3 ── SNOA 롱숏의 연간 성과(1964~2011)

# PROBM 예측하기

재무제표를 조작하는 데 발생주의 회계만 쓰이는 것이 아니다. 조작의 큰 그림을 보려면 학계의 논문을 더 깊이 들여다볼 필요가 있다. 인디애나 대학교 켈리 경영대학원 교수인 메소드 베네이시Messod Beneish는 1999년 논문 '이익 조작의 적발'[9]에서 재무제표 조작을 탐지하는 퀀트 기법을 설명했다. 그는 포렌식 어카운팅forensic accounting, 회계와 관련된 범죄를 찾아내는 기법 원칙에 근거한 자신의 모형을 '조작 확률Probability of Manipulation, PROBM'이라고 이름 지었다.

그가 사용한 통계 처리 과정이 상당히 까다롭긴 하지만 연구 자체는 이해하기 쉽다. 먼저 이익 조작이 드러난 표본 사례를 수집해 분석했다. 이어서 이들 사례의 특징을 이용해 조작을 적발할 수 있는 모형을 만들어냈다. 간단하다. 그 결과가 PROBM 모형이다. 이 모형은 조작의 효과를 탐지하거나 경영진이 조작의 유혹을 받을 만한 전제 조건을 감지할 수 있는 변수를 포함한다. 그 결과 미래의 재무제표 조작꾼을 사전에 알아낼 수 있다.

표본 외 실험에서 PROBM 모형은 기업의 조작 사실이 알려지기 전에 대략 50%를 적발할 수 있었다. 모형은 1998~2002년 발생한, 세간의 이목을 끈 조작 사건 17건 중 12건을 사전에 적발했다.[10] 또 1993~2007년 주식 투자수익률도 안정적으로 예측했다. 즉 모형의 데이터가 사용된 1993~2007년 동안 모형이 잠재적인 이익 조작 기업으로 점찍은 기업들이 그렇지 않은 기업들에 비해 연 9.7%p 저조한 수익률을 기록했다. 실제로는 회계 부정으로 기소되는 경영진이 상대적으로 적지만, PROBM 모형이 예측하는 조작 가능성은 주식의 미래 전망을 매우 잘 보여준다고 할 수 있다. 이익 조작이 이미 드러난 기업들과 비슷한 특징을 보이는 기업은 이 외에도 이익의 질이 떨어진다든지, 기업을 둘러싼 여러 경제 상황이 호락호락하지 않다든지 하는 문제를 갖고 있다. 이들 문제는 아직 주식시장에 투명하게 전달되지 않는다. 따라서 연관된 회계 장난질이 꼭 기소로 이어지진 않더라도 이런 주식들은 대체로 낮은 투자수익률을 기록한다.

PROBM 모형을 구성하는 요소는 다음과 같다.

- DSRI days' sales in receivables index: t기의 외상매출금 회수 기간을 t-1기의 외상매출금 회수 기간으로 나눈 비율. 이 비율이 커지면 경영진이 매출을 부풀리려고 시도했을 가능성이 있다.
- GMI gross margin index: t-1기의 매출총이익을 t기의 매출총이익으로 나눈 비율. 이 비율이 1보다 크면 매출총이익이 감소한 것이다. 다른 조건이 동일하다면 미래 전망이 나쁜 기업일수록 회계 조작을 할 가능성이 크다.
- AQI asset quality index: 자산의 질을 가늠하는 이 지표는 토지 및 건물, 기계장치를 제외한 비유동자산을 총자산으로 나눈 비율이다. AQI는 향후 혜택이 불투명하거나 형태가 없는 무형자산이 총자산에서 얼마를 차지하는지 가늠한다. 재무상태표상의 무형자산과 관련해 비용의 이연 방식에 손을 댄 흔적을 드러내 보일 수 있는 지표다.
- SGI sales growth index: t기의 매출을 t-1기의 매출로 나눈 비율. 매출 성장이 조작을 암시하지는 않는다. 하지만 매출 성장이 커지면 경영진은 기대를 받기 마련인데 지속 불가능한 기대도 많다. 펀더멘털은 하향 곡선을 그리는데 높은 성장률이 기대되는 기업을 경영한다면 이익을 조작할 동기가 크다.
- DEPI depreciation index: t-1기의 감가상각률을 t기의 감가상각률로 나

눈 비율. 이 비율이 1보다 크면 자산이 보다 천천히 감가상각되고 있음을 의미한다. 경영진이 일시적으로 이익을 부풀리려고 감가상각 방법을 조정할 가능성이 있다.

- SGAIsales, general and administrative expenses index: t기의 판매 및 일반관리비를 t-1기의 판매 및 일반관리비로 나눈 비율. 늘어나는 SGA 비용은 경영진이 높은 보수를 챙겨 회사의 이익을 가져가는 것을 의미할 수 있다.

- LVGIleverage index: t기의 총부채를 총자산으로 나눈 비율을 t-1기의 동일한 비율로 나눠서 구한다. 이 비율이 1보다 크면 레버리지가 늘어났다는 의미이고 기업이 부채약관을 어겼을 가능성도 더불어 커진다. 다른 조건이 동일하다면 부채약관을 어긴 경우 회계 조작을 할 가능성이 더 크다.

- TATAtotal accruals to total assets: 총자산 대비 총발생액 비율은 현금을 제외한 운전자본의 증가분에서 감가상각비를 제해 구한다. 발생액이 커질수록 이익 조작의 가능성도 높아진다.

PROBM 모형에 포함된 위의 8개 변수는 다음과 같이 가중치를 두어서 더한다.

$$PROBM = -4.84 + 0.92 \times DSRI + 0.528 \times GMI + 0.404 \times AQI + 0.892 \times SGI + 0.115 \times DEPI - 0.172 \times SGAI + 4.679 \times TATA - 0.327 \times LVGI$$

PROBM 모형을 투자에 실무적으로 사용하기 위해 우리 투자 유니버스에 속한 개별 주식의 PROBM을 일일이 계산한다. 이렇게 구한 값을 정규

분포 조작률Probability of Manipulation, PMAN으로 변환해야 한다. 변환 공식은 PMAN = CDF(PROBM)이다. 여기서 CDFCumulative Distribution Function 는 평균이 0이고 표준편차가 1인 정규분포를 따르는 변수의 누적 분포함수다.[11] PMAN을 이해하기 위해 계산 과정을 이해할 필요는 없다. 해석하기 쉽기 때문에 사용하는 이 수치는 조작 가능성을 간단하게 보여주는 확률이다. PMAN 값이 0이면 조작 가능성이 없는 것이고 PMAN 값이 1이면 조작이 확실하다는 의미다.

## 엔론의 PROBM

2001년 12월 2일 파산하기 전까지 엔론은 텍사스주 휴스턴에 있는, 평판이 대단한 에너지·원자재·서비스회사였다. 직원 2만여 명이 근무하고 전기와 천연가스, 통신, 펄프와 제지 분야의 세계적인 선도 기업이었다. 눈부신 매출 성장(1990년부터 10년간 666% 성장)과 어마어마한 매출(2000년 기준 1,010억 달러에 육박), 14억 달러나 되는 엄청난 수익, 614억 달러에 이르는 시가총액(이때 PER이 44배였다) 때문에 엔론은 월가의 총아였다. 표 3.2는 엔론의 재무 상태를 부분적으로 보여준다.

베서니 맥린Bethany McLean이 저서 《엔론 스캔들The Smartest Guys in the Room》[12]에서 언급했듯이 엔론은 책 제목처럼 '제일 똑똑한 녀석들'이 경영하는 최상의 퀄리티를 가진 기업으로 각광받았다. 경제지 〈포춘Fortune〉은 엔론을 6년 연속 '미국의 가장 혁신적인 기업'으로 꼽았다. 주가 역시 그림 3.4에서 보듯 이런 명성을 따라갔다.

2001년 3월, 맥린은 〈포춘〉에 "엔론의 주가는 고평가되었는가?"[13]라는 기사를 썼다. 기사에서 그는 엔론의 재무제표가 '월가 회계 전문가들'조차 도저히 뚫지 못할 만큼 난공불락이라고 지적했다. 한 애널리스트의 말을

**표 3.2** — 엔론의 발췌 재무제표(1990~2000)　　　　　　　　　　　　(단위: 100만 달러)

| 연도 | 매출 | 당기순이익 | EBIT |
|---|---|---|---|
| 1990 | 13,165.36 | 431.26 | 202.18 |
| 1991 | 5,562.67 | 498.00 | 241.78 |
| 1992 | 6,324.75 | 620.10 | 306.19 |
| 1993 | 7,972.48 | 617.48 | 332.52 |
| 1994 | 8,983.72 | 715.77 | 453.41 |
| 1995 | 9,189.00 | 618.00 | 519.69 |
| 1996 | 13,289.00 | 690.00 | 584.00 |
| 1997 | 20,273.00 | 790.00 | 105.00 |
| 1998 | 31,260.00 | 1,439.00 | 703.00 |
| 1999 | 40,112.00 | 1,243.00 | 893.00 |
| 2000 | 100,789.00 | 1,953.00 | 979.00 |
| 총성장률 | 666% | 353% | 384% |

**그림 3.4** — 엔론의 투자 성과(1990~2000)

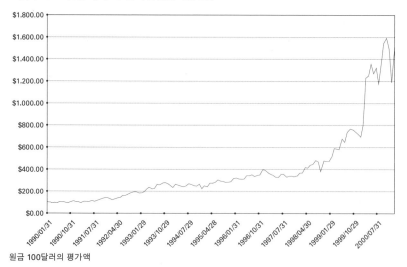

원금 100달러의 평가액

빌려 "엔론은 커다란 블랙박스"라고도 했다. 기사에서 맥린은 다음의 간단한 질문에 만족할 만한 답을 내놓는 사람을 단 한 명도 찾을 수 없었다고 썼다. "도대체 엔론은 어떻게 돈을 버는가?"

2001년 10월, 엔론이 파산에 이르자 엔론에서 가장 혁신적인 분야는 회계 부서였음이 분명해졌다. 재무제표는 매우 인상적이었지만 사실보다는 소설에 가까웠다. 과연 회계에 밝은 애널리스트가 엔론의 블랙박스를 뚫고 들어갈 수 있었을까? 역사상 최악의 기업 사기를 예측할 수 있는지 이제부터 PROBM 모형의 능력을 시험해보자.

표 3.3에서 과거 엔론의 PROBM 모형 수치를 제시했다. 엔론의 스캔들이 2001년 10월 드러나기까지 매년 연간 PROBM과 PMAN 결과다.

결과를 보면 1994~1999년에는 특별히 관심을 끌 만한 것이 없다. PMAN은 1994년 1% 이하에 머물다가 이듬해 2.7%로 정점을 찍고 이후 몇 년에 걸쳐 수치가 떨어진다. 2.7%는 강도가 약한 신호로 조작이나 사기가 거의 없다는 의미다. 하지만 2000년이 되면 결과가 상당히 흥미로워지는데 사기

표 3.3 — 엔론의 PROBM 결과(1994~2000)

| | DSRI | GMI | AQI | SGI | DEPI | SGAI[14] | LVGI | TATA | PROBM | PMAN |
|---|---|---|---|---|---|---|---|---|---|---|
| **1994** | 0.761 | 1.048 | 1.155 | 1.127 | 1.038 | 1.000 | 0.919 | -0.088 | -2.880 | 0.2% |
| **1995** | 1.645 | 1.127 | 0.992 | 1.023 | 1.039 | 1.000 | 0.974 | -0.028 | -1.921 | 2.7% |
| **1996** | 0.989 | 1.304 | 1.136 | 1.446 | 0.946 | 1.000 | 1.053 | -0.033 | -2.053 | 2.0% |
| **1997** | 0.625 | 1.278 | 1.308 | 1.526 | 1.017 | 1.000 | 1.041 | -0.022 | -2.199 | 1.4% |
| **1998** | 0.872 | 0.946 | 1.063 | 1.542 | 0.853 | 1.000 | 1.007 | -0.038 | -2.314 | 1.0% |
| **1999** | 0.956 | 1.376 | 1.064 | 1.283 | 0.956 | 1.000 | 0.908 | -0.020 | -2.111 | 1.7% |
| **2000** | 1.376 | 1.891 | 0.771 | 2.513 | 1.110 | 1.000 | 1.354 | -0.004 | -0.528 | 29.9% |

가 드러나기 1년 전쯤이다.

아래에 2000년도 수치를 보다 자세히 분석했다. '평균 지표'는 각 변수의 평균값을 보여주는데 '평균 지표(조작)'은 조작을 한 기업들의 평균값이고, '평균 지표(무조작)'은 조작을 하지 않은 기업들의 평균값이다.[15] 엔론의 변수가 '평균 지표(조작)'에 가까울수록 엔론이 재무제표를 조작했을 가능성이 커진다.

- DSRI = 1.376(위험 신호)
  - 평균 지표(무조작) = 1.031
  - 평균 지표(조작) = 1.465
- GMI = 2.162(위험 신호)
  - 평균 지표(무조작) = 1.014
  - 평균 지표(조작) = 1.193
- AQI = 0.771
  - 평균 지표(무조작) = 1.039
  - 평균 지표(조작) = 1.254
- SGI = 2.513(위험 신호)
  - 평균 지표(무조작) = 1.134
  - 평균 지표(조작) = 1.607
- DEPI = 1.11(위험 신호)
  - 평균 지표(무조작) = 1.001
  - 평균 지표(조작) = 1.077
- SGAI = 1.0
  - 평균 지표(무조작) = 1.054

- 평균 지표(조작) = 1.041
- LVGI = 1.354[위험 신호]
  - 평균 지표(무조작) = 1.037
  - 평균 지표(조작) = 1.111
- TATA = -0.004
  - 평균 지표(무조작) = 0.018
  - 평균 지표(조작) = 0.031

PROBM = -0.528

PMAN = CDF(-0.528) = 29.9%

엔론의 2000년도 PMAN 수치는 뭔가 수상쩍은 일이 진행되고 있다는 아주 강력한 신호를 보내왔다. 29.9%는 엔론의 재무제표가 조작되고 있다는 명백한 암시였다. 1999년 베네이시 연구에서도 실제로 조작하고 있는 전형적인 경우에는 기만 행위가 적발되기 직전 PMAN 수치가 39.86%였다. 더욱이 모형의 구성 요소 중 5개, 즉 DSRI와 GMI, SGI, DEPI, LVGI 모두 위험 신호에 빨간불이 들어왔는데 이는 조작이 있을 수 있다는 의미였다. PROBM 모형은 최근 일어난 가장 유명한 기업 사기 사건을 적발하는 데 효과가 있는 것으로 드러났다.

하지만 엔론의 사기 행각을 적발하기 위해 실제로 PROBM 모형을 사용한 사람들이 있기는 할까? 있었다. 코넬 대학교 MBA 과정에 있던 학생 몇몇이 이 모형을 이용해, 최초의 애널리스트가 경고를 날리기 1년 전에 이미 일찌감치 경고했다. 그렉 모리스가 이 이야기를 '엔론 101' 기사에서 다루었다.[16] 2000년 5월, 찰스 리Charles M. C. Lee 교수의 재무제표 분석 과목을 수

강하던 코넬 대학교 MBA 과정 학생 몇 명이 기말 과제로 엔론을 택했다. 당시 엔론은 주당 90달러에 거래되며 월가에서 우량주로 대접받고 있었다. 학생들이 PROBM 모형을 엄격히 적용한 결과, 엔론이 이익 조작을 하고 있을 가능성이 있다는 점에 주목하며 '매도' 의견을 냈는데, 그들에게도 놀라운 일이었다. 2000년 10월이 되자 학생들은 엔론의 PROBM 수치가 더 나빠져 이익 조작 가능성이 더 커졌음을 발견했다. 이들은 엔론의 평판이 높다는 사실을 잘 알고 있었고 엔론이 사기를 치리라고는 믿지 않았다. 그럼에도 불구하고 엔론 주식을 매도할 것을 추천했다. 전문가인 애널리스트, 펀드매니저, 금융당국이 놓친 것을 학생들 몇 명이 어떻게 찾아낼 수 있었을까? PROBM 모형을 사용했기 때문이다.

완벽한 세상에서라면 재무제표는 기업의 재무 상태를 제대로 보여줄 것이다. 하지만 세상은 완벽하지 않다. 소위 노련하다는 사람들을 포함한 일부 투자자가 지속적으로 올라가기만 하는 재무제표상의 수익만 보고 장밋빛 전망을 이어가는 한, 그런 환상을 유지하기 위해 회계표준을 악용하는 경영진은 계속해서 나올 것이다.[17] 투자자들은 사기를 조심해야 한다. 다행히도 주식의 실상을 알 수 있게 재무제표를 깊이 들여다볼 도구들이 있다.

우리는 재무제표 조작을 드러낼 수 있는 3가지 척도를 제시했다. 첫 번째 척도인 STA로 이익 조작을 적발하고자 한다. 당기순이익을 영업활동 현금흐름과 비교한 다음 그렇게 얻은 발생액을 총자산으로 나눠서 계산한다. 이렇게 구한 STA가 클수록 이익이 조작되었을 가능성이 크다. 하지만 STA의 예측력은 시간이 지나면서 떨어졌다.

누적 발생액 증가량이 누적 잉여현금흐름 증가량을 넘어서면 재무제표가 '부풀어 오른다'. 이런 식으로 부풀려진 주식들은 이익 성장을 지속하기가 갈수록 어렵다. 이런 '부풀려진 재무상태표' 현상은 우리의 두 번째 척도, 즉 SNOA가 찾아낼 수 있다. SNOA는 경영진이 과거에 행한 이익 조작 시도를 적발하고 장기에 걸쳐 투자 실적이 저조할 주식을 예측하는 강력한 도구로 여전히 효과가 있다.

우리가 가진 마지막 무기는 PROBM인데 이는 조작이나 사기의 가능성이 높은 주식을 적발하는 포괄적인 예측 도구다. PROBM은 엔론이 파산하기 적어도 12개월 전에 재무제표 조작을 적발할 수 있었다. 좁게 보면 엔론의 사례를 통해 PROBM 같은 도구의 위력을 실감할 수 있지만 이보다 더 넓은 의미의 교훈이 있다. 2000년도에 엔론을 사기라고 하는 것은 신성모독이나 마찬가지였다. 엔론은 가장 똑똑한 녀석들이 경영하는, 미국에서 가장 혁신적인 기업이라는 것이 월가의 상식이었다. 하지만 PROBM은 임금님이 벌거벗었다는 사실을 보여주었다. 바로 이것이 순수한 퀀트 분석의 힘이다. 즉 편견에서 자유롭다.

다음 장에서 우리는 자금난 여부를 드러내고 파산 위험을 계산할 수 있는 또 다른 객관적 퀀트 분석 도구를 설명하고자 한다.

# 자금난 위험을 피하라

(지금의 제도는) 죽은 사람에게 직접
사망진단서를 접수하라는 방식입니다.
이렇게 사망 사건을 '본인신고제'로 진행하면,
죽은 사람이 인정하지 않는 한
죽는 사람이 발생하지 않을 수도 있습니다.
워런 버핏, 주주서한, 1984년

월드컴WorldCom은 1983년 LDDS 커뮤니케이션스LDDS Communications로 시작해 1999년 최전성기에 이르는 과정을 통해, 몇 푼 안 되는 싸구려 주식에서 주당 60달러가 넘는 주식이 되었다. 이 회사를 둘러싼 이야기는 닷컴 버블기 동안 일반 대중이 얼마나 IT 주식에 열광했는지 상징적으로 보여준다. 최전성기 때 월드컴은 미국에서 인터넷 데이터를 가장 많이 취급하고 월가의 총애를 받으며 시가총액 1,500억 달러에 육박했다.[1] 2002년 7월 월드컴은 회계 부정이라는 불명예를 뒤집어쓴 채 파산했다. 파산 신청은 그 당시로는 미국 역사상 최대 규모였고 지금까지도 은행이 아닌 일반 기업으로는 최대 규모의 기록이다. 월드컴은 왜 이렇게 극적으로 몰락했던 것일까. 그리고 우리는 이런 자본의 영구적 손실을 초래하는 주식을 어떻게 피할 수 있을까?

월드컴이 파산한 후 비정상적인 회계 처리가 주목받았는데 그중에는 영업비용을 자본적 지출로 부적절하게 처리한 것들도 있었다. 월드컴의 직원 500명, 외부 회계감사 KPMG의 직원 200명, 딜로이트&투셰Deloitte&Touche에서 추가 파견한 600명이 동원되고 3억 6,500만 달러의 비용이 든, 고문이나 다름없는 회계감사가 끝난 후 월드컴은 1999년부터 2002년 1사분기에 이르는 기간에 대해 무려 795억 달러의 수정 명령을 받았다. 장부에 795억 달러를 부적절하게 기록하는 것은 보통 재주가 아니다. 이토록 '유능한' 주인공들은 최고경영자인 버니 에버스Bernie Ebbers와 최고 재무 책임자인 스콧 설리번Scott Sullivan이었는데 결국 둘 다 증권 사기로 기소당했다.[2]

월드컴은 회계 규칙을 엄격하지 않게 해석해서 이익이 지속적으로 증가하는 것처럼 보이게 했다. 예를 들어 인수한 자산에 발생지도 않은 비용 수백만 달러를 반영해 어느 분기에 몰아서 상각하는 식이다. 결과는 해당 분기에는 엄청난 손실이지만 향후 분기에서는 손실이 줄어들어 수익이 증가하는 것처럼 보일 수 있다. 버핏은 이를 '빅배스'라고 부르며 1998년 주주 서한에서 다음과 같이 묘사했다. "몇 년에 걸쳐 반영해야 마땅한 비용 항목을 어차피 실망할 수밖에 없는 분기에 한꺼번에 쏟아붓는 요술을 부립니다. 때로는 과거에 왜곡한 이익을 떨어내기 위해, 때로는 미래에 이익을 왜곡하기 위해 행해집니다."

파산 이후 행해진 회계감사를 통해 월드컴의 사기 규모를 키운 회계 처리 수법 2가지가 더 발견되었다. 월드컴은 기업 인수 규모를 약 58억 달러 부풀렸다. 그뿐만 아니라 2000년 세전 이익으로 76억 달러를 신고했는데 실상은 489억 달러 손실(470억 달러어치 부실자산의 상각을 포함한 금액)이었다. 이렇게 한 결과 2000년과 2001년의 합계 수익 100억 달러가 사실은 2000년에서 2002년에 걸친 손실 737억 달러임이 드러났다. 부풀려진 58억 달러를 더하면 월드컴의 사기는 795억 달러에 달했다.[3]

에버스와 그의 회계 솜씨에 놀아난 사람은 월드컴의 회계감사들만이 아니었다. 살로먼스미스바니Salomon Smith Barney의 악명 높은 IT 애널리스트인 잭 그러브만Jack Grubman은 월드컴이 처참하게 몰락하기 직전까지도 월드컴에 대한 열정을 유지했다. 그는 그저 그런 애널리스트가 아니었다. 경제지 〈인스티튜셔널 인베스팅Institutional Investing〉은 그를 1999년의 최고 애널리스트로 선정했고 〈비즈니스위크Business Week〉는 그가 '월가에서 가장 영향력 있는 사람 중 하나'라고 했다. 그는 월드컴을 잘 알고 있었다. 월드컴이 LDDS 커뮤니케이션스였던 1990년 초반부터 다루었다. 그는 월드컴의 등급을 최고 수준으로 고집스럽게 유지하다가 2002년 3월 18일 마침내 위험등급을 올렸다. 주가가 2년 전의 최고점에서 이미 90% 이상 떨어졌고 파산하기 불과 몇 달 전이었다. 2002년 12월 19일, 미국 증권거래위원회 Securities and Exchange Commission, 이하 SEC는 그러브만에게 벌금 1,500만 달러를 부과하고 그를 증권 업계에서 영원히 퇴출했다.

투자자들이 너무 늦기 전에 월드컴의 문제를 미리 알 수는 없었을까? 회계감사들은 물론 평판 높은 애널리스트들조차 보지 못했지만 월드컴의 재무건전성이 나쁘다는 징조를 외부에서 알 수는 없었을까? 이번 장에서는 기업의 자금난이나 파산을 예측할 수 있는지 살펴볼 것이다.[4] 기업의 자금난을 진단하는 일은 우리가 채권자나 보험계리사가 되어본다는 의미다. 가치투자자라면 다 알고 있을 만한 재무제표 분석을 하지만 한발 더 나아가 자금난의 그림자가 어른거리는지 알기 위해 주식시장에 근거한 지표를 검토할 것이다.


## 파산 예측의 간단한 역사

재무회계를 연구하는 사람들은 어떤 기업이 파산할지 예측하기 위해 상당한 노력을 기울여왔다. 초기에는 최고의 예측 변수를 찾는 연구에 집중했다. 2장에서 다룬 그레이엄의 전략에서 종목 선정 기준이 부채 비율이 50% 이하였다는 것을 떠올려보라. 또 다른 초창기 연구는 부채 총액 대비 현금 비율cash-flow-to-debt을 재무건전성의 최고 예측 변수로 꼽았다.[5] 이후에는 단 하나의 예측 변수를 찾으려는 노력을 버리고 다양한 지표를 조합하는 데 집중했다.

1968년, 지금은 뉴욕 대학교 스턴 경영대학원의 교수인 에드워드 알트만Edward I. Altman이 포괄적인 모형을 찾으려는 시도에 앞장섰다.[6] 그는 1945~1965년 파산 신청한 상장 제조회사 33곳의 자료를 모았다. 그러고는 직관적인 파산 예측 변수 22개를 사용해 이 조그마한 표본을 대상으로 실험을 했다. 매번 실험 결과가 나오면 모형의 설명 변수로서 가장 뒤떨어지는 지표를 제외해서 예측 변수를 22개에서 5개로 줄였다. 최초의 알트만 모형은 다음과 같았다.

$$Z = 0.012X_1 + 0.014X_2 + 0.033X_3 + 0.006X_4 + 0.999X_5$$

$X_1$ = 순운전자본 / 총자산

$X_2$ = 이익잉여금 / 총자산

$X_3$ = EBIT / 총자산

$X_4$ = 주식의 시가총액 / 총부채의 장부가치

$X_5$ = 매출 / 총자산

알트만은 'Z-스코어Z-score' 커트라인으로 2.675를 제시했다. 기업의 Z-스코어가 2.675 미만이면 '파산', 2.675 이상이면 '파산 아님'으로 분류했다. 그는 나중에 3개 실험(1969~1975년 86개, 1976~1995년 110개, 1997~1999년 120개)을 추가 실시한 후 Z-스코어 커트라인을 1.81로 낮췄다.

알트만의 Z-스코어는 파산 1년 전에 예측하는 데 유용했다. 모형은 파산 신청 1년 전에 '파산' 기업 94%와 '파산 아님' 기업 97%를 정확하게 분류했다. 모형의 기간을 1년에서 2년으로 확장해도 여전히 유용했는데 '파산' 기업은 72%, '파산 아님' 기업은 94% 정확하게 맞혔다.

원래는 Z-스코어를 상장 제조회사에만 적용하려고 했지만 월가는 놀랍지도 않게 이를 모든 상황에 적용했다. 비제조업 부문에서도 Z-스코어가 꽤 유용했기 때문일 것이다. 니콜라이 추바킨Nikolai Chuvakhin과 L. 웨인 게르트메니안L. Wayne Gertmenian은 이 모형을 파산한 이후의 월드컴에 적용했다. 이들은 월드컴이 SEC에 보고한 10-K 양식에 근거해 1999~2001년 수치로 Z-스코어를 계산해보았다. 회계감사 이후 수정된 수치 말고 그 전에 보고된 수치를 이용해 계산한 값은 1999년 2.697, 2000년 1.274, 2001년 0.798이었다.

월드컴이 파산 신청하기 이전 3년간 Z-스코어에서 알 수 있는 몇 가지 사실이 있다. 첫째, 1999~2001년에 2.697에서 0.798로 곤두박질쳤다는 점이다. 1999년에는 알트만의 나중 커트라인인 1.81은 물론 원래의 엄격한 2.675보다 높아서 '파산 아님'이었다. 2000년이 되자 이 값은 1.274로 떨어진다. 알트만의 나중 커트라인 1.81을 한참 밑도는 점수다. 이는 월드컴이 파산을 향해 가고 있음을 의미했고 투자자들이 빠져나올 시간은 충분했다. 투자자들이 2000년에 월드컴 주식에서 빠져나오지 않았다면 2001년의 Z-스코어는 "빠져나오라"고 번쩍이는 네온사인 광고판이나 마찬가지였다. Z-스코어 0.798은 커트라인의 절반에도 못 미치는 수치다. 월드컴에 문제가 있다고 명백하게 말할 수 있을 뿐만 아니라 대규모 자금 조달 같은 극적인 막판 대반전 없이는 파산할 것이 확실시되는 시점이었다.

버니 에버스가 월드컴의 장부를 부풀렸다는 사실에도 불구하고 Z-스코어가 월드컴의 파산을 예측할 수 있었다는 사실은 흥미롭다. 이 이야기는 Z-스코어가 특정 회계부정을 아주 잘 적발한다는 의미다. 경영진이 수십억 달러를 영업비용 대신 자본적 지출로 부적절하게 기록했음에도 불구하고 Z-스코어는 월드컴이 파산의 길로 가고 있음을 알고 있었다. 추바킨과 게르트메니안은 자본적 지출을 부적절하게 회계 처리한 결과는 월드컴 재무제표에 2가지 영향을 끼쳤다고 한다. 첫째, 수익을 부풀리고 둘째, 자산을 부풀렸다. 수익을 부풀리면 Z-스코어에서 $X_3$ 비율이 커지고, 자산을 부풀리면 $X_1$과 $X_2$, $X_5$ 비율이 작아진다.(3가지 비율 모두 자산이 분모에 들어간다). 결국 경영진이 관여한 부적절한 회계 처리는 전체적으로 월드컴의 Z-스코어를 낮추는 결과를 초래했으며 파산 가능성이 높아 보이게 했다. Z-스코어가 제대로 작동하는 것으로 판단된다.

알트만의 Z-스코어가 월드컴에 놀랄 만큼 잘 들어맞긴 했지만 주식의 재무건전성을 가늠하는 신뢰할 만한 지표는 더 있다. 개별 기업에 대한 연구는 어느 정도 가감해서 들어야 한다. Z-스코어에는 짚고 넘어가야 할 점이 2개 있다. 첫째, 알트만은 Z-스코어를 제조회사에 특화해서 고안했다. 제조회사와 통신회사 사이에 Z-스코어를 사용하기에 충분한 공통분모가 있는 것이 분명하지만 여기에는 눈에 드러나는 것보다 행운이 좀 더 작용한 측면이 있다.[7] 둘째, 부적절한 회계 처리가 Z-스코어에 영향을 미칠 수 있다. 다시 말하지만 월드컴의 경우 Z-스코어는 훌륭했다. 에버스의 회계 조작은 월드컴의 Z-스코어를 낮추는 결과를 초래했지만 다른 경우에는 Z-스코어를 높일 수도 있다. 하지만 두려워할 필요 없다. 알트만이 논문을 발표한 1968년 이후 40년 이상 학자들은 자금난과 파산을 예측하는 기법을 개선하는 데 골몰해왔다. 지금부터는 자금난과 파산을 예측할 수 있는, 더 포괄적이고 신뢰성이 검증된 방법들을 살펴보기로 하자.

## 파산 예측 개선하기

알트만의 Z-스코어가 월드컴의 파산을 사후에 예견한 것은 맞지만, 연구자들은 Z-스코어에 몇 가지 문제가 있음을 발견했다. 1980년 당시 캘리포니아 대학교 버클리 캠퍼스 부교수였던 제임스 올슨James Ohlson은 알트만의 데이터에 문제가 있음을 발견했다.[8] 그는 알트만이 Z-스코어를 백테스트할 때 투자자는 실시간으로 구할 수 없는 데이터를 사용했다는 결론을 내렸다. 이를 미리 보기 편향look-ahead bias이라고 하는데 10장에서 보다 자세히 다룰 것이다. 미리 보기 편향은 투자자가 특정 일자에 접할 수 없는 데이터를 미리 사용할 때 일어난다. 예를 들어 2011년 12월 31일에 끝나는 회계연도의 재무제표는 종종 2012년 1월 중순 이후에서 2월이 되어야 구할 수 있는데, 2011년 12월 31일에 알 수 있다고 가정하는 식이다. 올슨은 파산 예측과 관련된 오차율이 알트만이 생각했던 것보다 훨씬 크고 따라서 Z-스 코어는 알트만이 발표한 것보다 부정확하다고 결론지었다. 오늘날에는 이 문제를 해결하기 위해 '적시point in time' 데이터베이스를 사용한다. 이런 적 시 데이터베이스를 활용해 올슨은 'O-스코어O-score'를 만들어냈는데 이 는 기업이 파산할 확률을 기업의 규모, 재무 구조, 재무 성과, 유동성 등 4가 지 주된 요소로 계산한 값이다.

미시간 대학교 로스 경영대학원 교수인 타일러 슘웨이Tyler Shumway는 1999년 논문 '파산 예측 모형의 개선: 간단한 위험 모형'에서 파산을 예측하 기 위해 다기간 '위험' 모형multiperiod 'hazard' model을 시도해보았다.[9] 그의 모형은 회계 변수는 물론 주식 투자수익률의 표준편차나 과거의 초과수익 률 같은 주식시장 변수도 활용했다. 그는 자신의 파산 예측 모형이 알트만 의 Z-스코어와 올슨의 O-스코어를 모두 능가함을 확인했다. 그리고 알트 만의 Z-스코어에 포함된 변수 절반이 이제는 파산 예측에 도움이 되지 않 는다고 결론지었다.

2004년, 수디르 차바Sudheer Chava와 로버트 재로Robert Jarrow는 슘웨이 의 모형을 한 단계 더 발전시켜, 슘웨이가 도출한 결과가 탄탄할 뿐 아니라 알트만의 Z-스코어가 파산 예측에 더는 쓸모가 없다는 동일한 결론을 내 렸다. 두 사람은 파산을 예측하려면 해당 주식이 속한 산업 분야를 고려해 야 한다고 주장했다. 2가지 이유에서 직관적으로도 수긍이 가는 주장이다.

산업 분야가 다르면 각각의 주식이 처한 경쟁 수준도 다를 것이며 회계 관행도 다르기 마련이다. 재무상태표가 같더라도 산업 분야가 달라서 처해 있는 경쟁 상황과 회계 관행이 다르다면 파산 위험 역시 다를 것이다. 차바와 재로는 이와 같은 산업별 효과를 반영하면 슘웨이 모형의 예측 능력이 개선됨을 보여주었다.


## 자금난 위험을 계산하는 방법

2008년 논문 '자금난 위험의 탐색'[10]에서 존 캠벨과 옌스 힐셔, 얀 실라기는 기업 파산의 원인을 포괄적으로 탐색했다. 1963~2003년 미국 데이터를 활용한 결과 저자들은 레버리지가 높을수록, 수익성이 낮을수록, 시가총액이 작을수록, 과거 투자수익률이 낮을수록, 과거 투자수익률 변동성이 클수록, 현금 보유율이 낮을수록, PBR이 낮을수록, PER이 낮을수록 해당 기업이 파산하거나 상장폐지되거나 'D'등급을 받을 가능성이 크다는 사실을 발견했다. 파산을 연구한 이전 논문들이 아주 짧은 기간의 파산 예측에 집중했던 점을 지적하며, 이렇게 짧은 기간에 기업의 파산 여부를 예측하는 것은 마치 가슴을 움켜쥐고 바닥에 쓰러지는 사람을 보면서 심장마비를 예측하는 것과 다를 바 없다고 했다. 그러면서 기업의 성격을 가장 지속적으로 특징짓는 것들, 즉 시가총액과 PBR, 주가 변동성 등이 장기에 걸쳐 가장 뚜렷하게 기업의 파산 여부를 알려주기 때문에 이를 토대로 예측 기간을 장기로 확장할 수 있다고 했다. 캠벨 등이 만든 모형은 슘웨이 모형의 예측 정확도를 개선했다(그림 4.1 참조).

**그림 4.1** — 캠벨 모형의 예측 능력(1972~2003)

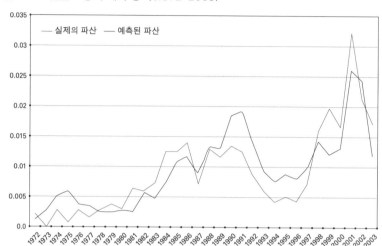

출처: John Campbell, Jens Hilsher, and Jan Szilagyi, "In Search of Distress Risk," *Journal of Finance* 63 (2008): 2899~2939.

캠벨 등은 슘웨이와 유사한 방법으로 회계 변수와 주식시장 변수를 모두 자금난 모형에 포함했다. 다음 요소를 모형에 입력한다.

- NIMTA = (분기순이익 / MTA)의 가중평균
  - MTA = 총자산의 시가총액 = 부채의 장부가치 + 주식의 시가총액
- TLMTA = 부채 총액 / MTA
- CashMTA = 현금 및 현금등가물 / MTA
- ExRet = [log(1 + 주식 투자수익률) − log(1 + S&P500 총수익률)]의 가중평균
- Sigma = 선행 3개월간 주가의 표준편차를 연간으로 환산한 값
- RSize = log(시가총액 / S&P500 전체 시가총액)
- MB = MTA / 수정 장부가치

- 수정 장부가치 = 장부가치 + 0.1×(시가총액 − 장부가치)
- Price = log(최근 주가). 이때 15달러를 최댓값으로 제한해서, 주가가 20달러인 주식이라면 log(20) 대신 log(15)를 부여한다.

저자들은 '로지스틱 회귀분석logistic regression'으로 불리는 통계 기법을 활용하는데, '로지트 모형logit model'이라고도 한다. 로지트 모형은 어떤 사건의 결과가 이분법(예를 들면 "1/0", "예/아니요")일 때 사용한다. 특정 주식은 자금난에 처하거나 아니거나 둘 중 하나이므로 이 모형이 적합하다. 모형에 투입되는 요소는 위에서 설명한 NIMTA, TLMTA, CashMTA 등의 독립 변수들이다. 모형의 최종 형태에서 NIMTA와 ExRet는 각각 NIMTAAvg와 ExRetAvg로 변환되는데, 이는 NIMTA와 ExRet 값을 4분기에 걸쳐 가중평균한 것이다. 계산은 다음과 같다.

$$XAvg = 0.5333×t + 0.2666×(t-1) + 0.1333×(t-2) + 0.0666×(t-3)$$

로지트 모형은 바이너리 종속 변수 혹은 로지트 값을 도출하는데 이를 자금난 로지트 확률값logit probability of financial distress, 이하 LPFD이라고 하며 다음과 같이 계산한다.

$$LPFD = -20.26×NIMTAAvg + 1.42×TLMTA - 7.13×ExRetAvg$$
$$+ 1.41×Sigma - 0.045×RSize - 2.13×CashMTA + 0.075×MB$$
$$- 0.058×Price - 9.16$$

LPFD 모형의 변수를 보고 주눅 들 수도 있겠지만 가치투자자라면 모두 직관적으로 와 닿을 것이다. 예를 들어 NIMTAAvg, ExRetAvg, RSize, CashMTA, Price 등은 모두 계수 앞에 음의 기호(-)가 붙는다. 즉 다른 모든 조건이 동일하다면 총자산 대비 수입이 많을수록(NIMTAAvg), 최근 실적이 상대적으로 더 좋을수록(ExRetAvg), 시가총액이 클수록(RSize), 총자산 대비 현금이 많을수록(CashMTA), 주가가 높을수록(Price) 향후 12개월 동안 자금난에 처할 가능성이 낮다는 의미다. 반면 TLMTA, Sigma, MB는 양의 기호(+)가 붙는다. 즉 다른 모든 조건이 동일하다면 총자산 대비 레버리지가 높을수록(TLMTA), 변동성이 클수록(Sigma), MB가 높을수록 자금난에 처하기 쉽다.

LPFD 값을 로지트 형태로 봐서는 해석하기가 어렵다. 로지트 값을 확률값으로 변환하려면 한 단계를 더 거쳐야 한다. 먼저 투자 유니버스의 개별적인 LPFD 값을 구한다. 이어서 LPFD 값을 우리가 해석할 수 있는 확률값, 즉 '자금난 확률Probability of Financial Distress, PFD'로 변환한다. 변환 공식은 다음과 같다.

$$PFD = \frac{1}{1 + e^{-LPFD}}$$

PFD의 범위는 0~100%다. 0%는 향후 12개월에 자금난 발생 가능성이 전혀 없다는 의미이고 100%는 틀림없이 자금난이 발생할 것이라는 소리다. 이제 월드컴 사례로 돌아가 앞 장에서 살펴본 사기와 조작 관련 변수에 비해 PFD가 얼마나 유용한지 살펴보자.

표 4.1은 재무제표의 조작 및 사기를 적발하는 3개 모형과 자금난 예측 모형을 파산 직전의 월드컴에 적용한 결과다.

표 4.1 ─ 월드컴의 자금난 모형 경고 신호

| | STA | SNOA | PMAN | PFD |
|---|---|---|---|---|
| 유니버스 백분위 | 84% | 98% | 77% | 93% |

수치는 우리 투자 유니버스 내에서 월드컴이 위치한 곳을 백분위로 나타
낸 것이다. 월드컴은 '붉은 립스틱을 바른 돼지'였다. SNOA와 PFD는 "제
발 나한테 투자하지 마시오"라고 외치고 있었고, STA와 PMAN은 "조용히
딴 주식을 알아보시오"라고 권하고 있었다. 어떤 식으로 보든 경고 신호들
은 하나같이 월드컴에 문제가 있음을 명백하게 알렸다.

월드컴 사례가 보여주듯 우리의 자금난 모형은 '떨어지는 칼날', 즉 펀더
멘털이 저하되어 파산할 운명인 기업을 잡지 않게 도와준다. PFD를 이용
해 기업이 향후 12개월 내에 자금난에 처할 확률을 구할 수 있다. 캠벨 등
이 제시한 자금난 모형 제작 과정에 주눅 들 수도 있지만 모형이 시사하는
내용은 가치투자자에게 익숙하다. 즉 레버리지가 높고, 수익성이 떨어지고,
시가총액이 작고, 과거 주식 투자수익률이 낮고, 과거의 주식 투자수익률
변동성이 크고, 현금 보유량이 낮고, PBR이 낮고, 주가가 낮은 주식일수록
파산하거나 상장폐지되거나 'D'등급을 받을 가능성이 크다. PFD 모형은
앞서 개발된 알트만의 Z-스코어나 올슨의 O-스코어보다 미래의 자금난
가능성을 가늠하기에 더 낫다. 그리고 보다 긴 기간에 걸친(우리는 12개월짜리
모형을 사용한다) 기업의 파산 가능성을 예측하기 때문에 더 유용하다. 파산 가
능성이 높은 기업일수록 위험은 높고 투자 성과는 저조하다는 점을 유념해
야 한다. PFD 모형은 자본의 영구적인 손실을 초래할 주식을 피할 수 있게
도와준다.

# 투자 유니버스 정화하기

질문 하나가 아직 남아 있다. 사기나 조작, 자금난 위험 모형들이 우리 투자 유니버스의 성과를 개선하는가? 표 4.2는 2개 포트폴리오, 즉 기존 유니버스와 '정화된' 유니버스를 비교한 실험 결과를 보여준다. 투자 유니버스는 우리가 검토한 모든 기업을 아우르는 모음이다. '정화된' 유니버스는 똑같은 포트폴리오에서 사기와 조작, 자금난 등의 결합 위험이 가장 높은 기업 5%를 제외한 포트폴리오다.

이 표는 자본의 영구적 손실을 초래할 위험이 가장 높은 기업들을 제외함으로써 유니버스의 성과를 개선할 수 있음을 보여준다. 성장률이 미미하게 좋아졌지만 그보다 훨씬 더 중요한 것은 위험 역시 약간 줄었다는 점인데 이는 샤프지수나 소르티노지수 같은 위험조정 수치들이 증가했다는 이야기다. 유니버스의 극히 작은 부분을 제거해서 얻은 결과임을 생각하면 개선의 크기는 작지만 매우 중요하다. 이들 모형의 주된 목적은 대규모 투자 손실 가능성은 줄이면서 투자수익률을 조금이라도 더 높이는 것이다. 그림 4.2는 기존 유니버스와 '정화된' 유니버스의 수익률을 비교해 개선 상황을 시각화했다.

'정화된' 유니버스의 수익률 분포가 이동한 것은 모형들이 자본의 영구적 손실을 초래하는 주식들을 제거했음을 의미한다. 이런 간단한 분석을 통해 더 나아가 퀄리티와 가격을 따져볼 수 있는, 새로운 투자 유니버스를 정의하는 도구를 갖게 되었다.

이번 장에서 우리는 투자의 핵심 요소 하나를 다루었다. 바로 자본의 영구적 손실을 초래할 주식을 외면하는 일이다. 자금난을 예측하는 연구를 살펴보았고, 가치투자자들이 기업의 자금난, 파산, 부도 가능성을 계량화

**표 4.2** ― 정화된 유니버스의 성과(1964~2011)

| | 기존 유니버스 | '정화된' 유니버스 |
|---|---|---|
| CAGR(%) | 10.80 | 11.04 |
| 표준편차(%) | 15.49 | 15.31 |
| 하방편차(%) | 11.01 | 10.85 |
| 샤프지수 | 0.40 | 0.42 |
| 소르티노지수(MAR=5%) | 0.59 | 0.62 |
| MDD(%) | -44.38 | -43.48 |
| 월간 최저 수익률(%) | -21.55 | -21.37 |
| 월간 최고 수익률(%) | 17.66 | 17.73 |
| 수익월 비율(%) | 61.84 | 61.62 |

**그림 4.2** ― 정화된 유니버스의 매입 보유법(1년) 성과(1974~2011)

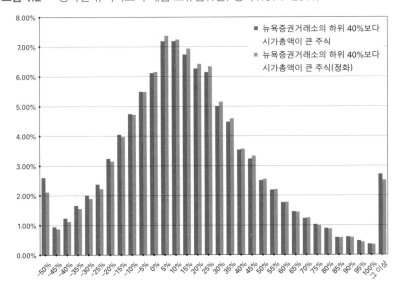

하는 데 사용할 수 있는 PFD 모형을 설명했다. 그 전에 개발된 알트만의 Z-스코어 모형으로도 월드컴의 문제를 너무 늦기 전에 발견할 수 있었음을 살펴보았다. 현대적인 PFD 모형을 통해 월드컴에 문제가 있다는 사실을 이미 1999년에 알 수 있었음을 확인했다.

2부에서는 자본의 영구적 손실을 초래할 기업을 피하는 다양한 방법들을 살펴보았다. 3장에서 이익 조작과 사기의 징후를 논했고 이번 4장에서는 자금난 위험을 다루었다. 조작과 자금난 관련 도구들은 모두 투자 유니버스에서 안전마진이 가장 낮은 기업들, 그러니까 영구적이며 완전한 자본의 잠식 가능성이 가장 큰 기업들을 제거하기 위해 사용되었다. 3부에서 우리는 퀄리티가 가장 우수한 기업들을 찾아낼 것이다. 이런 기업들은 경제적 해자와 재무건전성이 있다. 다음 장인 5장에서는 경제적 해자의 주요 특징인 장기에 걸친 높은 ROIC와 안정적인 매출총이익률을 살펴보겠다.

# 훌륭한 비즈니스를
# 발굴하는 방법

2부에서는 자본의 영구적 손실을 초래할 기업을 피함으로써 안전마진을 확보하는 방법을 살펴보았다. 3부에서는 고퀄리티 주식을 찾는 방법을 다룬다. 고퀄리티 주식은 경제적 해자와 탁월한 재무건전성을 갖고 있다. 5장에서는 경제적 해자가 가치 있는 이유, 그 특징인 탁월한 장기 ROIC, 안정적이면서도 높은 마진으로 대변되는 가격 결정력pricing power을 자세하게 살펴볼 것이다. 경제적 해자는 경쟁 기업에 대항하고 기업의 수익을 방어할 수 있는 안전마진을 제공한다.

6장에서는 재무건전성을 살펴볼 것이다. 재무건전성은 심각한 자금난에 처한 기업들을 골라내느라 우리가 앞서 사용했던 지표들과 관련 있지만 이제는 목적이 다르다. 앞서 살펴본 조작과 자금난 모형들은 자금난 가능성이 높은 기업들을 제거하는 데 사용된 반면 지금부터는 재무건전성 지표를 활용해 경기 순환이나 경쟁을 모두 이겨낼 수 있는 강건한 재무 상태를 가진 기업들을 찾아낼 것이다.

# 05

---+---

# 경제적 해자를
# 파악하라

경제적 해자는 상품이나 서비스에서 비롯되는데

(1) 필요 혹은 욕구가 있고

(2) 소비자 입장에서 비슷한 대체재가 없으며

(3) 가격 규제가 없는 경우에 그렇습니다.

3개 조건이 충족되면 기업은 공격적으로 상품이나 서비스에

가격을 책정하기 마련이며

그렇게 함으로써 높은 수준의 ROIC를 달성하게 됩니다.

워런 버핏, 주주서한, 1991년

버핏은 '경제적 해자(franchise, 단어의 뜻을 엄밀하게 따지면 moat를 해자로 번역하는 것이 맞겠지만, 이 책에서는 franchise를 독점권 등이 아니라 경제적 해자로 번역하기로 한다-역자주)'가 있는 기업, 다시 말해 지속 가능한 경쟁우위와 함께 높은 ROIC를 기록하는 기업을 좋아한다. 그는 고퀄리티 기업이 내재가치에 비해 저평가된 것을 알아차리는 능력 때문에 세계에서 가장 부유한 사람 중 하나가 되었다. 그가 보기에 가장 전형적인 경제적 해자를 갖춘 기업은 시즈캔디See's Candies라는 초콜릿회사였다. 시즈캔디의 투자 성과가 어찌나 좋았던지, 버핏은 이 기업을 인수하면서 경제적 해자의 중요성에 눈떴고 이를 계기로 이전의 투자 스타일을 버리게 되었다고 말했다. 그런데 하마터면 이 기업의 인수는 불발로 끝날 뻔했다.

그 전까지는 스승인 그레이엄의 '담배꽁초 투자'를 따라 했다. "길에서 주운 담배꽁초에는 한 모금 피울 정도만 있지만 '싼 가격' 때문에 한 모금조차 모두 이익"이기 때문이다. 하지만 필립 피셔Philip Fisher의 책 《위대한 기업에 투자하라Common Stocks and Uncommon Profits》1와 찰리 멍거에게 영향을 받아 버핏은 '우량하지 않은 기업을 싸게 사는 것보다 싸지 않더라도 우량한 기업을 사는 편이 훨씬 낫다'고 생각하기 시작했다. 그리고 1965~1972년에 경제적 해자, 즉 지속 가능한 높은 수익성을 가진 기업을 사들였다. 그레이엄이 고퀄리티 기업의 가치를 몰랐다는 의미가 아니다. 그레이엄은 《증권분석》에서 모든 정량적 분석은 정성적 고찰로 보완해야 한다고 했다.

> 증권 분석에서 중요한 원칙 하나는 기업에 대한 정성적(퀄리티) 분석으로 뒷받침되는 정량적(퀀트) 데이터만이 쓸모가 있다는 점이다. 어떤 기업의 비즈니스가 꽤 안정되어 있다고 판단하려면 과거의 기록이 안정적이라는 사실만 갖고는 안 된다. 숫자와 상관없이 사업의 본질 역시 영속적인 수익 창출 능력을 보여줘야 한다.

우리는 퀄리티 분석을 그레이엄이 의도했던 방식으로 실시하지 않을 것이다. 대신 퀀트로 실시하자고 제안한다. 그레이엄이 "숫자와 상관없이 사업의 본질 역시 영속적인 수익 창출 능력을 보여줘야 한다"에서 말하고자 했던 것은 기업의 경쟁우위, 즉 기업의 '경제적 해자'라고 믿는다. 이번 장에서는 지속 가능한 높은 수익성을 연구한 학계의 자료를 살펴보고 경제적 해자를 가진 기업을 판별할 수 있는 간단한 지표 몇몇을 검토하겠다.

## 회장의 비밀 레시피

현대 재무론의 가장 중요한 기초 중 하나는 증권의 내재가치는 미래 현금흐름의 현재가치라는 생각이다. 이 간단한 원칙은 1934년 존 버 윌리엄스John Burr Williams의 《Theory of Investment Value투자 가치 이론》2에 처음 등장했다. 윌리엄스의 원칙에서 비롯된 DCF를 이용하면 미래에 발생할 현금흐름에 화폐의 시간 가치와 기업 고유 위험을 반영한 할인율을 적용해 현재가치를 구하는 방식으로 내재가치를 계산할 수 있다.

최근에는 학자와 실무자 모두 기업의 내재가치는 자본비용을 ROIC가 얼마나 초과하는지에 달려 있다고 보는 버핏의 관점을 중시하게 되었다.3 ROIC가 시장수익률을 초과하리라고 기대되는 기업의 내재가치는 투하자본보다 더 크고 따라서 주가 역시 BPS를 상회하게 될 것이다. 반면 ROIC가 시장수익률을 하회하리라고 예상되는 기업의 내재가치는 투하자본보다 더 작고 주가는 결국 BPS를 하회하게 될 것이다. 따라서 주가는 투하자본이 자본비용을 초과해 얼마나 더 수익을 낼 수 있는지에 달려 있다. ROIC가 자본비용보다 높으면 높을수록 기업의 내재가치도 커진다.

ROIC의 중요성은 재투자와 비즈니스의 성장을 생각해보면 확연히 드러
난다. 기업은 현재의 생산 능력을 유지하기 위해 끊임없이 자본을 재투자
해야 한다. 재투자수익률이 시장수익률보다 못하다면 가치를 파괴하는 것
이다. 시장수익률을 하회하면 재투자 자본 1달러는 시장의 1달러보다 못한
금액을 의미한다. 이제 시즈캔디 사례로 돌아가 ROIC를 검토해보자.

1972년 버핏은 시즈캔디를 2,500만 달러에 인수했다. 당시 시즈캔디의
연간 매출은 3,000만 달러였고 세전 수익은 500만 달러가 안 되었다. 겨
우 800만 달러를 투입해서 이만한 수익을 냈다. 이는 ROIC 60%를 의미하
며 놀라울 정도로 높은 수익이다. 버핏은 이런 수익이 지속 가능하다고 보
고 시즈캔디가 경제적 해자를 갖고 있다고 생각한 것 같다. 당시 인수시장
의 수익률을 11%로 볼 때, 그는 시즈캔디의 내재가치를 800만 달러의 5.45배
(60%÷11% = 5.45), 즉 약 4,500만 달러(5.45×800만 달러 = 4,500만 달러)로 본 것 같
다. 인수 금액이 2,500만 달러였으니 투하자본의 3배 남짓한 금액(2,500만 달
러÷800만 달러 = 3.125) 혹은 시즈캔디 내재가치의 56%(2,500만 달러÷4,500만 달러
= 55.56%)만 지불하고 기업을 인수한 셈이다. 이런 관점에서 보면 시즈캔디
는 거저나 다름없었다. 하지만 당시 버핏은 아직 경제적 해자의 가치를 충
분히 깨닫지 못해서 상대가 2,500만 달러에 동의하지 않으면 인수를 포기
하려고 했다. 매도인은 3,000만 달러를 원했고 버핏은 2,500만 달러 이상은
절대 안 된다는 입장이었다. 그에게는 다행스럽게도 매도인이 물러섰다.

버핏은 1983년 주주서한에서 다음과 같이 설명했다.

> 시즈캔디와 유사한 평범한 기업이 세전 수익은 500만 달러로 시즈캔디와 같
> 지만 투하자본이 800만 달러가 아니라 4,500만 달러라고 가정해봅시다.
> ROIC가 겨우 11%인 평범한 기업이 경제적 해자를 가졌을 가능성은 희박합
> 니다. 수익률이 낮은 기업은 시즈캔디와 동일하게 투하자본 4,500만 달러의

가치는 있을지 모릅니다. 하지만 시즈캔디가 소유하기에는 훨씬 더 괜찮은 기업입니다.

높은 ROIC의 가치는 지속적인 인플레이션 환경에서 두 기업이 똑같은 양의 상품을 판매할 경우 어떻게 되는지 살펴보면 자명해진다. 물가 상승이 어떤 결과를 가져오는지 보자. 상대적으로 낮은 2% 물가 상승률은 35년에 걸쳐 구매력을 50% 앗아간다. 두 기업 모두 세전 수익을 1,000만 달러로 늘려야 이 같은 물가 상승률을 감당할 수 있다. 어떻게 달성할 수 있을까? 판매량이 일정하다면 판매 가격을 2배 올리는 수밖에 없다. 마진 변동이 없는 경우 가격을 2배 올리면 이윤 역시 2배가 될 것이다.

두 기업 모두 투입되는 비용이 늘어나고, 그 결과 자산 역시 2배가 된다. 이것이 바로 물가 상승이 기업에 지우는 부담이다. 매출이 2배로 늘어난다는 것은 순운전자본과 고정자산 역시 그렇게 된다는 뜻이다. 이처럼 물가 상승으로 촉발된 투자는 ROIC 개선에는 아무런 도움이 안 된다. 이런 투자의 동기는 성장이 아니라 현상 유지다. 시즈캔디는 투하자본이 겨우 800만 달러였기 때문에 물가 상승에 따른 자본적 지출을 위해 추가로 800만 달러만 투자하면 되었다. 가상의 다른 기업은 5배가 넘는 4,500만 달러를 추가 투자해야 하는 부담이 있다.

35년이 지난 후 가상의 다른 기업은 연간 1,000만 달러 매출을 올리고 유형자산의 가치는 9,000만 달러일 것이다. 이 기업의 소유주가 추가 투자한 1달러당 명목상 1달러만 벌었다는 의미다. 시즈캔디도 똑같이 연간 1,000만 달러 매출을 올리고 가치는 똑같이 9,000만 달러일 것이다. 소유주가 겨우 800만 달러를 추가 투자한 것에 비해 내재가치가 4,500만 달러 증가했다는 의미다. 다시 말해 추가 투자한 1달러당 명목상 5달러 넘게 벌었다.

그렇다면 시즈캔디는 실제로 어떻게 되었을까? 인수 35년 후 시즈캔디의 세전 수익은 8,200만 달러였다. 2007년 기업 활동에 필요한 자본은 겨우 4,000만 달러였다. 다시 말해 버핏은 35년에 걸쳐 기업 성장에 필요한 자본 투자로 3,200만 달러만 더 냈다는 것이다. 그동안 세전 수익의 누적 합계는 13억 5,000만 달러였다. 이 중 기업에 재투자된 3,200만 달러를 제외한 나머지 금액은 고스란히 버핏에게 흘러가 다른 기업들을 인수하고 버크셔 해서웨이를 키우는 데 사용되었다. 수익의 97% 이상이 버핏에게 돌아갔음에도 불구하고 시즈캔디는 35년 동안 매년 7.5% 이상씩 성장했다. 그런데도 겨우 500만 달러 차이 때문에 인수가 무산될 뻔했다! 당시 매도인이 물러서지 않고 3,000만 달러를 고수했다면 버핏은 인수를 포기했을 테고 13억 5,000만 달러는 다른 사람의 것이 되었을 것이다.

이 사례가 보여주듯이 높은 수익성은 경영진에게 기회를 제공한다. 경영진은 주식의 성장을 저해하지 않으면서도 소유주에게 자본을 돌려줄 수 있고, 또는 해마다 재투자함으로써 기업의 자본을 증식할 수 있다. 시즈캔디는 그렇게 오랫동안 그토록 적은 추가 자본 투입만으로도 성장할 수 있었던, 매우 특별한 경우다. 버핏이 잉여자본 대부분을 빼내서 버크셔 해서웨이의 다른 사업들에 투자했는데도 이 회사는 40년 이상 여전히 높은 비율로 성장을 이어가고 있다. 이 회사처럼 지속 가능하며 높은 수익을 달성할 수 있는 기업을 소유하고 있다면 다른 모든 투자가 반드시 잘될 필요가 없다. 해마다 자본이 쏟아져 들어온다면 다른 실패작들에 투자해 돈을 잃더라도 여전히 앞서갈 수 있다는 의미다. 물론 시즈캔디의 자본은 세계 최고의 자본 배분가인 버핏이 버크셔 해서웨이에서 증식시켰다. 그는 이 자본을 이용해 시즈캔디처럼 높은 수익을 내는 기업들을 인수했다. 그 결과 버크셔 해서웨이의 자본을 높은 수익률로 증식할 수 있었다. 경제적 해자를 소유하는 것은 이렇게 좋은 일이다.

## 경제적 해자를 어떻게 찾을 것인가

경제적 해자의 대표적인 특성을 퀀트로 잡아내는, 이미 잘 알려진 지표들을 검토해보자. 기업이 경제적 해자를 가지려면 어떤 식으로든 경쟁우위를 확보해서 투하자본에 초과수익을 벌어주고 가격 결정력을 제품에 부여해야 한다. 이 장에서 요약 설명하는 퀀트 기법의 목표는 바로 그렇게 초과수익을 벌어주고 가격 결정력을 가질 법한 기업을 선별하는 것이다.

### 경제적 해자와 초과수익

경영진은 자산이 미래 현금흐름을 창출하기를 기대하면서 자본을 투입한다. 창출된 미래 현금흐름이 자산을 마련하느라 들어간 자본비용을 초과하면 그 투자는 가치를 창출하는 것이다. 그런 초과이익이 얼마나 지속되는지가 경쟁우위 혹은 경제적 해자의 존재 여부를 판가름한다.[4] 기업의 자산이 창출한 수익은 어떻게 계산할 수 있을까? 방법은 많다. 먼저 가장 쉽고도 직접적인 방법은 ROA다.

$$ROA = 당기순이익 / 총자산$$

버핏이 가장 좋아하는 지표는 ROE다.

$$ROE = 당기순이익 / 자기자본$$

버핏은 ROE를 논할 때 "부채 비율이 이례적으로 높거나 중요 자산의 장부가치가 비현실적으로 기록되어 있는 것처럼 특별한 경우가 아니라면"이라는 조건을 단다. 표준적인 ROE의 분모에 부채를 반영해 일종의 ROC를 만들 수 있다.

$$ROC = \frac{EBIT(1 - 법인세율)}{부채\ 총액 + 자기자본 - 현금}$$

ROC는 분자에 당기순이익 대신 EBIT, 즉 세금 및 이자 비용을 제하기 이전 수익(EBIT는 영업이익과 거의 동일하다)을 사용하기 때문에 이론적으로 더 나은 지표다. EBIT는 자기자본뿐 아니라 모든 형태의 자본이 기여한 수익을 나타낸다. 당기순이익은 손익계산서의 '마지막' 숫자다. 많은 가치투자자들이 비싼 교훈을 통해 어렵게 배웠듯이, 손익계산서의 아래쪽에 나타나는 숫자일수록 신뢰하기 힘들어진다. 앞서 2장에서 GPA를 계산한 이유도 똑같다. GPA의 장점은 EBIT보다 손익계산서의 상단에 위치하기 때문에 조작하기가 더 어렵다는 점이다.

$$GPA = (매출 - 매출원가) / 총자산$$

그린블라트의 MF_ROIC는 시즈캔디와 같은 기업을 찾기 위한 것이다.

$$MF\_ROIC = EBIT / MF\_IC$$

앞서 2장에서 다룬 내용을 떠올려보자. 자본은 '고정자산 + 유동자산 −
유동부채 − 현금'으로 정의되는데 그린블라트는 단순화하기 위해 '순고정
자산(부동산 + 공장 설비) + 순운전자본(유동자산 − 유동부채)'으로 정의
한다. 버핏이 찾는 것은 "ROIC가 좋으면서 부채는 거의 없거나 아예 없는"
기업이다. ROE 대신 계산을 조금만 더 해서 구한 MF_ROIC를 사용하면
비즈니스를 운영하기 위해 꼭 필요한 자본, 다르게 표현하면 생산적인 자산
에만 높은 수익을 벌어주는 기업을 발굴할 수 있다. 이런 기업이라면 이론적
으로는 시즈캔디처럼 초과수익을 투자된 자본에 돌려주고도 계속 성장할
수 있다.

모든 지표의 쓸모는 과거의 초과수익을 찾아내는 것이 아니라 미래의 초
과수익을 발견하는 데 있다. 높은 수익을 기록하는 기업들의 주가가 향후
어떻게 될지는 지금으로서는 알 도리가 없다. 우리가 원하는 것은 그런 기
업들의 주가와 무관하게 비즈니스 자체의 성과를 가늠하는 일이다. 이어서
높은 수익을 올리는 기업들이 지속적으로 높은 수익을 달성할 수 있는지
검토한 연구 결과를 살펴보자.

### 초과수익은 평균 회귀한다

경제적 해자 투자 전략은 매우 간단해 보인다. 높은 수익을 내는 기업을
찾는다, 주식을 산다, 절대 팔지 않는다. 하지만 현실은 꽤 다르다. 문제는
기업들이 장기에 걸쳐 초과수익을 유지하기 힘들고 오히려 시간이 지날수
록 자본비용에 근접하는 '평균으로의 회귀'를 보여준다는 사실이다. 이런
종목은 처음에는 초과수익을 내지만, 경제적 생명 주기에 걸쳐 초과수익이
사라진다.[5] 다시 말해 초과수익을 내는 종목을 발견한다 하더라도 향후 이
런 초과수익이 사라진다.

초과수익이 침식되는 이유는 두 가지다. 첫째는 표본 추출의 문제다. 고수익 종목들의 표본을 어떤 식으로 뽑든, 진정한 경제적 해자를 가진 종목도 있겠지만 경기 순환 주기의 정점에 있는 종목들이 대부분이다. 자산운용사 레그메이슨Legg Mason Capital Management의 최고 투자 전략가이자 컬럼비아 대학교 경영대학원 부교수인 마이클 모부신Michael Mauboussin에 따르면, 실력과 운을 결합한 어떤 시스템이든 시간이 지나면 평균으로 회귀하기 마련인데 운의 영향이 점차 사라지기 때문이다. 탁월한 성과는 뛰어난 실력과 행운이 합쳐진 결과이고 저조한 성과는 부실한 실력과 불운의 결과라는 것이 모부신의 생각이다. 운의 영향이 시간과 함께 사라지면 성과는 실력과 더 가깝게 보조를 맞추게 된다. 운의 영향이 없다면 실력이 뛰어나든 부실하든 평균에 가까워진다. 운과 실력의 상대적인 기여도를 가려내는 일은 쉬운 일이 아니지만 표본의 크기는 대단히 중요하다. 실력은 관찰의 수가 많아야만 드러나기 때문이다.

초과수익 체감의 두 번째 이유는 경제적인 것이다. 초과수익을 버는 기업에 경쟁자가 꼬이는 것은 미시경제학의 철칙이다. 경쟁은 평균적인 기업이 겨우 자본비용을 버는 수준이 될 때까지 계속된다. 그뿐만 아니라 파마와 프렌치는 이런 평균으로의 회귀가 평균에서 멀수록 더 빨리 일어난다고 했다.[6] 단순히 과거의 자료를 미래에 투사해서 경제적 해자를 발굴하는 일은 매우 위험할 수도 있다는 의미다.

경제적 해자를 찾아 나선 우리에게 행운과 경쟁이라는 두 가지는 넘기 힘든 도전이다. 어떻게 표본을 구성하든 진정한 경제적 해자(뛰어난 실력과 행운) 종목과 경기 순환 주기 정점(부실한 실력과 행운)에 있는 종목 모두를 포함하고 있을 것이다. 어렵사리 진정한 경제적 해자 종목을 가려냈다 하더라도 이들 중에는 경제적 해자를 경쟁사에 빼앗기는 기업들도 있을 것이다. 행운과 경쟁은 초과수익을 자본비용 쪽으로 밀어붙인다. 그럼에도 불구하고 이들 중에는 높은 ROIC를 유지하는 주식들이 있다. 단순히 높은 ROIC를 찾는 대신 지속적으로 높은 ROIC를 달성하는 주식들을 찾아보면 어떨까?

### 지속성을 찾아서

경제적 해자를 가진 기업은 지속 가능하면서도 높은 ROIC를 기록한다. 이런 기업은 경기 순환 주기를 넘어 이미 높은 ROIC를 기록한 기업에서 찾아보는 것이 좋다. 이들은 경쟁 압박을 이겨내고 미래에도 꾸준히 초과수익을 달성할 수 있다는 의미다. 이미 자본주의 전장에서 스스로를 증명한 기업들이다.

이런 목적을 위해 우리는 단순한 지표들이 장기간에 걸쳐 어떤 평균값을 갖는지를 중점적으로 본다. 우리는 '장기간'을 8년으로 정했는데 이유는 2개다. 첫째, 8년이면 웬만한 기업의 호경기와 불경기를 다 반영할 수 있다. 둘째, 8년 치 데이터를 보유한 기업이 충분하기 때문에 우리가 원하는 만큼의 투자 유니버스를 구성할 수 있다.[7] 우리는 기업 경영 성과 지표 3가지를 분석해서 투자 유니버스 대비 서열을 매길 것이다. 장기에 걸친 고수익 성과를 가늠하는 이들 지표는 장기 FCFA, ROA, ROIC다.

첫 번째 지표는 장기 FCFA다. 8년에 걸친 잉여현금흐름의 총합을 총자산으로 나누어 구하며 FCFA(8)로 부르겠다. 공식은 다음과 같다.

$$FCFA(8) = 잉여현금흐름\ 8년\ 합계\ /\ 총자산$$

잉여현금흐름은 '당기순이익 + 감가상각비 − 순운전자본 증감 − 자본적 지출'로 정의한다. FCFA(8)은 기업이 8년에 걸쳐 자본적 지출을 초과해 얼마나 많은 현금흐름을 창출했는지 포착하고자 한다. 특정 연도에 특정 기업은 미래 현금흐름을 창출하기 위해 자산에 투자할 수 있다. 이런 기업을 한 해의 현금흐름만으로 평가한다면 과도한 처벌을 하는 셈이다. 1년보다 길게 8년간 살펴봄으로써 경기 순환 주기를 넘어 특정 기업이 투자한 자산으로부터 현금흐름을 얼마나 창출할 수 있는지 포착하고자 한다. 2011년 12월 31일 기준으로 FCFA(8)을 사용하면 눈에 익은 주식들을 많이 선별할 수 있다. 이 지표로 매긴 서열의 최상부에는 코카콜라, 구글, 마이크로소프트, 애플, 월마트, 프록터앤갬블P&G 등 흔히 경제적 해자가 있다고 생각할 만한 이름들이 보인다.

표 5.1은 이들 기업의 FCFA(8)과, 시가총액 2억 5,000만 달러 이상으로 미국증권거래소에서 거래되는 종목을 망라한 투자 유니버스에서 이들이 차지하는 순위를 백분위로 보여준다.

이들 잘 알려진 경제적 해자 기업들은 FCFA(8)이 더할 나위 없이 뛰어나다. 단 하나의 예외가 있다면 월마트인데 투자 유니버스에 비하면 감탄스러

**표 5.1** — FCFA(8)의 성과(2011/12/31)　　　　　　　　　　　　　　　(단위: %)

| 종목명 | FCFA(8) | 백분위 |
|---|---|---|
| 코카콜라 | 56.1 | 82.1 |
| 구글 | 54.5 | 81.2 |
| 마이크로소프트 | 128.8 | 98.4 |
| 애플 | 66.9 | 87.5 |
| 월마트 | 31.1 | 59.4 |
| P&G | 59.0 | 83.9 |
| **평균** | **66.1** | **82.1** |

울 정도로 훌륭하지만 상위 20%에도 들어가지 못한다. 월마트 사례야말로 기업에 경제적 해자가 있는지를 퀀트로 판별할 때 왜 복수의 지표를 사용해야 하는지를 단적으로 보여준다.

두 번째 지표는 자산의 장기 ROA인데, 우리가 8년을 사용하기로 했기 때문에 ROA(8)로 부를 수 있으며 공식은 아래와 같다.

$$ROA(8)_i = \left[ \prod_{t=1}^{8} [1 + ROA_{it}] \right]^{1/8} - 1$$

ROA = 총자산이익률

t = 연수

i = 개별 기업

세 번째 지표는 자본의 장기 ROIC인데, 우리가 8년을 사용하기로 했기 때문에 ROIC(8)로 부를 수 있으며 공식은 아래와 같다.

$$ROIC(8)_i = \left[ \prod_{t=1}^{8} [1 + ROIC_{it}] \right]^{1/8} - 1$$

ROIC = 투하자본이익률

t = 연수

i = 개별 기업

탄탄한 결론을 내리기 위해 우리는 ROA(8)과 ROIC(8) 모두를 검토한다. 일반적으로 말해서 경제적 해자를 가진 기업은 2개 지표 모두 점수가 높다. 하지만 데이터에 오류가 있거나 자본 구조가 복잡하면 둘 중 하나는 높은 점수, 다른 하나는 낮은 점수를 받는 경우도 있다. 기하평균이 변동성을 보수적으로 평가하기 때문에 우리는 산술평균 대신 기하평균을 사용한다. ROA(8)과 ROIC(8)의 변동성이 높은 것은 위험 신호다. 경제적 해자가 강력하지 않다는 의미다. 예를 들어 다음 두 기업의 현금흐름을 살펴보자. 하나는 무디스Moody's이고 다른 하나는 가상의 기업 '무리수'다. 무리수의 운명은 전적으로 상품의 경기 순환 주기에 달려 있다. 무리수는 가격 결정력과 지속 가능한 경쟁우위가 전혀 없다. 표 5.2는 무디스와 무리수의 ROA(8)을 비교해서 보여준다.

무디스와 무리수는 ROA 산술평균은 동일하지만 ROA 기하평균, 즉 ROA(8)은 전혀 다르다. 무디스의 전년 대비 수치를 대강만 훑어봐도 ROA가 꾸준하면서 변동성이 매우 작다는 것을 알 수 있다. 반면 무리수는 완전히 시장의 힘에 맡겨져 있다. 어느 해에는 대박을 터뜨리고 다른 해에는 쪽박을 차는 식이다. 무리수의 기하평균값은 무디스의 절반이다.

표 5.3은 잘 알려진 기업들의 2011년 12월 31일 현재 ROA(8)과 ROIC(8)이다. FCFA와 마찬가지로 경제적 해자를 가졌을 거라고 생각하는 기업들은 역시나 ROA(8)과 ROIC(8)에서 매우 좋은 점수를 획득한다. 두 지표의 백분위 평균을 보면 ROA(8)은 91.3%, ROIC(8)은 90.6%다.

진정한 경제적 해자를 찾아내는 일은 어렵다. 대부분의 주식에서 ROIC는 상당한 정도로 평균 회귀한다. 높은 ROIC를 자랑하는 기업들을 추려낸 표본을 보면 진정한 경제적 해자를 가진 기업은 드물고 대부분은 경기 순환 주기 정점에 있는 경우다. 행운과 경쟁이 높은 ROIC를 자본 비용 수

표 5.2 ─ 무디스와 무리수의 ROA(2004~2011)

| 연도 | 무디스(%) | 무리수(%) |
|------|-----------|-----------|
| 2011 | 20.2 | 100.0 |
| 2010 | 20.0 | -25.0 |
| 2009 | 25.8 | -10.0 |
| 2008 | 40.1 | 84.0 |
| 2007 | 50.3 | 125.0 |
| 2006 | 38.4 | -35.0 |
| 2005 | 30.9 | -50.0 |
| 2004 | 38.7 | 75.4 |
| **8년 기하평균** | **32.8** | **15.6** |
| **8년 산술평균** | **33.1** | **33.1** |

표 5.3 ─ 경제적 해자 종목의 ROA(8)과 ROIC(8)                    (단위: %)

| 종목명 | ROA(8) | 백분위 | ROIC(8) | 백분위 |
|--------|--------|--------|---------|--------|
| 코카콜라 | 14.8 | 95.4 | 21.4 | 96.3 |
| 구글 | 14.6 | 95.2 | 16.2 | 91.3 |
| 마이크로소프트 | 20.8 | 98.2 | 29.5 | 98.3 |
| 애플 | 13.8 | 94.1 | 19.9 | 95.4 |
| 월마트 | 8.0 | 82.7 | 12.1 | 82.7 |
| P&G | 9.2 | 82.3 | 10.9 | 79.3 |
| **평균** | **13.5** | **91.3** | **18.3** | **90.6** |

준으로 떨어뜨린다. 경기의 정점에서 높은 ROIC를 자랑하는 기업들 속에서 진정한 경제적 해자를 선별하기란 쉽지 않다. 경기 순환 주기 전체에 걸쳐 높은 ROIC를 유지하지 못하는 기업은 경제적 해자가 있다고 할 수 없다. 바꿔 말하면 경기 순환 주기 전체에 걸쳐 높고도 지속적인 ROIC를 기록한 주식은 진정한 경제적 해자를 가진 후보일 가능성이 크다. 이들을 선별하기 위해 우리는 장기에 걸친 기하평균값을 사용한다. 그렇게 하면 경제적 해자를 가졌을 것이라고 생각되는 기업들을 추려낼 수 있다. 다음으로는 가격 결정력을 지닌 기업들에 대해 알아보기로 한다.

### 가격 결정력과 크고 안정적인 마진

"기업을 평가하는 단 하나의 가장 중요한 판단은 가격 결정력입니다. 경쟁사에 비즈니스를 잃을 염려 없이 가격을 올릴 힘이 있다면 아주 훌륭한 비즈니스를 갖고 있는 것입니다. 반면 가격을 10% 올리기에 앞서 기도를 해야 한다면 아주 안 좋은 비즈니스를 갖고 있는 것입니다."

- 워런 버핏, 2008년 금융위기조사위원회에 출두해서, 2011년

버핏이 시즈캔디를 인수할 당시 매도인은 4,000만 달러를 불렀는데 1,000만 달러의 여유 현금을 제하고 나면 실제 인수 금액은 3,000만 달러였다. 경제적 해자의 진가를 아직 파악하지 못했던 버핏은 시즈캔디의 유형자산이 고작 700만 달러인 것을 들어 지불 용의가 있는 인수 금액의 한도는 2,500만 달러라고 말했다. 시즈캔디는 인수 후 매출이 급격하게 늘었지만 수익은 더 급격하게 늘어났다. 버핏은 이 인수를 이야기할 때 자신은 단 하나의 통찰력만 갖고 있었다고 말한다. 시즈캔디에는 전대미문의 가격 결정력이 있었다. 이 회사의 수익이 놀라울 정도로 성장한 것은 물가 상승을 앞질러 가격을 올릴 수 있었기 때문이다.

1972년 인수 당시 회사는 매년 제품 720만*kg*을 판매했다. 2007년 판매량은 겨우 680만*kg* 늘어난 1,400만*kg*이었는데 이는 연평균 2% 성장이라는, 전혀 인상적이지 못한 숫자였다. 회사가 속한 박스 초콜릿 업계는 따분한 곳이다. 즉 미국 내 1인당 소비는 극히 낮을 뿐 아니라 성장하지도 않는다. 그럼에도 불구하고 시즈캔디는 품질에 관한 명성과 그로 인해 제품을 더 비싸게 팔 수 있는 경제적 해자 덕분에 버핏에겐 더없이 뛰어난 투자 성과를 안겨주었다. 매출의 단위 부피가 겨우 연 2% 늘어난 같은 기간 동안 매출액은 연 7.5% 이상, 금액으로는 1972년의 3,000만 달러에서 2007년의 3억 8,300만 달러로 늘어났다. 시즈캔디는 이런 탁월한 실적을 단지 가격을 올림으로써 달성했는데, 그럴 수 있었던 것은 경쟁사에 비해 엄청난 수익을 내는, 독보적으로 사랑받는 제품을 만들어냈기 때문이다. 버핏은 시즈캔디의 초콜릿을 좋아하는 고객 대부분은 사탕 값도 두세 배는 더 지출할 것이라고 보고, 1983년 주주서한에서 이를 두고 이런 농담을 했다. "주식과 마찬가지로 사탕도 가격과 가치가 다를 수 있는데 가격은 당신이 지불하는 것, 가치는 당신이 얻는 것입니다."

지속 가능하고 높은 마진은 경제적 해자를 암시한다. 시즈캔디의 경제적 해자는 가격 결정력으로 나타나서 이것으로 마진을 유지하고 올린다. 마진은 가격과 비용을 변수로 하는 함수이기 때문에, 기업이 비용을 조절할 수 있으면 가격 결정력 없이도 높은 마진을 유지할 수 있다. 어떤 산업 분야에서든 저비용 생산자는 높은 마진을 유지하고 따라서 저비용 역시 경제적 해자가 있을 수 있음을 암시한다.

### 매출총이익률 성장률
매출총이익률Gross Margin, 이하 GM의 강도를 측정하는 방법에는 2가지가 있다. 첫 번째인 매출총이익률 성장률Margin Growth, 이하 MG은 어떤 기업의 GM이 장기에 걸쳐 얼마나 성장하는지를 기하평균을 통해 측정한다. MG가 클수록 더 좋은 기업이다. 공식은 아래와 같다.

$$MG_i = \left[ \prod_{t=1}^{7} \left[ 1 + \frac{GM_{i,t+1}}{GM_{i,t}} \right] \right]^{1/7} - 1$$

GM = 매출총이익률
t = 연수
i = 개별 기업

MG는 어떤 기업의 7년 복리 GM 성장률이다. 산술평균 대신 기하평균을 사용하는 것은 MG가 들쑥날쑥한 주식은 단죄하고 꾸준하게 늘려가는 주식을 포상하기 위함이다. MG로 측정해서 꾸준한 성장을 보이는 주식은 경제적 해자를 갖고 있을 수 있다.

높은 MG의 사례로 애플을 꼽을 수 있다. 표 5.4는 애플의 MG다.

애플의 GM은 지난 7년간 연 5.4%씩 성장했는데 이는 대단히 높은 성장률이다. 2011년 12월 31일 현재 애플은 MG(7)이 5.4%로, 미국 내 주식시장에서 거래되는 시가총액 2억 5,000만 달러 이상의 기업들 중 백분위 93%에 위치한다. 아이폰, 아이팟, 아이패드를 소유했거나 아이튠즈에 접속해본 사람이라면 누구나 애플이 왜 해마다 GM을 늘릴 수 있었는지를 잘 안다. 비교할 수 없는 가격 결정력 때문이다.

표 5.4 — 애플의 MG(2004~2011)

| 연도 | GM | MG |
|---|---|---|
| 2011 | 42.4 | 9.28 |
| 2010 | 38.8 | 1.84 |
| 2009 | 38.1 | 11.08 |
| 2008 | 34.3 | -2.00 |
| 2007 | 35.0 | 15.89 |
| 2006 | 30.2 | 5.96 |
| 2005 | 28.5 | 2.15 |
| 2004 | 27.9 | N/A |
| **MG(7)** | | **5.4** |

### 매출총이익률 안정성

비즈니스가 성숙해지면 MG는 둔화된다. 성숙한 경제적 해자를 포착하기 위해 우리는 마진의 힘을 측정할 또 다른 지표를 사용한다. 매출총이익률 안정성Margin Stability, 이하 MS은 어떤 기업이 경기 순환 주기에 걸쳐 어느 정도까지 GM을 유지할 수 있는지를 측정한다. MS의 공식은 다음과 같다.

$$MS_i = \frac{\frac{1}{t}\sum_{t=1}^{8}[GM_{it}]}{\sqrt{\frac{1}{t-1}\sum_{t=1}^{8}[GM_{it} - \overline{GM}_{it}]^2}} = \frac{\text{Average(GM)}}{\text{STD(GM)}}$$

GM = 매출총이익률

t = 연수

I = 개별 기업

Average = 평균

STD = 표본 표준편차(Sample Standard Deviation)

**표 5.5** ─ P&G의 MG(2004~2011)                                    (단위: %)

| 연도 | GM | MG |
|---|---|---|
| 2011 | 50.0 | -3.47 |
| 2010 | 51.8 | 1.17 |
| 2009 | 51.2 | 0.99 |
| 2008 | 50.7 | -2.69 |
| 2007 | 52.1 | 0.58 |
| 2006 | 51.8 | 1.77 |
| 2005 | 50.9 | -0.78 |
| 2004 | 51.3 | N/A |
| **MG(7)** | | **-0.32** |

P&G를 살펴보자. 이 회사는 면도기와 세제, 치약 등을 오랜 기간 팔면서 좋은 수익을 내왔다. GM은 높지만 수년 동안 늘지 않았다. 표 5.5는 이 회사의 MG 점수를 나타낸다.

MG 지표는 P&G에는 잘 맞지 않는다. 하지만 P&G는 GM이 성장하지 않았음에도 불구하고 경제적 해자를 보유하고 있다. 그리고 50% 근처의 GM을 수년 동안 유지해왔다. 꾸준히 높고 안정적인 GM은 경제적 해자가 있음을 시사한다. GM이 성장하지 않는 경제적 해자를 발견하는 데 MS는 어떤 도움이 될까?

아래 예시는 MS가 다음 특징을 갖는 3개 기업을 어떻게 다루는지 보여준다.

- 기업 A는 GM이 높지만 변동성이 무척이나 크며 경기 순환에 크게 의존한다. GM 평균값이 가장 높다.

- 기업 B는 GM이 낮은 산업 분야에 있지만 굉장히 안정적이고 신뢰할 수 있다. GM은 가장 낮지만 변동성은 C와 같다.
- 기업 C는 P&G로, GM이 높고 매우 안정적이다. GM은 A보다 낮고 B보다 높고, GM 변동성은 B와 같다.

계산할 필요도 없이 P&G가 제일 좋은 기업임을 직관적으로 알 수 있다. P&G는 높은 GM을 유지하는 데다 안정적이다. 단순하게 GM 평균값을 보면 A가 제일 좋은 것처럼 보인다. 변동성만 보면 B와 C가 같다. 퀀트 도구가 없다면 어찌해야 할지 알 수가 없다. 그러나 다행히 MS를 이용하면 직관적으로 보기에 경제적 해자가 있을 가능성이 제일 높은 기업을 상식적인 방법으로 선별해낸다. 표 5.6을 보면 MS가 정확하게 C, 즉 P&G를 가장 좋은 기업으로, B를 두 번째 좋은 기업으로 선별하고, A를 가장 낮은 순위에 자리매김함을 알 수 있다. MS는 경제적 해자를 가졌으리라 직관적으로 믿는, 높고 안정적인 GM을 가진 기업을 찾아낸다.

### 최대 마진

MG와 MS는 GM의 성과를 각기 다른 측면에서 살펴본다. MG는 성장을, MS는 안정성을 측정한다. 둘은 명백하게 상충한다. MG가 탁월한 주식은 당연히 MS가 저조하고 반대의 경우도 마찬가지다. 표 5.7은 P&G와 애플을 비교해서 보여준다.

애플의 MG인 5.4%는 백분위 93%에 해당하지만 MS는 하위 80% 이하다. 반면 P&G의 MG인 −0.3%는 하위 20%에 해당하지만 MS인 74.4는 상위 97%보다 낮다. 어떤 걸 믿어야 할까? 애플이 경제적 해자를 가졌을까? P&G가 경제적 해자를 가졌을까? 둘 다 경제적 해자를 가졌을까? 어쩌면

**표 5.6** ─ MS 계산 사례(2004~2011)

| 연도 | A | B | P&G |
|---|---|---|---|
| 2011 | 70.0% | 25.0% | 50.0% |
| 2010 | 65.0% | 23.0% | 51.0% |
| 2009 | 40.0% | 25.0% | 50.0% |
| 2008 | 75.0% | 24.0% | 49.0% |
| 2007 | 36.0% | 24.0% | 47.5% |
| 2006 | 19.0% | 26.0% | 49.5% |
| 2005 | 75.0% | 27.0% | 49.0% |
| 2004 | 50.0% | 23.0% | 52.0% |
| **평균** | **53.8%** | **22.0%** | **49.8%** |
| **표준편차** | **20.8%** | **1.4%** | **1.4%** |
| **MS** | **2.59** | **15.63** | **36.51** |

**표 5.7** ─ P&G와 애플의 GM(2004~2011)

| 연도 | P&G | 애플 |
|---|---|---|
| 2011 | 50.00% | 42.40% |
| 2010 | 51.80% | 38.80% |
| 2009 | 51.20% | 38.10% |
| 2008 | 50.70% | 34.30% |
| 2007 | 52.10% | 35.00% |
| 2006 | 51.80% | 30.20% |
| 2005 | 50.90% | 28.50% |
| 2004 | 51.30% | 27.90% |
| **MG** | **-0.3%** | **5.4%** |
| **MS** | **74.4** | **6.6** |

둘 다 경제적 해자가 없는지도 모르겠다. 우리는 문제에 직면했다. 분명 우리 앞엔 경제적으로 탁월한 성적을 낸 2개 주식이 있다. 하나는 MG가 뛰어나고 다른 하나는 MS가 뛰어나다. 둘을 어떻게 비교할 것인가?

최대 마진Maximum Margin, 이하 MM이라고 불리는 새로운 변수를 만들어내면 비교 가능하다. MG와 MS를 결합하는 MM은 다음과 같이 계산한다.

$$MM = Max[\text{MG 백분위, MS 백분위}]$$

여기서 백분위란 각각의 지표로 잰 변수가 투자 유니버스에 대비해 어떤 위치에 있는지를 간단하게 백분율로 나타낸 값을 말한다.

MM은 개별 기업의 GM 지표 중에서 제일 좋은 값을 해당 주식에 부여한다. 예를 들어 어떤 주식이 MG로 50을 획득하고 MS는 64라면 MM은 64가 된다. MM은 개별 주식이 가장 내세울 수 있는 점수를 보여준다. MM은 MG가 높은 주식은 그대로 인정하면서 MS가 떨어진다는 이유로 불이익당하지 않게 해준다. 마찬가지로 MS가 안정적인 주식을 포상하면서 MG가 낮다고 처벌하지는 않는다. GM이 낮고 MG도 저조하고 MS도 떨어지는 주식들은 맨 아래에 놓인다. MG와 MS의 백분위를 계산함으로써 우리는 모든 주식의 MM을 비교할 수 있다. 앞선 예를 다시 보면 애플은 MM이 93%, P&G는 MM이 97%가 되어 필수소비재의 제왕인 P&G가 약간 우위를 점하는 결과가 나온다.

버핏이 투자에서 큰 성공을 거둔 것은 경제적 해자에 일찍 눈뜬 덕분이다. 경제적 해자는 기업이 공격적인 가격 결정력을 갖게 해주고 이는 곧 높은 GM과 높은 ROIC로 이어진다. 따라서 높고 안정적인 GM과 지속 가능하게 높은 ROIC는 경제적 해자의 징후다. 시즈캔디는 경제적 해자의 전형이다. 품질에 관한 명성 때문에 제품에 더 높은 가격을 책정할 가격 결정력을 얻는다. 가격 결정력은 높고 계속 성장하는 GM과 탁월한 ROIC로 이어진다. 이런 기업은 흔치 않다. 기업 대부분은 높은 GM이나 탁월한 ROIC를 계속 이어가지 못한다. 고ROIC 기업 여럿으로 표본을 만들어 보면 진정한 경제적 해자는 드물고 대부분 경기 순환 주기 정점에 있는 기업들이다. 경제적 해자를 발견했다 하더라도 경쟁사들이 ROIC를 떨어뜨리려고 달려들 것이다. 이런 이유로 ROIC는 상당히 평균 회귀적이다.

우리는 ROIC가 평균으로 회귀하려는 강한 경향을 다룰 수 있는 몇 가지 방법을 제시했다. 먼저 경기 순환 주기 전체를 견뎌낸 경제적 해자를 지닌 기업을 찾아낸다. FCFA를 이용한 방법은 경기 순환 주기에 걸쳐 자본 투자 후 막대한 현금흐름을 창출하는 기업을 선별한다. ROA(8)과 ROIC(8)은 경기 순환 주기에 걸쳐 지속적으로 높은 ROA와 ROIC를 기록하는 주식을 찾아낸다. 이들 지표는 직관적이고 우리가 흔히 경제적 해자가 있을 것으로 짐작하는 주식들을 선별해낸다.

또한 경제적 해자를 보유한 기업들은 GM이 성장하고 있거나 이미 높고 안정적이다. 우리는 GM 지표를 2개 제시했다. MG는 기업이 지닌 GM의 성장률을 측정한다. MS는 기업이 지닌 GM의 안정성을 측정한다. 이들 지표는 경기 순환 주기에 걸쳐 GM이 성장했거나 높은 값을 유지한 기업을 찾아낸다. 하나의 주식이 2개 지표에서 동시에 좋은 점수를 받을 수는 없기 때문에 우리는 MM, 즉 성장률이든 안정성이든 최고 점수를 받으면 그대로 인정하는 지표를 사용한다. MM이 높은 주식은 MG가 아주 높았거나 MS가 매우 좋았거나 둘 중 하나인데 어떤 경우든 경제적 해자를 보유하고 있을 가능성이 크다.

진정한 경제적 해자를 찾아내는 일은 쉽지 않은 만큼 보상이 크다. 시즈캔디 사례에서 보듯 경제적 해자는 기업의 성장을 해치지 않으면서도 소유주가 투하자본을 회수할 수 있고, 또는 벌어들인 자본을 재투자해서 기업의 자기자본을 해마다 늘려갈 수 있기 때문에 매우 값지다. 시즈캔디처럼 지속적으로 높은 ROIC를 내는 비즈니스는 매우 바람직한 투자다. 해마다 적지 않은 투자수익이 넝쿨째 들어오는 덕분에, 다른 주식 투자에서 몇 번 실패하더라도 무난하게 버틸 수 있게 해준다. 경제적 해자를 가지면 참 좋다.

기업의 퀄리티에는 ROIC나 GM에 포착되지 않은 또 다른 요소가 하나 더 있다. 바로 재무건전성이다. 재무건전성이란 회계에 근거해서 기업의 재무적인 건강 상태를 가늠하는 펀더멘털 지표다. 이를 위해서는 재무제표를 총체적인 관점에서 분석해야 하는데 그레이엄-도드 방식의 가치투자자라면 이미 친숙한 방법이다. 여기에는 기업의 현재 비즈니스 퀄리티와 재무제표 건전성, 유동성 등이 망라된다. 다음 장에서 재무건전성을 계산하는 방법을 알아보겠다.

# 재무건전성이 우수한 기업을 찾아라

막대한 부채가 있다면 경영진은 전에 없이
일에 집중하게 된다고 합니다.
운전대 핸들에 칼을 꽂아놓으면 운전사가 정신을 집중해
운전하게 되는 것과 같지요.
그토록 주목을 끄는 물건이라면 운전사도 무척이나 조심해서
운전하게 될 것입니다. 하지만 차가 아주 작은 웅덩이나
얼음 위로 지나가기만 해도 치명적이고 불필요한
결과가 날 것이 뻔합니다. 회사를 경영하는 길은
숱한 웅덩이가 가득합니다.
그걸 전부 피해 가려는 계획은 재앙이나 다름없습니다.
워런 버핏, 주주서한, 1990년

버핏은 좋을 때나 나쁠 때나 재무건전성이 남달리 우수한 기업을 소중히 여긴다. 그는 종종 재무건전성을 논하는데 대개 버크셔 해서웨이가 제공하는 보험 사업을 염두에 둔 맥락에서 말한다. 버크셔 해서웨이의 '최상급' 재무건전성이 안전망을 제공할 뿐만 아니라 경쟁우위를 만들어내는 근원이라고 믿는다. 따라서 '압도적인 재무건전성' 덕분에 "버크셔 해서웨이가 보험 업계에서 경쟁우위를 갖도록 확실하게 차별화"된다고 썼다. 너무나 중요해서 "버크셔 해서웨이에서는 재무건전성이 다른 어떤 것보다 우선한다는 점에는 의심할 여지가 없다"라고 말했다.

버핏은 자신에게 재무건전성의 중요성을 가르쳐준 그레이엄에게 공을 돌린다. 그레이엄이 보기에 재무건전성과 안전마진은 떼려야 뗄 수 없게 얽혀 있다.[1]

> 애널리스트는 어떤 방식의 불리한 상황이 닥치더라도 버텨낼 수 있을 만큼 충분히 큰 안전마진이 존재하는가에 최우선적으로 역점을 둬야 한다. 그렇게 했다면 경기가 나쁠 때 기업의 수익성이 만족스럽지 못하더라도 재무건전성 덕분에 힘든 시절을 무사히 지나갈 거라고 예상할 수 있을 것이다.
> - 벤저민 그레이엄

우리는 재무건전성을 판단하기 위해 여러 회계연도를 관통하는 재무제표와 사업 성과에 대한 펀더멘털을 분석하고 이를 통해 파악한 재무 건강 상태를 포괄적으로 평가할 것이다. 재무건전성을 측정하는 지표는 앞서 3장에서 다루었던 재무위기 또는 자금난과 관련이 있다. 하지만 재무건전성을 분석하는 목표는 자본의 영구적 손실을 초래할 가능성이 큰 주식을 피하는 것이 아니라 자본을 보전할 수 있는 주식을 찾아내는 것이다. 주식이 지닌 재무건전성은 안전마진에 기여한다. 재무건전성이 우량할수록 경기 순환에 따른 충격이나 경쟁 업체들이 가하는 공격을 이겨낼 가능성이 커진다. 지금부터 회계에 기초한 펀더멘털 분석을 퀀트 방식으로 수행하는 방법인 피오트로스키 F-스코어Piotroski Fundamental Score를 살펴보겠다.

## F-스코어

2000년 발표한 논문 '가치투자: 과거 재무제표 정보를 이용한 승자주와 패자주 감별법'[2]에서 조셉 피오트로스키Joseph Piotroski는 회계에 기초한 간단한 펀더멘털 분석을 통해 투자수익률을 개선할 수 있는지를 검토했다. 그는 스탠퍼드 대학교 경영대학원의 회계학 부교수다. 집중 연구 분야는 자본시장 참가자들이 가치평가나 위험 측정을 목적으로 회계 정보를 활용하는 방법과, 여러 재무 보고서와 전 세계 정부 관행이 경제적으로 끼치는 영향 등이다.

1992년 파마와 프렌치는 싼 주식이 시장을 능가하는 경향이 있다는 이론을 제시했다. 그러나 싼 주식은 자금난에 처해 있고 따라서 펀더멘털을 고려하면 평균적인 주식보다 더 위험하기 때문이다. 이 이론을 연구하던 피오트로스키는 자금난에 처해서 싼 주식과 재무적으로 튼튼하지만 싼 주식을 구별할 수 있는 방법을 찾아보기로 마음먹었다. 그는 기업의 재무건전성을 가장 잘 드러내는 회계 지표 9개를 결정했다. 이들 지표는 크게 수익성, 레버리지 또는 유동성, 영업 효율성의 3분야로 나눌 수 있다. 그는 여기에 F-스코어라는 이름을 붙였다.

그는 F-스코어를 이용해 재무적으로 건전한 염가주를 찾아내려고 했다.

염가주 혹은 '가치주'는 저PBR주로 정의했다. 가장 흥미로운 발견 중 하나는 저PBR 포트폴리오가 상당한 성과를 거둠에도 불구하고 다수(약 57%)는 1~2년간 시장을 하회한다는 것이다. 피오트로스키는 수익률 분포의 왼쪽 꼬리, 즉 시장을 하회하는 주식들을 잘라내면 포트폴리오의 투자 성과를 크게 개선할 수 있을 것이라고 결론지었다. 그리고 자신의 F-스코어로 재무적으로 건전한 가치주를 찾아내면 저PBR 포트폴리오의 수익률을 최소 연 7.5%p 개선할 수 있음을 알아냈다. 이는 굉장한 수준으로 시장을 능가하는 수치다. 그뿐만 아니라 예측된 승자주는 매수하고 예측된 패자주는 공매도한 투자 전략은 1976~1996년 동안 연 23%를 달성했음을 알아냈다. 펀더멘털 분석을 활용한 전략은 시간이 흘러도 신뢰를 잃지 않는 것 같다. 1934년 그레이엄과 도드는《증권분석》에서 똑같은 기법을 장려했다.

"가치주는 자금난에 처해 있다"라는 가정하에 피오트로스키는 기업의 펀더멘털 신호 9개로 재무건전성 3개 분야, 즉 수익성, 레버리지 또는 유동성, 영업 효율성을 측정하고자 했다. 그는 신호가 암시하는 미래의 주가와 수익성에 근거해 개별 기업의 펀더멘털 신호를 '긍정'과 '부정'으로 구분했다. 각각의 펀더멘털 항목은 바이너리(0이나 1) 값을 갖게 된다. 즉 '긍정'적이면 1이 주어지고 '부정'적이면 0이 주어지는 식이다. 이렇게 9개 바이너리 값을 모두 더해서 구한 값이 F-스코어다. 취합한 신호는 기업의 재무건전성이 지닌 퀄리티를 전체적으로 가늠하도록 설계되었으며 포트폴리오에 넣을지 여부는 궁극적으로 취합한 신호의 강도에 달렸다.

### F-스코어 자세히 보기

지금부터 피오트로스키가 결정한 9개 펀더멘털 신호를 이들이 속한 기업의 재무건전성 분야인 수익성, 레버리지와 유동성, 영업 효율성순으로 살펴보겠다.

## 수익성

피오트로스키는 기업이 내부적으로 자금을 조달하는 능력을 알아보기 위해 현재 수익성과 현금흐름 창출 능력을 측정하는 4개 변수를 이용한다. 성과와 관련 있는 이들 변수는 ROA, CFOA, ΔROA, 총자산발생액률Accrual 이다.(Δ는 '델타'로 읽으며 증감 또는 차이를 의미한다. ΔROA는 'ROA의 증감'을 의미한다).

- ROA는 당기순이익/총자산(기초), CFOA는 CFO(영업활동 현금흐름)/총자산(기초)다. ROA나 CFOA가 양수이면 F_ROA나 F_CFOA에 1을, 반대면 0을 부여한다.
- ΔROA는 'ROA(당기) − ROA(전기)'로 정의한다. F_ΔROA는 ΔROA 가 양수면 1, 반대면 0을 부여한다.
- 총자산발생액률Accrual은 'CFO − 경상이익'을 총자산(기초)로 나눈 값으로 정의한다. F_Accrual은 CFOA가 ROA보다 크면 1을, 반대면 0을 부여한다.

## 레버리지, 유동성, 자금의 원천

F-스코어는 레버리지 증가, 유동성 감소, 또는 외부 차입금은 재무건전성에 부정적인 신호라고 가정한다. 따라서 9개 재무 신호 중 3개가 자본 구조의 변화와 미래의 부채 상환 능력을 측정하도록 설계되었다. 3개 신호는 ΔLever, ΔLiquid, EQ_Offer다.

- $\Delta$Lever는 해당 주식의 장기 부채 수준이 달라지는 것을 포착하고자 한다. '장기 부채 총액/총자산(평균)'의 증감 내력을 살펴서 $\Delta$Lever를 측정하는데 레버리지가 증가하면 부정적인 신호로, 줄어들면 긍정적인 신호로 판단한다. 기업이 자금난에 처하면 외부 차입금을 늘림으로써 내부 자금 조달력이 충분치 못하다는 신호를 내게 된다. 그뿐만 아니라 장기 부채가 늘어나면 해당 주식은 재무적 유연성이 더 나빠지기 십상이다. 레버리지 비율이 줄어들었으면 F_$\Delta$Lever에 1을 부여하고, 늘어났으면 0을 부여한다.
- $\Delta$Liquid는 유동비율current ratio의 증감 내력을 측정하는데 피오트로스키는 유동비율을 기말의 '유동자산/유동부채'로 정의한다. 유동성이 개선되면 유동부채 상환 능력이 개선되는 긍정적 신호라고 가정한다. 유동성이 개선되면 F_$\Delta$Liquid는 1, 반대면 0이 된다.
- 피오트로스키는 자금난에 처한 기업이 외부로부터 자본금을 늘리는 것은 미래의 지불 이행을 충족할 자금을 내부에서 충분히 조달할 수 없다는 신호라고 주장한다. 주가가 이미 낮은데도 증자하는 것은 재무 건전성이 그만큼 나쁘다고 강조하는 것밖에 안 된다. EQ_Offer는 포트폴리오를 구성하고자 할 때 어떤 기업이 전기에 증자했는지 포착한다. 전기에 증자하지 않았으면 1, 증자했으면 0을 부여한다.

## 영업 효율성

피오트로스키의 신호 중 남아 있는 2개, 즉 $\Delta$Margin과 $\Delta$Turn은 영업 효율성 변화를 측정하고자 한다. 피오트로스키는 이들 신호가 ROA의 핵심 내용 2가지를 반영하기 때문에 중요하게 생각한다.

- ΔMargin은 'GM(당기) − GM(전기)'로 정의된다. 피오트로스키는 GM이 개선되면 원가나 재고 관리 비용이 개선되었거나 제품 가격이 올랐음을 시사한다고 생각한다. 모두 주식에 긍정적이다. F_ΔMargin은 ΔMargin이 양수면 1, 반대면 0이다.
- ΔTurn은 '총자산회전율(당기) − 총자산회전율(전기)'로 정의된다. 피오트로스키는 총자산회전율Asset Turnover Ratio, 이하 AT이 개선되는 것은 자산을 이용한 생산성의 증가라고 생각한다. 이러한 개선은 영업효율 증가(더 적은 자산으로 같은 매출 올림)나 매출 증가(제품의 시장 상황이 좋아졌음을 시사할 수도 있다)에 기인한다. F_ΔTurn은 ΔTurn이 양수면 1, 반대면 0이다.

이제 F-스코어의 모든 변수를 정의했으니 피오트로스키가 F-스코어를 알아내기 위해 신호를 조합한 방식과 결과 해석 방법을 살펴보겠다.

### F-스코어 공식과 해석

피오트로스키는 바이너리 신호 9개를 모두 더해서 F-스코어 값을 구한다. 공식은 다음과 같다.

$$F\text{-스코어} = F\_ROA + F\_\Delta ROA + F\_CFOA + F\_Accrual +$$
$$F\_\Delta Lever + F\_\Delta Liquid + EQ\_Offer + F\_\Delta Margin + F\_\Delta Turn$$

F-스코어의 범위는 가장 낮은 0부터 가장 높은 9까지로, 낮은 점수는 주식에 긍정적인 신호가 별로 없다는 의미이고, 높은 점수는 해당 주식이 긍정적인 신호를 많이 보내고 있다는 의미다. 현재의 펀더멘털이 미래의 펀더

멘털을 예측한다는 전제하에 F-스코어는 미래의 주식 수익률을 나타낸다고 할 수 있다. 피오트로스키의 투자 전략은 F-스코어가 높은 가치주를 선택한다는 아주 단순한 것이다.

그는 1976~1996년 21년간의 데이터를 이용해 F-스코어를 시험해보았다. 전체 투자 유니버스를 PBR에 따라 5개로 나눈 다음 5분위(PBR이 가장 낮은 20%) 포트폴리오를 설정하고 1~2년의 투자수익률을 측정했다. 그는 가치주 5분위 포트폴리오의 통계 정보뿐만 아니라 장기 수익률 정보도 제공한다. 가치주 5분위 포트폴리오에 속한 중간값 주식의 PBR은 0.58로 낮지만, 연말 시가총액이 겨우 1,440만 달러여서 초소형 투자자도 투자하기 어려울 지경이다. 이 포트폴리오는 실적이 저조한 주식들로 구성되었다. 중간값 ROA는 겨우 1.28%이고 중간값 주식은 ROA와 GM 모두 전년 대비 하락했다. 마지막으로 평균적인 가치주는 전년 대비 레버리지는 늘고 유동성은 줄었다.

피오트로스키에 따르면 가치주 포트폴리오는 설정 후 1~2년간은 시장을 능가하는 수익률을 낸다. 이건 모두 아는 이야기다. 그의 통찰력이 빛을 발하는 것은 가치주 포트폴리오의 뛰어난 성과에도 불구하고 주식 다수(약 57%)는 사실상 시장을 하회한다는 사실을 발견했다는 점이다. 따라서 이렇게 저조한 주식만 제거할 수 있다면 포트폴리오 전체 수익은 극적으로 개선될 것이다.

피오트로스키는 F-스코어를 이용해 가치주 포트폴리오에 속한 기업의 재무건전성을 재분류한다. 그에 따르면 고F-스코어 가치주들은 시장을 연 13.4%p 능가해서, 5분위 포트폴리오가 시장을 5.9%p 능가하는 것과 대비된다. 다시 말해 고F-스코어 주식들이 평균적인 가치주를 연 7.5%p(= 13.4%-5.9%) 능가한다. 고F-스코어 포트폴리오는 승자주가 평균적인 가치주 포트폴리오보다 더 많아서 50%를 차지한다. F-스코어가 궁극적인 승자주와 궁극적인 패자주를 구별하는 것이 분명하다.

　F-스코어에 관한 비판 중 하나는 최고의 성과를 내는 주식이 매우 적고 연말 시가총액의 중간값이 1,440만 달러(시가총액 평균은 이보다 높은 1억 8,850만 달러)에 불과하다는 점이다. 이런 비판을 인지한 피오트로스키는 시가총액을 기준으로 수익률을 검토해보았다. 우선 투자 유니버스를 시가총액을 기준으로 3개 포트폴리오로 나눴다. 가치주의 약 60%가 '소형주'에 속했다. 약 28%가 '중형주'에 속하고, 겨우 13%만이 '대형주'에 속했다. 피오트로스키에 따르면 가치주가 벌어들이는 시장을 능가하는 수익률은 중소형주에 집중되어 있다. 시가총액 그룹별로 F-스코어를 적용해보니 재무제표를 분석해서 가장 큰 이득을 보는 그룹 역시 '소형주'였다. '중형주'도 F-스코어를 적용해 혜택을 보았는데 피오트로스키에 따르면 고F-스코어 주식의 수익률은 평균적인 '중형주'에 비해서는 7%p, 저F-스코어 '중형주'에 비해서는 17.3%p 높았다. '대형주'에서는 실망스럽게도 F-스코어가 별다른 구실을 못했다. 정리하면 F-스코어를 적용해 수익률이 개선된 것은 시가총액 하위 3분의 2에 속하는 주식들에서였다. 충분히 납득이 가는 결과다. 대형주들은 수많은 애널리스트가 활발하게 분석하기 때문에, 재무제표를 들여다보면 쉽게 찾아낼 수 있는 만성적인 저평가에 시달릴 가능성이 적다.

　피오트로스키의 F-스코어는 가치투자자들이 활용할 수 있는 유용하면서도 직관적인 도구임에 틀림없다. 그의 핵심 통찰은 재무제표를 계량적으로 분석하면 투자 성과를 개선할 수 있다는 점이다. F-스코어는 저조한 실적을 내는 주식을 제거하도록 설계되었다. 주식들을 재무건전성에 따라 분류함으로써 가능한 일이다. 비록 중소형주에 한정되지만 주가가 싸고 재무적으로 튼튼한 기업들이 올리는 수익률 개선 효과는 탁월하다. 다음 절에서는 우리가 승자주와 패자주를 구별하기 위해 재무제표를 분석할 때 어떻게 F-스코어를 개선하는지 살펴보겠다.

## FS-스코어

우리는 피오트로스키의 F-스코어를 기초로 해서 새로운 지표인 재무건전성 점수Financial Strength Score, 이하 FS-스코어를 만들어냈는데, 다음의 3개 분야를 나눠서 측정하는 지표다.

- 현재 수익성
- 안정성
- 최근 영업 호전성

F-스코어와 마찬가지로 FS-스코어도 재무적으로 가장 튼튼한 주식을 발견하고자 한다. 우리는 F-스코어에서 3개 변수를 조정하고 이들을 좀 더 직관적으로 분류했다. FS-스코어에 속하는 변수는 다음과 같이 구분된다.

### 현재 수익성
주식의 현재 수익성과 현금흐름 창출 능력을 측정하는 3개 변수를 이용한다.

- ROA는 당기순이익을 총자산으로 나눈 것이고, FCFA는 잉여현금흐름을 총자산으로 나눈 것이다. 두 변수가 양수이면 FS_ROA와 FS_FCFA

에 1, 반대면 0을 부여한다.

- Accrual은 '잉여현금흐름 - 당기순이익'을 총자산(기초)로 나눈 값이다. FS_Accrual은 FCFA가 ROA보다 크면 1, 반대면 0이 된다.

우리의 FS-스코어는 피오트로스키의 F-스코어와 비슷하지만 CFO영업활동 현금흐름가 아니라 FCF잉여현금흐름를 총자산으로 나눈 FCFA로 대체한다. 현금흐름에 자본적 지출을 반영하기 위해서다. 또한 변수 ΔROA와 ΔFCFA를 수익성 분야에서 빼내어 '최근 영업 호전성' 분야로 옮겼는데 이렇게 하는 것이 직관적으로 더 맞아 보이기 때문이다.

### 안정성

피오트로스키와 마찬가지로 우리도 레버리지가 늘거나 유동성이 나빠지거나 외부 차입금을 사용하면 재무건전성에 부정적인 신호라고 가정한다. 안정성 지표는 자본 구조의 변화와 미래의 부채 상환 능력을 가늠한다.

- ΔLever는 '장기 부채 총액/총자산'의 증감을 포착한다. 전기 대비 레버리지 비율이 떨어졌으면 FS_Lever에 1, 반대면 0을 부여한다.
- ΔLiquid는 '유동자산/유동부채'의 증감으로 정의한다. 유동성이 개선되었으면 FS_Liquid는 1, 반대면 0을 부여한다.
- NEqIss는 자사주 매입 수량에서 증자 수량을 뺀 것으로, 주식 수 순증을 측정한다. 자사주 매입 수량이 증자 수량을 넘어서면 FS_NEqIss는 1, 반대면 0을 부여한다.

우리의 안정성 지표는 피오트로스키와 매우 중요한 차이점이 하나 있다.

그가 사용한 증자 변수 EQ_Offer 대신 주식 수 순증을 포착하는 NEqIss를 사용하는 것이다. 우리는 부두흐, 미카엘리, 리처드슨, 로버츠의 2007년 논문 '회수수익률payout yield 측정의 중요성: 자산 가격 결정에 시사하는 점'[3]에서 볼 수 있는 것과 동일한 기법을 사용한다. 우리가 이처럼 작지만 중요한 변화를 주는 것은 피오트로스키의 EQ_Offer에 오해의 소지가 있기 때문이다. 재무건전성과는 무관한 사유로 증자하는 기업도 많다. 예를 들어 경영진이나 직원들에게 인센티브를 제공하려고 스톡옵션을 발행하기도 한다. 어떤 기업이 최고경영자에게 보상을 주려고 약간의 스톡옵션을 발행했지만, 이와는 비교할 수 없이 커다란 규모로 자사주 매입 프로그램을 동시에 진행할 수도 있다. EQ_Offer라면 소량의 증자 때문에 부정적인 점수를 받겠지만 NEqIss라면 증자와 자사주 매입을 모두 고려해서 적절하게 점수를 부여할 것이다. EQ_Offer라면 0점을 얻어 F-스코어에 변동이 없겠지만, NEqIss라면 1점을 얻어 FS-스코어가 그만큼 늘어날 것이다.

### 최근 영업 호전성

우리는 최근 영업 호전성이라는 새로운 분야를 FS-스코어에 도입했다. 이 분야는 F-스코어의 '영업효율성'과 대체로 비슷하지만 우리의 FS-스코어는 호전에 초점을 맞춘다. 최근 영업 호전성에 다음의 변수를 포함한다.

- $\Delta$ROA는 'ROA(당기) - ROA(전기)'다. FS_$\Delta$ROA는 $\Delta$ROA가 양수면 1을, 반대면 0을 부여한다.
- $\Delta$FCFA는 'FCFA(당기) - FCFA(전기)'다. FS_$\Delta$FCFA는 $\Delta$FCFA가 양수면 1을, 반대면 0을 부여한다.
- $\Delta$Margin은 'GMS(당기) - GMS(전기)'다. GMSGross Margin/Sales는

매출총이익을 총매출로 나눈 값이다. FS_ΔMargin은 ΔMargin이 양수면 1을, 반대면 0을 부여한다.

- ΔTurn은 'AT(당기) − AT(전기)'다. FS_ΔTurn은 ΔTurn이 양수면 1을, 반대면 0을 부여한다.

최근 영업 호전성을 통해 비즈니스의 영업에 탄력이 붙었는지 측정한다. 비즈니스가 점점 나빠져서 주식의 펀더멘털에 비해 가격이 점점 비싸지는 데도, 현재 주가가 싸다는 이유만으로 매수하고 싶지는 않을 것이다. 예를 들어 EBIT가 1억 달러인 주식이 시가총액 3억 달러에 거래되고 있으면 이 주식은 3배수에 거래되고 있는 셈이다. 기업의 영업이 점점 나빠져 이듬해 EBIT가 겨우 5,000만 달러라면 '염가'로 여겨진 3배수는 이보다 훨씬 비싼 6배수가 된다. 이런 식으로 EBIT가 계속해서 반토막 나면 몇 년 뒤에는 아주 비싼 주식을 쥐고 있게 될 것이다.

### FS-스코어 공식과 해석
우리의 FS-스코어는 수익성, 안정성, 최근 영업 호전성이라는 3개 분야에 총 10개 지표를 포함한다. 최종 점수의 범위는 최하인 0점부터 최고인 10점까지이며 공식은 아래와 같다.

$$\text{FS-스코어} = \text{Sum}[\text{FS\_ROA, FS\_FCFA, FS\_Accrual,}$$
$$\text{FS\_Lever, FS\_Liquid, FS\_NEqIss, FS\_}\Delta\text{ROA, FS\_}\Delta\text{FCFOA,}$$
$$\text{FS\_}\Delta\text{Margin, FS\_}\Delta\text{Turn]}$$

# F-스코어 vs. FS-스코어

이제 F-스코어와 FS-스코어의 성과를 비교해보자. F-스코어 값이 6, 7, 8, 9인 주식들과 FS-스코어 값이 7, 8, 9, 10인 주식들의 수익률을 비교하겠다. 1974년 1월 1일~2011년 12월 31일 동안 각각의 전략에서 최상위 4개의 점수를 받은 주식들로 구성된 포트폴리오의 수익을 비교 대상으로 삼았다 (그림 6.1과 표 6.1).

F-스코어를 조금 변형한 FS-스코어는 F-스코어를 작지만 경제적으로 의미 있는 크기로 능가했다. 그뿐 아니라 구성이 더 직관적이고 가치투자 철학에 더 충실하다고 할 수 있다.

이어서 FS-스코어를 버핏이 2011년 3월 인수한 루브리졸Lubrizol에 시험 적용해보겠다.

**그림 6.1** — F-스코어와 FS-스코어의 성과(1974~2011)

원금 100달러의 평가액(로그 척도)

Part 3. 훌륭한 비즈니스를 발굴하는 방법

표 6.1 — F-스코어와 FS-스코어의 성과(1974~2011)

|  | FS-스코어 | F-스코어 | S&P500 | 10년 만기 국채 |
|---|---|---|---|---|
| CAGR(%) | 11.89 | 11.29 | 10.46 | 8.99 |
| 표준편차(%) | 15.75 | 15.80 | 15.84 | 10.90 |
| 하방편차(%) | 11.03 | 11.11 | 11.16 | 6.55 |
| 샤프지수 | 0.46 | 0.42 | 0.37 | 0.36 |
| 소르티노지수(MAR=5%) | 0.68 | 0.63 | 0.56 | 0.64 |
| MDD(%) | -44.93 | -43.97 | -50.21 | -20.97 |
| 월간 최저 수익률(%) | -20.85 | -21.42 | -21.58 | -11.24 |
| 월간 최고 수익률(%) | 16.87 | 15.71 | 16.81 | 15.23 |
| 수익월 비율(%) | 60.75 | 60.53 | 60.53 | 61.18 |

## 사례 연구: 루브리졸

윤활 첨가제를 생산하는 루브리졸은 여러모로 버핏이 좋아할 만한 기업이다. 회사의 규모가 크고 이익도 꾸준해서 버크셔 해서웨이가 인수하기 직전 연도에는 매출액 54억 달러, 순이익 7억 3,200만 달러를 달성했다. 회사의 비즈니스는 단순명료하고 제품은 자동차 윤활유, 로션과 식기세척기용 액상 비누 같은 생활용품에 집중되어 있다. 2010년 당시 주식은 상대적으로 저렴해서 EV/EBIT 6.8배에 거래되고 있었다.

루브리졸의 FS-스코어는 기업의 재무적인 힘을 대변하고 있다. 표 6.2는 2010년 12월 31일 기준 루브리졸의 FS-스코어 값이다.

FS-스코어의 최고 점수는 10점으로, 우리가 제시한 틀에서 '재무적으로 건전한' 기업을 의미한다. 루브리졸은 8점을 받아서 2개 측면에서 부진하

**표 6.2** — 루브리졸의 FS-스코어

| FS 변수 | 루브리졸 |
| --- | --- |
| FS_ROA | 1 |
| FS_FCFA | 1 |
| FS_Accrual | 1 |
| FS_Lever | 1 |
| FS_Liquid | 1 |
| FS_NEqIss | 0 |
| FS_ΔROA | 1 |
| FS_ΔFCFA | 1 |
| FS_ΔMargin | 1 |
| FS_ΔTurn | 0 |
| **FS-스코어** | **8** |

다는 의미지만 재무적으로 여전히 튼튼하다. FS-스코어는 만점을 받지 못한 주식이 어떤 부분에서 약점을 드러냈는지를 빨리 파악할 수 있어서 유용하다. 루브리졸은 NEqIss('안정성' 분야)와 ΔTurn('최근 영업 호전성' 분야)에서 결함이 드러났다. FS_NEqIss 점수가 0인 것은 자사주 매입이 증자를 초과하지 못했다는 의미다. 증자는 순증했지만 금액이 미미하다(3,290만 달러 증자인데 50억 달러에 육박하는 시가총액에 포함되어 있다). 기업 인수 이후 버핏이 루브리졸의 자본 구조를 통제하는 것을 감안할 때 이것이 문제 될 리는 없다. 그보다는 증자에 전혀 영향을 미칠 수 없는 패시브 투자자에게 더 신경 쓰이는 일이다.

루브리졸의 FS_ΔTurn 수치는 0인데 이는 그해 자산 회전율이 전년 자산 회전율을 능가하지 못했다는 이야기다. 실은 25% 하락했다. 이는 매출 성장률이 줄었거나 자산이 풍선처럼 늘어난 것일 수 있어 더 들여다볼 필요

Part 3. 훌륭한 비즈니스를 발굴하는 방법

가 있다. 이제 루브리졸이 2010년 7월 1일~2011년 12월 31일 동안 S&P500 대비 어떤 성과를 냈는지 살펴보자(그림 6.2 참조).

이 사례는 FS-스코어가 높은 염가주가 매력적인 투자처가 될 수 있음을 알려준다. 루브리졸이 시장을 능가하고 세계 최고 투자자의 낙점을 받았다고 해서 FS-스코어를 유일한 지표로 활용해야 한다고 생각하지는 않는다. 우리는 FS-스코어를 기업의 재무건전성을 측정할 여러 도구 중 하나로 활용한다.

이번 장에서는 퀄리티의 두 번째 요소인 재무건전성을 살펴보았다. 먼저 기업의 재무건전성을 펀더멘털 분석을 통해 알아보는 퀀트 도구인 피오트로스키의 F-스코어를 검토해서 가치투자자들이 이용할 수 있는 매우 강력하고 직관적인 지표임을 확인했다. F-스코어는 저조한 실적을 내는 가치주

**그림 6.2** ─ 루브리졸의 투자 성과(2010/7/1~2011/12/31)

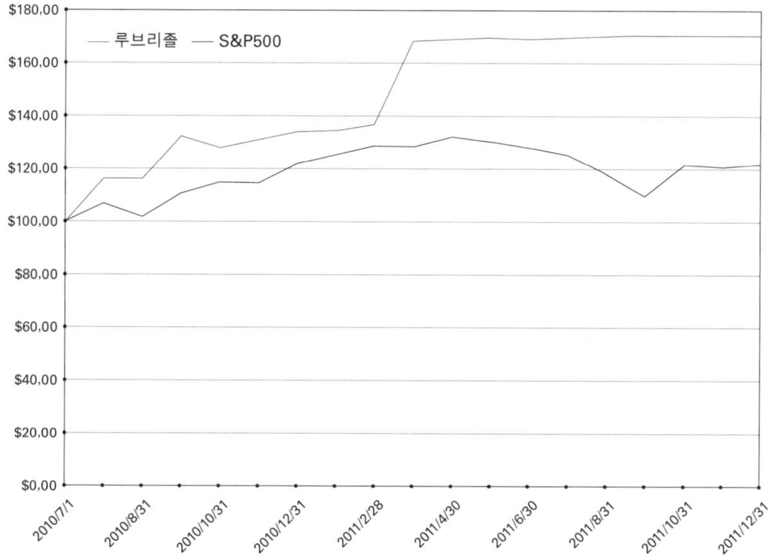

원금 100달러의 평가액

를 투자 유니버스에서 제거하는 것을 목표로 삼고, 이를 위해 기업들을 재무건전성으로 구별한다. 가치투자자라면 다들 이해할 수 있는 여러 지표로 재무제표를 분석해서 주식의 수익성과 안정성, 영업 호전성을 가늠한다.

우리는 F-스코어에 약간의 변화를 가미해 FS-스코어를 만들어냈다. FS-스코어는 2개 지표에서 영업활동 현금흐름 대신 잉여현금흐름을 사용하고 증자를 순증으로 대체함으로써 F-스코어를 개선했다. 또한 개인 가치투자자들이 더 유용하게 사용할 수 있도록 지표들을 조금 더 직관적으로 재분류해 정렬했다. 그 결과 기업의 재무건전성을 더 세밀하게 들여다볼 수 있고, FS-스코어가 만점이 아닌 기업들이 안고 있을지도 모를 문제를 더 빨리 찾아낼 수 있게 되었다. 우리의 FS-스코어는 피오트로스키의 F-스코어를 능가했기 때문에 우리가 변경한 사항들이 객관적으로 가치를 더했다고 할 수 있겠다.

3부에서 우리는 기업 퀄리티의 2개 요소인 경제적 해자와 재무건전성을 살펴보았다. 경제적 해자는 장기에 걸친 ROA, ROIC, GM과 가격 결정력으로 나타난다. 재무건전성은 재무제표의 수익성, 안정성, 최근 영업 호전성으로 나타난다. 기업의 경제적 해자와 재무건전성에 관한 분석을 결합함으로써 기업의 퀄리티를 포괄적으로 이해할 수 있다. 4부에서는 가격 지표를 살펴볼 것이다. 퀄리티가 높은 주식이라고 해서 반드시 좋은 투자처는 아니다. 과도하게 지불하고 매수하면 끔찍한 투자가 될 수 있다.

4부에서는 가장 실적이 좋은 지표, 가장 싼 가격에 주식을 살 수 있도록 도와줌으로써 가장 넓은 안전마진을 만들어내는 지표를 찾기 위해서 가격 지표 여러 개를 검토한다.

# 싼 주식을
# 찾는 법

4부에서는 가격 지표 여러 개를 검토해 어떤 것이 가장 좋은지 판별할 것이다. 7장은 통계적 기법 몇 가지를 활용해서 개별 지표의 성과를 알아본다. 먼저 모든 가격 지표를 경주시켜 전 기간에 걸쳐 가공되지 않은 절대적 성장률 수치를 알아낸다. 이어서 시장 노출 같은 위험 요인을 조정한 성과를 검토한다. 또한 개별 가격 지표의 위험 프로파일risk profile과 위험 조정 이후의 성과도 살펴본다. 마지막으로 표본의 전체 기간뿐 아니라 하위 기간에서도 결과가 꾸준한지 알아보기 위해 투자 성과의 보유 기간 통계rolling statistics를 검토한다. 이처럼 서로 다른 분석을 이용해 최후의 승자를 가릴 것이다.

8장에서는 가격 지표의 대안은 물론 아직 연구가 덜 된 변형 지표를 살펴보고, 좀 더 긴 기간의 가격 지표를 검토할 것이다. 7장에서 검토하는 지표들은 모두 1년 단위다. 달랑 12개월만 연구하면 위험하다. 과거의 수익 중에서 이토록 단기간의 수익만 검토하면 이 기간에 예외적으로 수익이 뛰어났던 기업에 지나치게 유리할 수 있고 해당 기업의 전형적인 수익성을 확인할 수 없다. 이렇게 되면 우리가 다루는 가격 지표가 경기 순환 주기의 정점에 있는 기업을 선별해놓고 이후 기간에서 수익이 최소한 장기 평균 또는 그 이하로 떨어지는 것을 지켜봐야만 하는 경우가 생길 수 있다.

결합한 가격 지표 역시 살펴볼 것이다. 각 분야의 성과를 측정할 때 가격 지표를 결합해서 사용하는 것이 단일 지표 중 가장 우수한 것을 사용하는 것보다 나은지 검토할 것이다. 지표 결합의 매력은 '지표 가공'을 통해 특정 가격 지표를 능가하는 새로운 지표를 만들 수도 있다는 점에 있다. 염가주를 찾을 때 결합된 지표를 사용하면 하나의 지표에서는 싸 보여도 다른 지표에서는 비싼 주식을 걸러내는 교차 점검이 가능하다. 더 나아가 상당 기간 동안 하나의 지표가 저조한 실적을 나타낼 때 다른 2개 지표가 상쇄할 수도 있다.

# 가격 지표 시합

가치투자 전략이 더 높은 수익률을 내는 것은
전형적인 투자자의 완벽하지 못한 행동을 이용하기 때문이지,
가치투자 전략이 근본적으로 더 위험을 감수해서가 아니다.
조셉 래코니쇼크, 안드레이 슐라이퍼, 로버트 비시니의 논문
'역투자와 추정 그리고 위험'1

가치주가 인기주는 물론이고 시장도 장기간에 걸쳐 능가하는 것을 보여
주는 실증적 증거는 차고 넘친다. 그렇다면 이렇게 질문해야 마땅하다. 첫
째, 인기주를 사는 이유는 도대체 무엇일까? 둘째, 어떤 지표를 활용해야 가
장 큰 수익률을 올릴 수 있을까? 첫째 질문의 답은 '행동'이다. 비싼 주식이
'인기주'나 '스토리 주식'으로 불리는 데는 이유가 있다. 인기주는 기저율을
무시하고 '투자 스토리'에 치중하는 투자자를 유혹한다. 유혹된 투자자는
과거의 화려했던 이익성장률을 지나치게 먼 미래까지 마구 연장해 주가가
마냥 우상향할 것이라고 믿거나, 호재에 지나치게 반응하거나, 주가는 무시
한 채 멋진 신기술이나 아이디어를 절호의 투자 기회라고 혼동한다. 제대로
된 투자자는 이 같은 비이성적 '행동'을 이용해 염가주나 '가치주'를 살 수
있다. 그런데 싸다고 판단하려면 도대체 어떤 가격 지표를 사용해야 할까?
이번 장에서 이 질문의 답을 자세하게 알아본다.

투자 실무에 종사하는 사람들은 PER, 주가현금흐름배수Price to Cash Flow
Ratio, PCR, EV/EBITDA 등 다양한 가격 지표에 의존해왔다. 반면 학계는 개
별 가격 지표는 잘 모르겠다는 입장을 고수하면서도 '가치주'와 '인기주'를
구별하기 위해 PBR에 기우는 듯한 모습을 보여왔다. 파마와 프렌치도 PBR
이 더 유용하다고 생각한다.[2]

> 우리가 늘 강조해왔듯이 가격 지표란 기대수익률을 알아내고자 주가의 횡단
> 면에서 정보를 추출하려고 주가를 펀더멘털 수치로 나눈 여러 방법일 뿐이다.
> 이를 위해 펀더멘털(장부가치, 당기순이익, 현금흐름 등) 수치 중 어떤 것을 사용하든
> 마찬가지이고 서로 다른 가격 지표를 사용한 평균적인 수익률의 차이도 비슷
> 해서 통계적으로 구별하기 힘들다. 우리는 PBR을 선호하는데, 분모에 있는
> BPS가 시간이 지나도 EPS나 CPS(Cash Flow per Share, 주당현금흐름)에 비해
> 더 안정적이기 때문이다. 이는 회전율을 낮게 유지하고 싶어 하는 가치투자

포트폴리오에 중요한 문제다.

경험적인 증거는 파마와 프렌치의 주장과 정반대다. 매우 다양한 지표를 가지고 포괄적으로 실험해본 결과 그들 사이에 경제적·통계적으로 매우 의미 있는 차이가 존재함을 발견했고, 그중 하나가 나머지에 비해 발군이라는 사실도 알게 되었다.

## 시합에 출전하는 선수들

이제 우리가 검토할 다양한 가격 지표를 살펴보자. 먼저 개별 지표의 타당성을 설명할 것이다. 가격 지표마다 계산하는 방법이 다양하지만 여기서는 우리 방식을 제시했다. 7장에 등장하는 모든 비율은 '수익률' 공식 형태로 제시되기 때문에 은행의 이자율이나 채권 쿠폰 이자율처럼 해석하면 될 것이다.

### 이익수익률

이익수익률Earnings Yield은 널리 알려진 PER의 역수다. 파마와 프렌치(2001)를 따라 다음과 같이 계산한다.

$$이익수익률 = E / M$$

E(수정 당기순이익) = 당기순이익 – 우선주 배당금 + 이연법인세

M = 시가총액

**EBITDA/EV**

이 지표는 때로 '인수자 배수acquirer's multiple'로 불리는데, 기업을 통째로 인수하는 사람이 지불해야 할 모든 부채가 분모에 들어가기 때문이다. EVEnterprise Value, 기업 가치는 기업을 통째로 인수할 때의 가치를 반영한다. 분자에 EBITDA, 즉 이자, 법인세, 감가상각비 차감 전 영업이익을 사용하는데 우리는 기업 인수 이후 인수자에게 들어오는, 아무것도 손대지 않은 영업이익을 알고 싶기 때문이다. 기업을 인수한 새 주인은 자본과 부채를 마음대로 조절해 자본 구조를 바꿀 수 있으며 이는 이자비용과 세금에 영향을 준다. 감가상각비 역시 현금이 아닌 회계적인 비용으로 과거에 행한 투자 결정을 반영한다. 인수자는 이처럼 이자와 세금, 감가상각비 등으로 가려진 이익을 자신에게 유리하게 이용할 가능성이 있기 때문에 우리는 이들 모두를 EBITDA/EV 계산에 포함한다. 계산은 다음과 같이 한다.

$$기업가치영업이익률 = EBITDA / EV$$

EBITDA = 이자, 법인세, 감가상각비 차감 전 영업이익
EV(기업 가치) = 대주주 지분 + 부채 총액 − 여유 현금 + 우선주 시가총액 + 소수 지분
여유 현금 = 현금 + 유동자산 − 유동부채

EV는 아래에서 다양하게 사용된다. 또한 EBITDA/EV의 변형인 EBIT/EV 역시 사용하는데 EBITDA 대신 EBIT(이자, 법인세 차감 전 영업이익)를 넣은 것이다.

**FCF/EV**

FCF/EV는 EBITDA/EV와 유사하게 분모에 EV를 사용하지만 분자는 EBITDA 대신 FCF잉여현금흐름를 사용한다. 감가상각비가 현금이 아닌 회계적인 비용으로 과거의 투자 결정을 반영하지만 기업을 인수한 후에도 유지 관리를 위해 어느 정도는 자본적 지출이 있어야 하므로 이 지표를 사용한다. FCF는 영업활동 현금흐름에서 자본적 지출을 제하고 남은 것이기 때문에 유지 관리를 위한 지출을 반영했다고 본다. 계산은 다음과 같다.

$$기업가치잉여현금흐름이익률 = FCF\ /\ EV$$

FCF = 당기순이익 + 감가상각비 – 순운전자본 증감 – 자본적 지출

EV = 대주주 지분 + 부채 총액 – 여유 현금 + 우선주 시가총액 + 소수 지분

**GP/EV**

역시 EBITDA/EV의 변형으로, 분자의 EBITDA를 GP매출총이익로 대체한 것이다. GP는 손익계산서의 맨 위에 등장하는 항목이기 때문에 가장 조작하기 힘든 숫자라는 점이 이 지표를 사용하는 근거다. GP는 매출액에서 매출원가만 뺀, 가공되지 않은 이익이다. 계산은 다음과 같다.

$$기업가치매출총이익률 = GP\ /\ EV$$

GP = 매출액 – 매출원가

EV = 대주주 지분 + 부채 총액 – 여유 현금 + 우선주 시가총액 + 소수 지분

## BM

시가총액 대비 장부가치Book-to-Market Ratio, 이하 BM는 널리 알려진 PBR 의 역수다. 이 지표의 근거는 안정성에 있다. 이익이나 현금흐름은 매년 크 게 달라질 수 있지만 자산은 상대적으로 안정되어 있다. 이 지표는 경기 순 환 주기 정점에 해당하는 이익을 기준으로 하면 염가로 보이지만 사실은 비 싼 주식을 외면하게 해준다. 이익이 크더라도 BM으로 살펴보면 여전히 비 싸 보이기 때문이다. 계산은 다음과 같다.

$$시가총액\ 대비\ 장부가치 = B\ /\ M$$

B = 장부가치(Book-Value) = 자기자본 = 총자산 − 부채 총액

M = 시가총액

## 선행이익수익률

선행이익수익률은 이익수익률과 비슷하지만 과거의 이익 대신 미래의 이 익 추정치Forward Earnings Estimate를 사용한다. 과거보다는 미래를 보겠다 는 것이 이 지표를 사용하는 취지다. 투자란 미래를 바라보고 하는 것이기 때문에 이익 추정치 컨센서스를 사용하겠다는 주장은 일리가 있다. 계산 은 다음과 같다.

$$선행이익수익률 = FE\ /\ M$$

FE = 이익 추정치 컨센서스(Forward Earnings Estimate)

M = 시가총액

다음으로 위에서 열거한 가격 지표들의 성과를 측정하는 방법을 살펴보겠다.

## 시합의 규칙

투자 시뮬레이션의 온전한 기준과 가정들, 개별 가격 지표의 타당성 등은 11장에서 자세히 다룬다. 여기서는 가격 지표의 성과를 측정하는 방법을 개괄하겠다. 우리가 투자할 수 있는 투자 유니버스는 뉴욕증권거래소 NYSE와 아메리칸증권거래소AMEX, 나스닥NASDAQ 등에서 거래되는 모든 주식은 물론이고 시카고 대학교 부스 경영대학원 산하 주가연구센터Center for Research in Security Prices, 이하 CRSP의 데이터베이스와 컴퓨스태트까지 포함한다. 우리는 CRSP 내의 보통주만 대상으로 삼고 부동산 투자와 관련된 모든 신탁trust과 미국예탁증권American depository receipts, 폐쇄형 펀드 closed end funds, 유틸리티 주식, 금융주는 제외한다.

위에서 열거한 모든 가격 지표의 데이터를 구할 수 있는 주식만 투자 유니버스에 포함한다. 시뮬레이션하는 주식들에 충분한 유동성이 있어야 하기 때문에 금융 연구의 관례를 따라 매년 6월 30일을 기준으로 뉴욕증권거래소 주식의 하위 40%보다 시가총액이 큰 주식만 포함하기로 한다. 다시 말해서 우리가 분석 대상으로 삼는 주식은 매년 뉴욕증권거래소 거래 종목 하위 40%보다 시가총액이 큰 주식인데, 거래 장소가 뉴욕증권거래소이든 아메리칸증권거래소이든 나스닥이든 상관없다. 일례로 2011년 12월 31일 기준 우리의 투자 유니버스에서 가장 작은 주식의 시가총액은 14억 달러였다.

1964년 1월~2011년 12월 동안 주식 투자수익률을 측정한다. 투자 대상

주식은 t년도 6월 30일 자 시가총액을 기준으로 선별한다. 주식의 펀더멘털은 (t-1)년도 12월 31일 기준이다. t년도 6월 30일을 기준으로 개별 가격 지표를 이용해 주식을 10분위로 분류한다. 이어서 t년도 7월~(t+1)년도 6월 동안 매입 보유법이 거둔 월간 투자수익률을 계산한다. 매년 포트폴리오를 리밸런싱한다.

## 시합 시작

10분위 시가총액가중 포트폴리오를 대상으로 개별 지표가 1964~2011년 동안 달성한 CAGR을 계산해보았다. CAGR 기준 1등은 EBITDA/EV의 변형인 EBIT/EV로 연 14.55%를 기록했다. 2위를 차지한 EBITDA/EV의 13.72%, 인기 많은 이익수익률의 12.44%, 학계가 선호하는 BM의 13.11% 등과 비교해 더 나았다. GP/EV가 13.51%를 기록한 것은 인상적이다. 선행이익수익률은 아주 큰 차이를 보이며 꼴찌를 기록했다. 연 8.63%에 불과했는데, S&P500을 연 1%p 하회하는 수치다. 이는 투자 결정을 내릴 때 애널리스트가 제시하는 이익 추정치 따위는 아예 외면하는 게 상책이라는 이야기다. 우리는 7장에서 내재가치를 분석할 때 과거 데이터만 사용할 계획이며, 이익 추정치 따위는 월가의 장사꾼들이나 써먹으라고 할 생각이다.

1964년 7월~2009년 12월 동안 EV 배수가 BM PBR의 역수을 크게 능가했다고 팀 러프런과 제이 웰먼이 2009년에 내린 결론과 우리의 결론이 일치한다.(그림 7.1 참조).3 두 사람은 EV 배수가 유용하다는 것에 대해 충분히 납득이 가는 이유를 제시하고 있다. 이들은 논문 550편을 살핀 어스워스 다모다란Aswath Damodaran의 2006년 논문을 인용하는데, 이 논문에서 다모다란

**그림 7.1** ─ EV 배수의 성과(1964~2011)

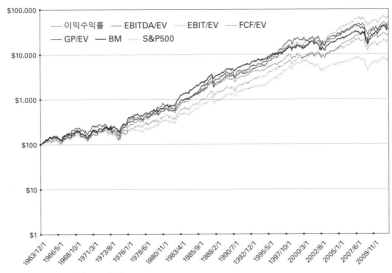

원금 100달러의 평가액(로그 척도)

은 EV 배수가 PER, 주가매출액배수Price to Sales Ratio, PSR와 함께 주가의 저
평가 여부를 따질 때 가장 많이 사용되는 지표라고 밝혔다. "지난 20년간 여
러 가지 이유로 EV 배수를 지지하는 애널리스트가 늘어났다"라고 말한다.4

　다모다란은 EV 배수가 인기를 끄는 이유로 레버리지가 서로 다른 주식
을 비교할 수 있다는 편의성을 들었다. 부채를 포함하는 건 중요하다. 그는
제너럴모터스GM를 예로 들었는데, GM은 2005년도에 시가총액이 170억
달러에 불과한 반면 부채는 2,870억 달러에 달했다. 시가총액을 기준으로
하면 GM은 중간 규모 회사였다. 하지만 EV를 기준으로 하면 GM은 초대
형 기업이었다. 시가총액은 GM의 부채가 수익에 어떤 영향을 미치는지 포
착하지 못하지만 EV는 포착할 수 있다.

러프런에 따르면 EBITDA를 분자에 사용하는 것도 EV 배수가 인기 있는 이유다. EBITDA는 비영업활동에서 발생하는 손익에 영향을 받지 않는다. 결과적으로 당기순이익보다 더 정확하고 더 조작하기 힘든 수익성 지표로 인식되어 동종 또는 이종 산업 분야의 기업들과 비교할 수 있게 해준다. 절대 수익률을 기준으로 보면 EV 배수의 가장 간단한 형태인 EBIT/EV가 가격 지표 중에서 가장 뛰어난 것으로 증명되었다.

## 가치 프리미엄과 스프레드

가치주 포트폴리오와 인기주 포트폴리오 간 수익률 격차스프레드, spread를 '가치 프리미엄value premium'이라고 한다. 우리는 어떤 지표가 수익성이 뛰어난지뿐만 아니라, 가치주(싼 주식)와 인기주(비싼 주식) 간의 스프레드가 가장 큰지 확인하고자 한다. 스프레드가 클수록 승자주와 패자주를 가격 지표로 가려내기 쉬워진다. 표 7.1은 인기주 10분위(1번째)에서 가치주 10분위(10번째)까지 포트폴리오를 나타낸다. 각각의 가격 지표로 어느 정도 가치주와 인기주를 구별할 수는 있지만, 동일한 결과가 나오는 것은 아니다.

스프레드를 기준으로 분석해보면 EBIT/EV가 가장 효과적인 지표임을 재차 확인할 수 있다. EBIT/EV는 인기주 7.09% 대비 가치주 14.55%로 7.45%p의 스프레드를 만들어낸다. EBITDA/EV는 6.17%p로 2등을 달리고 있다. GP/EV도 6.09%p로 치열한 접전을 펼치고 있는 점이 흥미롭다. 이들 지표가 이익수익률의 4.67%p나 BM의 4.49%p와 비교할 때 훨씬 유용하다는 것을 알 수 있다. 꼴찌는 겨우 2.63%p를 기록한 FCF/EV다.

## '알파'와 시장조정 수익률

가격 지표들이 거둔 성과를 CAGR과 스프레드로 어느 정도 알 수 있지

표 7.1 — 가격 지표의 성과(1964~2011)　　　　　　　　　　　　　　　　　(단위: %)

| | 이익수익률 | EBITDA/EV | EBIT/EV | FCF/EV | GP/EV | BM |
|---|---|---|---|---|---|---|
| S&P500 | | | 9.52 | | | |
| 인기주 | 7.77 | 7.55 | 7.09 | 9.05 | 7.42 | 8.62 |
| 2 | 8.04 | 8.20 | 8.58 | 9.55 | 7.08 | 9.20 |
| 3 | 10.70 | 8.76 | 8.77 | 9.13 | 7.96 | 9.79 |
| 4 | 8.76 | 8.22 | 8.29 | 9.71 | 9.18 | 9.29 |
| 5 | 9.20 | 8.16 | 9.70 | 8.80 | 9.86 | 9.62 |
| 6 | 9.00 | 10.00 | 11.04 | 11.19 | 10.89 | 10.13 |
| 7 | 11.75 | 11.06 | 11.00 | 9.74 | 12.02 | 11.44 |
| 8 | 12.45 | 11.73 | 11.63 | 9.98 | 13.71 | 11.45 |
| 9 | 12.92 | 13.70 | 12.08 | 12.83 | 13.43 | 11.80 |
| 가치주 | 12.44 | 13.72 | 14.55 | 11.68 | 13.51 | 13.11 |
| 가치 프리미엄 (가치주 – 인기주, %p) | 4.67 | 6.17 | 7.45 | 2.63 | 6.09 | 4.49 |

만, 유용성을 제대로 파악하려면 시장조정 수익률로 보아야 한다. 10분위 포트폴리오를 시장과 비교했을 때 가격 지표가 성과에 어떤 영향을 끼치는 지 알아보겠다. 개별 포트폴리오의 시장조정 수익률을 알아내기 위해 우리 는 자본 자산 가격 결정 모형Capital Asset Pricing Model, 이하 CAPM이 예측하 는 '알파alpha'를 계산하고 조정하고자 한다. 아래에서 꽤 상세하게 설명할 것이다. 우리가 사용할 시장수익률은 뉴욕증권거래소와 아메리칸증권거 래소, 나스닥을 총망라하는 시가총액가중 지수다. 또한 무위험risk-free 자 산으로 4주짜리 재무성 증권Treasury Bill, TB을 사용한다.

표 7.2는 우리가 계산한 알파를 보여준다. 진하게 표시된 수치들이 갖는

표 7.2 — 가격 지표의 시장조정 수익률(CAPM 알파)　　　　　　　(단위: %)

| | 이익수익률 | EBITDA/EV | EBIT/EV | FCF/EV | GP/EV | BM |
|---|---|---|---|---|---|---|
| 인기주 | -1.45 | -1.64 | -2.19 | -0.20 | -1.52 | -0.53 |
| 2 | -1.35 | -0.95 | -0.72 | 0.40 | -1.87 | -0.05 |
| 3 | 1.23 | -0.32 | -0.34 | -0.06 | -0.86 | 0.44 |
| 4 | -0.34 | -0.84 | -0.64 | 0.43 | 0.15 | 0.20 |
| 5 | **0.24** | -0.75 | 0.74 | -0.38 | 0.70 | 0.39 |
| 6 | 0.16 | 1.03 | 2.01 | 2.10 | 1.71 | 1.15 |
| 7 | **2.66** | 2.15 | 1.99 | 0.74 | **2.63** | 2.36 |
| 8 | **3.42** | **2.70** | **2.69** | 0.94 | **4.20** | **2.51** |
| 9 | **4.02** | **4.50** | **2.98** | **3.65** | **4.02** | **3.01** |
| 가치주 | **3.30** | **4.46** | **5.23** | **2.45** | **4.03** | **4.09** |
| S&P500 | | | 9.52 | | | |

통계적 유의미성은 5% 수준인데, 이 같은 결과가 우연히 일어날 확률이 5%라고 해석하면 되겠다.

　EBIT/EV의 가치 10분위가 연 5.23%로 가장 높았고, EBITDA/EV의 4.46%와 BM의 4.09%를 능가했다. GP/EV 역시 연 4.03%를 기록해 좋은 성과를 냈다. FCF/EV가 2.45%로 가장 낮았다. 가장 높은 알파는 EBITDA/EV, EBIT/EV, BM에서 나왔다.

　많은 가치투자자들이 알파는 말이 안 된다고 생각하는 것을 이해한다. 그러나 알파에는 비공식적이고 직관적인 느낌이 있다. 시장 포트폴리오에 레버리지를 적용하면 결국 시장을 능가한다는 것은 다들 알지만 그 포트폴리오에 알파가 있는지는 직관적으로 알 수 없는데, 간단한 CAPM 모형이 이를 포착할 수 있다.

## 위험조정수익률과 위험을 측정하는 절대 지표

이제 개별 가격 지표와 관련해 일반적으로 쓰이는 위험 지표들을 검토하겠다. 샤프지수와 소르티노지수, 낙폭drawdown의 변형들이 여기에 속한다. 이들은 개별 가격 지표가 안고 있는 위험의 다양한 측면을 측정하고자한다. 샤프지수와 소르티노지수는 위험과 보상의 지표다. 둘은 위험이 한단위 증가할 때마다 좋아지는 성과의 정도를 측정한다. 낙폭 지수들은 포트폴리오 설정 이래 악화된 수익률의 절댓값을 측정한다. MDDMaximum Drawdown는 정점에서 저점까지를 재거나 여러 개의 특정 기간에 걸쳐 잴수도 있다. 위험과 결부해서 가격 지표의 성과를 측정함으로써 우리는 원형 수익률이나 조정 수익률에서 드러나지 않았던 문제가 있는지 점검할 수도 있다.

1966년 윌리엄 샤프William Sharpe는 뮤추얼펀드의 위험조정수익률을 측정하기 위해 샤프지수를 고안했다.[5] 그는 펀드매니저들이 수익을 늘리기위해 위험을 얼마나 추가하는지 알고 싶었다. 수익을 얻기 위해 감수하는위험을 반영해 조정된 수익률을 측정하고 싶었다. 샤프지수는 무위험수익률에 대한 초과수익과 위험의 대용치인 변동성의 과거 상관관계를 분석해서 만들어졌다. 변동성 한 단위당 수익을 측정한 것으로, 값이 클수록 좋다고 본다.

소르티노지수 역시 샤프지수처럼 위험조정수익률을 측정한다. 샤프지수가 위아래 양방편차를 측정하는 반면, 소르티노지수는 하방편차만 측정한다는 점이 다르다. 우리가 피하고 싶은 하방편차만 반영해 수익률을 조정할 뿐, 상방편차는 반영하지 않는다. 또한 용인되는 최소 수익률Minimum Allowed Return, MAR을 넘어서는 초과수익률을 측정할 수도 있다. 우리는 용인되는 최소 수익률을 연 5%로 정한다. 정리하면 소르티노지수는 하방 위험 1단위가 늘 때마다 용인되는 최소 수익률을 넘어 초과수익이 얼마나 많이 발생하는지를 측정한다.

낙폭은 각 포트폴리오 수익률이 과거에 하락한 정도를 측정한다. MDD는 정점에서 저점까지 과거에 발생한 최대 낙폭을 측정한다. 이를 통해 가격 지표의 절대적인 최악 성과를 측정하고자 한다. 특정 전략이 영구적인 자본 손실로부터 얼마나 안전하게 보호되는지 알 수 있는 아주 좋은 방법이다.

표 7.3은 개별 가격 지표의 가치주 10분위에 속하는 포트폴리오만 뽑아서 이들의 각종 위험 지표를 나타냈다.

이 표를 보면 EBIT/EV와 EBITDA/EV 모두 샤프지수나 소르티노지수

**표 7.3** — 가격 지표의 가치주 10분위 위험조정수익률

|  | 이익 수익률 | EBITDA/ EV | EBIT/EV | FCF/EV | GP/EV | BM | S&P500 |
|---|---|---|---|---|---|---|---|
| CAGR(%) | 12.44 | 13.72 | 14.55 | 11.68 | 13.51 | 13.11 | 9.52 |
| 표준편차(%) | 17.62 | 17.25 | 17.20 | 16.42 | 18.35 | 17.39 | 15.19 |
| 하방편차(%) | 12.17 | 11.49 | 11.34 | 11.00 | 12.93 | 11.12 | 10.66 |
| 샤프지수 | 0.46 | 0.53 | 0.58 | 0.44 | 0.50 | 0.50 | 0.33 |
| 소르티노지수 (MAR=5%) | 0.68 | 0.82 | 0.89 | 0.68 | 0.73 | 0.80 | 0.50 |
| MDD(%) | -49.01 | -43.45 | -37.25 | -44.54 | -56.87 | -49.20 | -50.21 |
| 월간 최저 수익률(%) | -22.02 | -18.66 | -18.43 | -20.83 | -24.86 | -22.37 | -21.58 |
| 월간 최고 수익률(%) | 25.75 | 16.95 | 17.21 | 16.56 | 29.74 | 28.59 | 16.81 |
| 수익월 비율(%) | 60.42 | 62.85 | 61.46 | 61.11 | 61.63 | 61.63 | 60.94 |

에서 최고의 값을 기록한 것을 알 수 있다. EBIT/EV의 샤프지수는 0.58, 소르티노지수는 0.89로 둘 다 최고다. 다시 말해 위험을 양방편차(샤프지수)로 정의하든, 하방편차(소르티노지수)로 정의하든 EBIT/EV가 최고의 위험·보상 비율을 제공한다는 뜻이다. EBITDA/EV 역시 샤프지수 0.53과 소르티노지수 0.82로 좋은 성과를 보여준다. FCF/EV는 샤프지수 0.44와 소르티노지수 0.68을 기록해 위험조정수익률이 가장 낮았다.

EBIT/EV와 EBITDA/EV는 MDD에서도 다른 가격 지표들에 비해 좋은 모습을 보인다. 두 지표가 MDD와 월간 낙폭에서 가장 양호한 수치를 기록했다. GP/EV의 MDD가 −56.87%로 가장 불량한 반면, EBIT/EV의 MDD는 −37.25%로 가장 양호했다.

표 7.4 — 가격 지표의 인기주 10분위 위험조정수익률

| | 이익<br>수익률 | EBITDA/<br>EV | EBIT/EV | FCF/EV | GP/EV | BM | S&P500 |
|---|---|---|---|---|---|---|---|
| CAGR(%) | 7.77 | 7.55 | 7.09 | 9.05 | 7.42 | 8.62 | 9.52 |
| 표준편차(%) | 19.54 | 20.92 | 22.53 | 19.40 | 18.74 | 18.47 | 15.19 |
| 하방편차(%) | 13.44 | 15.60 | 16.43 | 14.27 | 14.15 | 12.69 | 10.66 |
| 샤프지수 | 0.22 | 0.21 | 0.19 | 0.28 | 0.20 | 0.26 | 0.33 |
| 소르티노지수<br>(MAR=5%) | 0.33 | 0.29 | 0.27 | 0.39 | 0.28 | 0.40 | 0.50 |
| MDD(%) | -59.45 | -80.18 | -83.73 | -57.73 | -73.17 | -67.00 | -50.21 |
| 월간 최저<br>수익률(%) | -27.82 | -34.07 | -33.51 | -28.00 | -23.19 | -21.56 | -21.58 |
| 월간 최고<br>수익률(%) | 23.31 | 22.23 | 23.12 | 22.05 | 24.72 | 23.31 | 16.81 |
| 수익월 비율(%) | 57.64 | 58.16 | 57.99 | 58.85 | 58.16 | 59.03 | 60.94 |

표 7.4는 개별 가격 지표의 인기주 10분위에 속하는 포트폴리오만 뽑아서 이들의 각종 위험 지표를 나타냈다. 이 표는 고통스럽지만 분명한 사실 하나를 보여준다. 주식을 비싸게 사면 건강에 해롭다! 모든 가격 지표에서 싼 주식 대비 비싼 주식의 샤프지수와 소르티노지수는 한결같이 나빴다. 인기주는 비참할 정도로 시장수익률을 하회한다. MDD와 월간 낙폭 등 모든 낙폭 위험이 속이 뒤틀릴 정도로 끔찍하다. 원형 수익률이든 위험조정수익률이든 인기주는 피해야 한다는 주장을 강하게 뒷받침하는 표다.

## 전천후 가격 지표

분석한 전체 기간에 걸쳐 EBIT/EV는 원형 수익률이든 위험조정수익률이든 어떤 기준으로도 최고의 가격 지표임이 증명된 것 같다. 경기 순환 주기에 적용했을 때도 동일한 결과가 나올지 검토해보자. 경기 순환 주기가 개별 가격 지표의 성과와 예측 능력에 어떤 영향을 미칠까? 불경기라면 FCF/EV가 이익수익률이나 EBITDA/EV보다 우수할까? BM처럼 자산에 기초한 지표는 1970~1980년대처럼 경제가 제조업 중심으로 돌아갈 때 양호한 성과를 보였는데, 경제가 서비스업 위주로 바뀌고 '인적 자본' 중심으로 돌아가게 되면 성과가 악화될까? 이런 질문에 답하기 위해 가격 지표의 성과를 호경기와 불경기에 걸쳐 분석하겠다. 호경기와 불경기는 전미경제조사국National Bureau of Economic Research의 기준에 따른다.

표 7.5는 개별 가격 지표의 호경기 수익률을 나타낸다. 이 표를 보면 호경기에 일관되게 수위를 차지한 지표가 없었음을 알 수 있다. 경제가 무형자산(인적 자본, 연구개발, 브랜드 가치 등)보다 유형자산(부동산, 공장, 장비 등)에서 더 많

**표 7.5** ─ 가격 지표의 호경기 수익률 (단위: %)

| | 이익<br>수익률 | EBITDA/<br>EV | EBIT/EV | FCF/EV | GP/EV | BM | S&P500 |
|---|---|---|---|---|---|---|---|
| 1971/07 ~<br>1973/10 | 6.01 | 11.83 | 10.20 | 1.19 | -3.89 | 9.11 | 6.70 |
| 1975/04 ~<br>1979/12 | 23.54 | 220.83 | 19.03 | 16.19 | 18.79 | 18.39 | 10.62 |
| 1980/08 ~<br>1981/06 | 18.11 | 6.54 | 6.83 | 20.61 | 16.49 | 17.69 | 14.54 |
| 1982/12 ~<br>1990/06 | 22.57 | 22.51 | 24.76 | 19.37 | 24.66 | 24.16 | 17.73 |
| 1991/04 ~<br>2001/02 | 13.98 | 18.19 | 20.15 | 17.29 | 17.94 | 13.92 | 15.52 |
| 2001/12 ~<br>2007/11 | 18.16 | 17.49 | 20.14 | 14.08 | 10.85 | 8.85 | 6.52 |
| 2009/07 ~<br>2010/12 | 21.80 | 24.12 | 21.55 | 14.87 | 28.00 | 42.60 | 25.85 |

은 수익을 내는 기간에 재무상태표에 기초한 지표가 손익계산서나 현금흐름표에 기초한 지표보다 더 나은 성과를 낸다는 주장을 뒷받침할 만한 근거가 전혀 없다. 전체적으로 보았을 때 호경기에는 다른 지표들보다 뚜렷이 더 나은 성과를 내는 가격 지표가 있다고 말할 수 없다.

표 7.6은 불경기에도 역시 특정 가격 지표가 다른 것들을 일관되게 능가한다는 뚜렷한 증거가 없음을 보여준다. 예를 들어 1981년 7월~1982년 11월과 2001년 3월~2001년 11월에는 GP/EV와 BM이 다른 가격 지표보다 뛰어난 성과를 냈지만 2007년 12월~2009년 6월 기간에는 성과가 형편없었다.

전체적으로 보아 호경기와 불경기에 다른 가격 지표를 능가하는 일관된

표 7.6 ─ 가격 지표의 불경기 수익률 (단위: %)

| | 이익 수익률 | EBITDA/ EV | EBIT/EV | FCF/EV | GP/EV | BM | S&P500 |
|---|---|---|---|---|---|---|---|
| 1973/11 ~ 1975/03 | -11.24 | -6.89 | -7.20 | -11.72 | -6.10 | -0.27 | -13.00 |
| 1980/01 ~ 1980/07 | 13.28 | 42.72 | 32.38 | 25.29 | 17.88 | 23.99 | 29.90 |
| 1981/07 ~ 1982/11 | -2.24 | -2.11 | -2.92 | 4.92 | 16.10 | 17.89 | 10.53 |
| 1990/07 ~ 1991/03 | 1.45 | 3.47 | 2.27 | 13.30 | 9.56 | 9.51 | 10.44 |
| 2001/03 ~ 2001/11 | -8.83 | -5.21 | -9.68 | -3.44 | -0.06 | -3.27 | -9.19 |
| 2007/12 ~ 2009/06 | -16.38 | -18.71 | -15.06 | -18.21 | -21.64 | -18.26 | -23.62 |

지표가 있다는 뚜렷한 증거는 없다. 하지만 가치투자 전략이 호경기와 불경기를 불문하고 수동적인 벤치마크 투자를 능가했다는 증거는 있다.

## 공식 발표, 승자는...

증거가 결정적이지는 않더라도 EBIT/EV가 전체 기간에 다른 모든 가격 지표를 능가한 것으로 나타난다. 특히 원형 수익률에서 두각을 드러냈다. EBIT/EV의 가치주 10분위 포트폴리오는 전체 기간에 걸쳐 연 14.55%를 기록했다. 모든 가치주 10분위가 시장을 능가했다. 개별 가격 지표가 주식을 선별하는 능력을 검토해봐도 EBIT/EV가 가치주와 인기주 사이에 가장 큰 스프레드인 7.45%p를 만들어내는 것을 확인할 수 있었다.

CAPM 알파로 가격 지표들을 조정해서 검토해도 여전히 EBIT/EV가 최고였다. 최고 10분위에 속하는 주식들로 통계적·경제적으로 유의미한 5.23%의 알파를 창출해냈다. 여기서는 EBITDA/EV와 BM, GP/EV 등도 좋은 성과를 냈다. 이익수익률과 FCF/EV의 알파가 가장 작았다.

EBIT/EV는 샤프지수와 소르티노지수를 이용한 위험조정수익률에서 빛을 발한다. 샤프지수는 0.58, 소르티노지수는 0.89를 기록했다.

EBIT/EV가 다양한 분석에 걸쳐 포괄적으로 가장 뛰어난 지표임은 분명하지만 다른 가격 지표들도 다시 볼 필요가 있다. 단 하나의 지표에 왕관을 씌워주기는 힘들지만 한 가지는 분명하다. 가치주 10분위 포트폴리오는 인기주 10분위 포트폴리오를 큰 폭으로 능가한다. 원형 수익률이든 위험조정 수익률이든 인기주 포트폴리오는 아주 안 좋은 투자처다. 우리 가격 지표들은 포트폴리오에 편입하려면 가치주가 훨씬 낫다고 말해준다.

# 정상이익과
# 결합 지표

주가는 장기 평균 수익보다는 당기순이익에
더 크게 영향을 받는 경향이 있다.
이는 주가가 큰 폭으로 등락하는 이유를 상당 부분 설명하는데,
반드시 그런 것은 아니지만 주가 등락은
대체로 수익 변동성과 궤를 같이한다.
재무제표에 나타나는 일시적 변화에 동조해
적정 주가 수준이 달라지는 것을 보면,
주식시장은 상당히 비합리적으로 움직이는 것이 틀림없다.
벤저민 그레이엄,《증권분석》(1934)

앞 장에서 우리는 제일 좋은 지표를 찾아내기 위해 개별 가격 지표의 1년 성과를 비교해보았다. 그 결과 EBIT/EV가 전체적으로 가장 좋은 지표임을 알게 되었지만 모든 분야에서 최고는 아니었다. 일례로 GP/EV가 원형 수익률과 위험조정수익률 분석에서 괄목할 만한 결과를 냈다.

이번 장에서는 복수의 가격 지표를 이용한 결합 지표의 성과를 알아보겠다. 성과 영역별로 개별 가격 지표를 능가할 결합 지표가 있는지 검토할 것이다. 결합 지표는 수익률과 위험 면에서 개별 가격 지표보다 더 나은 특성을 보여줄 수 있기 때문에 매력적이다. 이처럼 결합 방법을 통해 서로 다른 단일 가격 지표들을 새롭게 검토할 수 있다. 결합 지표를 이용해 가장 싼 주식을 찾다 보면 비정상적인 회계 때문에 어떤 가격 지표로는 싸 보이지만 다른 지표로는 비싼 주식을 피할 수도 있다. 나아가 상당 기간 동안 하나의 지표가 밑돌 때 다른 지표들이 만회할 수도 있다.

이번 장에서는 더 오랜 기간에 걸친 가격 지표들을 검토할 것이다. 앞 장에서는 모두 1년만 다루었다. 분석 기간으로 12개월만 이용하는 데는 위험이 따른다. 이처럼 짧은 수익 데이터를 사용하면 제대로 된 이익 창출력을 분석하지 못하고, 지난 12개월간 특이하게 많은 이익을 낸 주식에 주목하게 될지도 모른다. 또 장기 평균 이하로 수익성이 악화될 가능성이 높거나 경기 순환 주기 정점에 있는 주식을 선택할지도 모른다. 이를테면 석유나 가스 가격이 고공 행진할 때 관련 주식이 매력적으로 보이는 식이다. 퀄리티 지표도 좋아 보이고 최고점을 찍은 이익 대비 주가도 싸 보인다. 하지만 원자재 가격은 주기를 타기 마련이고, 석유나 가스 업체의 늘어난 이익은 전체 주기에 걸쳐 지속 가능하지 않다. 경기 순환 주기 최정점에서 이런 주식을 매수하는 것은 최고의 악수가 될 수 있다. 마찬가지로 경기 순환 주기 저점에서는 매력이 없어 보일 텐데, 다른 조건이 모두 동일하다면 정점보다는 저점에서 매수하는 것이 더 유리할 것이다.

《증권분석》에서 그레이엄은 당기순이익은 적정 주가를 평가하는 주된 근거가 되어서는 안 된다고 충고한다.

> 이것이 월가와 일반 투자자를 가르는 가장 중요한 경계선이다. 이 지점에서 투기적인 일반 대중은 확연히 어리석은 태도를 보인다. 그래서 논리적인 사고를 하는 사람에게는 수익 창출의 기회가 발생한다. 즉 일시적으로 이익이 감소해서 주가가 하락할 때 주식을 매수했다가 비정상적으로 이익이 증가해 주가가 급등할 때 매도할 기회가 생긴다.

그레이엄은 그런 오류를 피하고 이익 변동성을 활용하는 방안으로 '정상이익 창출 능력normalized earnings power'을 제안했다. 그는 이익의 5~10년 평균으로 정상이익 창출 능력을 계산하라고 권장했다. 로버트 실러Robert Shiller는 그레이엄의 생각을 발전시켜 물가 상승을 반영해 보정하고 10년 이상의 평균을 사용하라고 주장한다. 이처럼 장기간에 걸쳐 물가 상승 보정을 하면 정점에서의 이익은 낮아지고 저점에서의 이익은 높아져, 1년 데이터를 사용했을 때보다 한결 매끄러워진 이익의 평균값을 구할 수 있다. 이번 장에서 우리는 장기 및 결합 가격 지표를 분석한 후 1년을 대상으로 한 지표들에 비해 얼마나 예측력이 개선되었는지 검토할 것이다. 분석 방법은 앞 장과 동일하다.

## 정상이익 창출 능력

《증권분석》에서 그레이엄은 당기순이익 말고 '정상이익'을 사용하라고 주장하면서 "이익은 최소 5년, 가능하면 7~10년" 기간의 것을 사용하라고 했다. 그레이엄은 '정상이익'을 통해 호경기엔 좋아지고 불경기엔 악화되는 이익에 대한 경기 순환 주기의 영향을 보정하려고 했다. 여기에는 호경기와 불경기의 극단적인 수익이 기업의 '정상이익' 창출 능력을 제대로 반영하지 않는다는 생각이 깔려 있다. 이익은 평균으로 회귀하는 경향이 있기 때문에, 정점의 이익은 덜 매력적으로, 저점의 이익은 더 매력적으로 만들 필요가 있다. 경기 순환 주기 전체에 걸친 이익의 평균을 구하면 이를 달성할 수 있다. 경기 순환 주기가 얼마일지 알 수 없으므로 그레이엄은 5~10년을 추천했다.

닷컴 버블의 과열을 경고하기 위해 미국 연준 의장 앨런 그린스펀Alan Greenspan이 1996년 사용했던 용어를 제목으로 차용한 책《비이성적 과열 Irrational Exuberance》의 저자 로버트 실러는 존 캠벨과 함께, 당기순이익을 PER의 분모로 사용하면 소음이 지나치게 발생한다고 주장했다.[1] 두 사람은 가격 지표가 지나친 쏠림 현상을 보인다면 가격 지표를 정상적인 수준으로 돌려놓는 방향으로 분자나 분모가 움직이는 수밖에 없다고 한다. 예를 들어 고PER(즉 낮은 이익수익률)은 이익 대비 주가가 지나치게 높은 상태라서, 이익이 비정상적으로 증가하든지 주가가 하락할 것으로 예고한다는 의미다. 이를 보완한 2001년 논문에서 "비정상적인 이익의 증가 혹은 주가의 하락 중 일어날 가능성은 어느 쪽이 더 큰가?"를 논했다.[2] 두 사람은 PER이 높아졌기 때문에 이익이 증가할 확률은 거의 없으며, 대개 주가가 하락해서 PER이 정상화되기 마련이라고 했다. 두 사람은 기업의 이익 창출 능력은 '일시적'보다는 '꾸준한' 이익에 의해 잘 포착된다고 했다. 다시 말해 단기 평균이 아니라 장기 평균으로 잘 알 수 있다는 이야기다. 실러는 10년 평균을 권장했다.

2006년 레딩 대학교 ICMA 센터의 키스 앤더슨과 시티 대학교 카스 경영대학원의 크리스 브룩스는 1975~2003년 동안 영국 주식시장의 장기 PER을 연구한 논문을 발표했다.[3] 두 사람은 당기순이익 대신 당기순이익의 8년 평균을 사용한 결과 가치주와 인기주의 수익률 스프레드가 연 6%p임을 발견했다. 우리는 당기순이익의 '정상화'를 위해 장기 평균 가격 지표를 사용하면 적정 주가 수준 여부를 평가하는 신호에서 소음을 줄임으로써 가격 지표의 미래 예측력을 개선할 수 있다는 주장을 검증해보려고 한다.

### 장기 평균 가격 지표 연구

개별 장기 평균 가격 지표는 연구 대상이 되는 모든 해의 분자를 더하고 햇수로 나누어 구한 평균값을 가장 최근의 분모 값으로 나눠서 구한다. 앞장에서 본 1년짜리 가격 지표는 분자와 분모 모두 현재의 값을 사용했다. 예를 들어 8년짜리 EBITDA/EV는 현재의 값을 포함한 지난 8년 동안의 EBITDA 평균을 구한 후 해당 주식의 현재 EV로 나눠서 구한다. 공식은 다음과 같다.

$$\frac{\text{EBITDA}}{\text{EV}_n} = \frac{\dfrac{\sum_{j=1}^{n}\text{EBITDA}}{n}}{\text{EV}}$$

EBITDA$_j$ = j년 동안의 EBITDA 평균

n = 연수

가격 지표별로 유니버스를 분류해서 가치주 10분위 포트폴리오(가장 저렴한 주식 10%)와 인기주 10분위 포트폴리오(가장 비싼 주식 10%)를 구성한다.

결과는 표 8.1에 나와 있다. 각 열의 제목은 서로 다른 햇수에 걸쳐 계산한 장기 값이다. 왼쪽에서 오른쪽으로 갈수록 개별 가격 지표의 펀더멘털 데이터가 1년씩 늘어난다. 예를 들어 첫 번째 열은 앞 장에서 본 1년 가격 지표들이다. 두 번째 열은 제1년도와 제2년도 분자들의 평균값을 제1년도 분모로 나눈 것이다. 세 번째 열은 제1년도와 제2년도, 제3년도 분자들의 평균값을 제1년도 분모로 나눈 것이다. 개별 가격 지표에서 최고를 기록한 값은 굵은 글씨로 강조했다.

'정상화', 즉 분자에 평균값을 사용하면 몇몇 가격 지표의 예측력이 개선되는 것은 맞지만 결과가 결정적이지는 않다. 정상화된 가격 지표가 1년짜리 가격 지표나 여러 해의 평균을 사용한 가격 지표를 지속적으로 능가하지는 않는다. 더구나 가치 프리미엄(가치 10분위와 인기 10분위 간의 수익률 차이)이 지속적으로 더 큰 경우가 따로 있지도 않다. 얼핏 보면 스프레드 분포는 무작위로 보인다. 앤더슨과 브룩스는 영국 주식시장을 대상으로 장기 평균 가격 지표를 사용하면 가치주와 인기주 간의 스프레드를 연 6%p 개선할 수 있었다는 결과를 냈는데, 우리는 같은 결과를 얻지 못했다. 오히려 정상화된 평균값이 몇 해에 걸쳐 있건 가치주와 인기주 간의 스프레드가 매우 비슷함을 발견했다. 우리 결과는 소형주와 유동성이 떨어지는 주식을 대상으로 장기 평균 가격 지표를 연구한 그레이와 보겔의 최근 논문 결과와 대체로 일치한다.[4] 그레이와 보겔은 장기 평균 가격 지표가 1년짜리 가격 지표의 예측력 개선에 별로 도움이 되지 않는다고 결론지었다.

장기 평균 가격 지표가 역사적으로 보면 조금 더 나은 성과를 거뒀다는 약한 증거를 발견하긴 했지만 우리는 이런 결과를 어느 정도 감안해서 받

표 8.1 — 장기 평균 가격 지표의 성과(1972~2011)　　　　　　(단위: %)

| S&P 500 | | | | 9.95 | | | | |
|---|---|---|---|---|---|---|---|---|
| | 1년 | 2년 | 3년 | 4년 | 5년 | 6년 | 7년 | 8년 |
| 가치주 포트폴리오 | | | | | | | | |
| 이익수익률 | 13.24 | 12.55 | 12.67 | 13.24 | 14.24 | 14.19 | **14.85** | 14.35 |
| EBITDA/EV | 14.72 | 14.96 | 14.88 | **15.16** | 14.93 | 14.68 | 14.35 | 14.02 |
| EBIT/EV | **15.53** | 14.26 | 14.38 | 14.75 | 14.82 | 14.32 | 13.79 | 13.34 |
| FCF/EV | 12.24 | 11.63 | 12.00 | **12.86** | 12.26 | 12.17 | 12.29 | 12.26 |
| GP/EV | 13.59 | 14.04 | **14.70** | 14.42 | 14.68 | 14.41 | 13.87 | 13.93 |
| BM | 13.79 | 13.65 | 13.99 | 14.28 | 14.85 | 15.57 | 15.61 | **15.79** |
| 인기주 포트폴리오 | | | | | | | | |
| 이익수익률 | 7.09 | 7.68 | **8.47** | 8.37 | 8.13 | 7.49 | 6.42 | 7.38 |
| EBITDA/EV | 6.92 | 6.96 | 7.11 | 7.74 | **8.24** | 7.91 | 7.79 | 7.76 |
| EBIT/EV | 6.71 | 6.42 | 6.36 | 6.58 | 6.85 | 6.46 | 6.93 | 6.98 |
| FCF/EV | 9.94 | **10.61** | 10.24 | 9.80 | 9.54 | 9.14 | 9.61 | 9.70 |
| GP/EV | 7.02 | **7.46** | 6.85 | 6.77 | 6.89 | 6.92 | 6.76 | 6.64 |
| BM | 8.26 | 7.95 | **8.27** | 7.96 | 7.49 | 7.09 | 6.92 | 6.67 |
| 스프레드(가치주-인기주) | | | | | | | | |
| 이익수익률 | 6.15 | 4.87 | 4.20 | 4.87 | 6.11 | 6.70 | **8.43** | 6.97 |
| EBITDA/EV | 7.80 | **8.00** | 7.77 | 7.42 | 6.69 | 6.77 | 6.56 | 6.26 |
| EBIT/EV | **8.82** | 7.84 | 8.02 | 8.17 | 7.97 | 7.86 | 6.86 | 6.36 |
| FCF/EV | 2.30 | 1.02 | 1.76 | **3.06** | 2.72 | 3.03 | 2.68 | 2.56 |
| GP/EV | 6.57 | 6.58 | **7.85** | 7.65 | 7.79 | 7.49 | 7.11 | 7.29 |
| BM | 5.53 | 5.70 | 5.72 | 6.32 | 7.36 | 8.48 | 8.69 | **9.12** |

아들이기로 한다. 데이터가 일관되지 않을뿐더러 개별 논문들 사이에 어느 정도 이견이 있기 때문이다. 경험적으로 볼 때 장기 평균 가격 지표를 사용하면 가격 지표의 예측력을 조금은 개선할 수 있지만 그렇게 대단하지는 않다.

## 전체가 부분의 합보다 큰가?

제임스 오쇼너시James O'Shaughnessy는 자신의 저서 《What Works on Wall Street월가에서 통하는 지표》 4판에서 결합 지표를 사용할 것을 제안했다.[5] 시바 네이션, 쿠마르 시바쿠마르, 자야라만 비자야쿠마르가 2001년 발표한 논문 'PER과 PSR에 근거한 트레이딩 전략의 수익률'[6]을 읽은 오쇼너시는 가격 지표를 결합해보자는 아이디어를 우연히 떠올리게 되었다. 위 논문에서 저자 3명은 PER과 PSR을 결합한 순위로 선별한 주식 투자 전략의 수익률을 검토했다. 1990~1996년 데이터를 활용해 만든 5분위 포트폴리오를 매년 리밸런싱하는 방법으로 결합된 가격 지표를 시험한 것이다. 그 결과 PER과 PSR이 모두 낮은 가치주 5분위 포트폴리오가 연 1.36%의 초과이익을 창출하는 것을 발견할 수 있었다. 반면 PER과 PSR이 모두 높은 인기주 5분위 포트폴리오는 시장을 무려 연 27.53% 밑돌았다. 두 포트폴리오 간 스프레드인 가치 프리미엄은 엄청나게도 연 28.89%p[1.36%-(-27.53%) = 28.89%]였다. 놀라운 결과지만 전략을 검증하기에는 연구 대상으로 삼은 기간이 너무 짧았다. 그러나 가격 지표를 결합하니 개별 가격 지표를 모두 능가했다는 사실에 눈길이 간다.

논문에 따르면 PER이 낮은 가치주 포트폴리오는 시장을 연 2.54% 밑돈 반면 인기주 포트폴리오는 연 8.14% 밑돌아 5.60%p의 스프레드를 기록했다. 한편 PSR에 따른 가치주 포트폴리오는 시장을 연 5.34% 능가한 반면 인기주 포트폴리오는 시장을 연 21.07% 밑돌아 26.41%p의 스프레드를 기록했다. 주목할 것은 가치주 포트폴리오와 인기주 포트폴리오 간의 차이인 가치 프리미엄이 PER에서는 5.60%p, PSR에서는 26.41%p로, 가격 지표를 결합했을 때의 28.89%p보다 못하다는 사실이다. 우리의 관심을 끄는 것은 수익률 자체보다 결합 지표가 보여주는 종목 선정 능력이다. 보다시피 결합 지표의 선정 능력이 개별 가격 지표보다 낫다.

오쇼너시는 다른 가격 지표들로 구성한 결합 지표들을 시험한 결과 결합 지표들이 최고의 개별 가격 지표를 능가함을 알게 되었다. 결합은 가능성이 아주 많은 아이디어다. 결합 지표는 구성하는 개별 가격 지표 덕분에 다양성을 갖는다. 최고의 가격 지표라 해도 가끔은 밑돌 때가 있기 마련이다. 위에 언급한 논문에서 알 수 있듯이 PSR에 따른 가치주 포트폴리오가 시장을 큰 차이로 능가하는 동안, PER은 PSR은 물론 시장도 밑도는 성과를 보였다. 결합 지표를 사용하면 투자자가 뒤처지는 가격 지표 하나에 발목 잡히는 경우를 줄일 수 있다. 오쇼너시가 1964~2009년 동안 10년 이동평균값을 대상으로 분석한 결과 결합 지표를 이용해 구성한 포트폴리오들이 개별 가격 지표로 구성한 포트폴리오를 능가하는 비율이 82%에 달했다. 특정 가격 지표가 장기에 걸쳐 뛰어난 성과를 낼 수도 있지만 결합 지표는 포트폴리오가 꾸준히 시장을 능가할 가능성을 높여준다. 다음으로는 우리의 결합 지표들이 어떤 성과를 냈는지 살펴보겠다. 최고 성과를 낸 결합 지표를 알아내기 위해 포괄적인 실험을 수행했는데 약간은 놀라운 결과를 얻었다.

## 우리의 결합 지표 분석

이제 결합 지표의 성과를 1972~2010년에 걸쳐 살펴보겠다.7 우리 연구는 2개 부분으로 나뉜다. 첫째, 모든 개별 가격 지표로 구성한 결합 지표를 검토한다. 둘째, 가장 좋아 보이는 가격 지표들로 구성한 결합 지표를 검토한다. 우선 개별 가격 지표에 따라 우리 투자 유니버스에 속한 주식들에 순위를 매김으로써 결합 지표를 계산한다. 예를 들어 1년짜리 EBIT/EV와 1년짜리 이익수익률, 5년짜리 GP/EV로 구성된 결합 지표를 시험하고자 한다면 각각의 주식이 이들 3개 가격 지표에서 차지하는 순위를 계산한다. 그런 다음 이들 3개 순위를 모두 더한 결합 순위에 따라 다시 순위를 정한다. 예를 들어 총 2,000개 주식으로 구성된 투자 유니버스가 있다고 하자. 주식 XYZ가 1년짜리 EBIT/EV에서 50등, 1년짜리 이익수익률에서 200등, 5년짜리 GP/EV에서 1,500등을 차지했을 경우 주식 XYZ의 결합 순위는 1,750등 (50+200+1,500)이 된다. 이렇게 매긴 순위로 모든 주식을 다시 정렬한다. 숫자가 작을수록 좋다. XYZ주식은 EBIT/EV에서는 2,000개 주식 중 50등을 차지할 정도로 상위에 있지만 결합 순위는 중간에 머문다. 5년짜리 GP/EV 순위가 안 좋았기 때문이다. 결합 순위의 장점은 주식이 '염가'인지를 다양한 각도에서 검토할 수 있다는 점이다. 단점은 결과를 제대로 계산하려면 데이터를 좀 더 만져야 해서 최종 계산이 더 복잡해진다는 점이다.

## 모든 지표를 종합한 결합 지표

여기서는 결합 지표 3개를 살펴보겠다.

- 결합 지표(1년): 개별 가격 지표(이익수익률, EBITDA/EV, EBIT/EV, FCF/EV, GP/EV, BM)의 1년 순위를 평균한 것

- 결합 지표(5년): 개별 가격 지표의 5년 평균에 따른 순위를 평균한 것
- 종합 지표: 모든 가격 지표의 1년 및 5년 순위를 평균한 것

그림 8.1은 결합 및 종합 지표의 수익률을 단적으로 보여준다.

표 8.2는 결합 및 종합 지표의 가치주 10분위로 구성한 포트폴리오의 성과를 보여준다. 이 표를 보면 결합 및 종합 지표를 통해 탁월한 성과가 가능함을 알 수 있다. 예를 들어 종합 지표 포트폴리오는 수익률이 연 14.96%여서 S&P500을 상당한 차이로 능가했고, 다른 결합 지표들 역시 작은 차이지만 능가한다. 결합 지표(1년)이 CAGR이 높고 CAGR(5)와 CAGR(10)도 가장 높게 나왔기 때문에 제일 좋은 결합 지표라고 할 수 있다. 이 지표가 결합 지표(5년)을 53.92%의 승률로 이긴다. 1년과 5년 순위를 모두 합친 종합 지표 역시 뛰어난 성과를 보여주는데 샤프지수가 제일 크고 MDD가

**그림 8.1** — 결합 및 종합 지표의 성과(1972~2011)

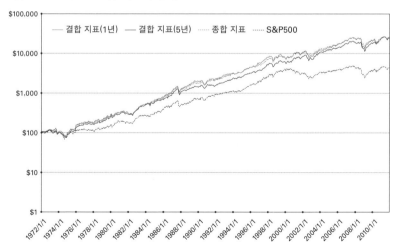

원금 100달러의 평가액(로그 척도)

표 8.2 — 결합 및 종합 지표의 성과(1972~2011)

| | 결합 지표(1년) | 결합 지표(5년) | 종합 지표 | S&P500 |
|---|---|---|---|---|
| CAGR(%) | 14.88 | 14.81 | 14.96 | 9.95 |
| 표준편차(%) | 17.58 | 16.44 | 16.52 | 15.66 |
| 하방편차(%) | 13.35 | 11.65 | 12.07 | 11.12 |
| 샤프지수 | 0.58 | 0.60 | 0.61 | 0.35 |
| 소르티노지수(MAR=5%) | 0.79 | 0.88 | 0.86 | 0.52 |
| MDD(%) | -48.43 | -45.77 | -43.28 | -50.21 |
| 월간 최저 수익률(%) | -22.05 | -18.63 | -18.61 | -21.58 |
| 월간 최고 수익률(%) | 20.36 | 18.49 | 19.05 | 16.81 |
| 수익월 비율(%) | 65.21 | 65.63 | 65.00 | 60.42 |
| CAGR(5) 승률(%) | - | 53.92 | 58.67 | 90.97 |
| CAGR(10) 승률(%) | - | 54.02 | 49.58 | 91.97 |

제일 작다. 그림 8.2(a)와 그림 8.2(b)는 1972~2011년 동안 종합 지표의 5년 및 10년 보유 수익률을 보여준다. 결합 지표 모두가 경쟁력 있는 성과를 보여주지만 결합 지표(1년)이 5년 및 10년 보유 기간에 가장 높은 승률을 보인다. 1990년대 후반의 인터넷 버블 시기 동안에만 반짝한 S&P500은 모든 가격 지표에 뒤처지는 영원한 패자임이 명백히 드러난다.

표 8.3은 최고의 성과를 거둔 결합 지표에서 각각 가치주와 인기주 10분위가 거둔 성과를 요약했다. 즉 1972~2011년 결합 지표(1년)과 종합 지표의 가치주 및 인기주 10분위 성과표다. 2개 지표 모두 투자 유니버스를 '우량'과 '불량'으로 나누는 데 탁월하다. 결합 지표(1년)과 종합 지표의 CAGR 스프레드는 각각 7.73%p와 7.85%p다. 표 8.1에 있는 다양한 1년짜리 개별 가격 지표의 스프레드에 비해 경쟁력 있음을 알 수 있다.

Part 4. 싼 주식을 찾는 법

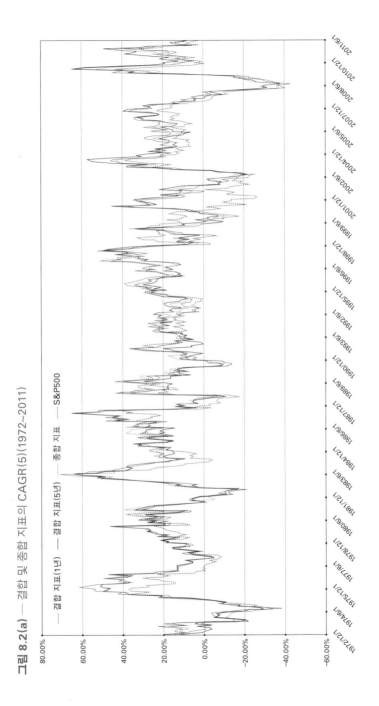

그림 8.2(a) — 결합 및 종합 지표의 CAGR(5)(1972~2011)

결합 지표(1년) — 결합 지표(5년) ······ 종합 지표 ----- S&P500

**그림 8.2(b)** — 결합 및 종합 지표의 CAGR(10)(1972~2011)

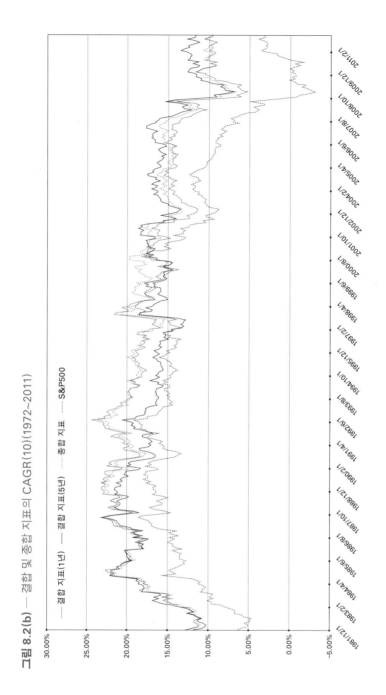

— 결합 지표(1년)  — 결합 지표(5년)  ······· 종합 지표  ----- S&P500

Part 4. 싼 주식을 찾는 법

표 8.3 ― 최상 및 최하 10분위 결합 지표(1972~2011)

| | 결합 지표<br>(1년, 가치주) | 결합 지표<br>(1년, 인기주) | 종합 지표<br>가치주 | 종합 지표<br>인기주 |
|---|---|---|---|---|
| CAGR(%) | 14.81 | 7.08 | 14.96 | 7.11 |
| 표준편차(%) | 16.44 | 22.50 | 16.52 | 22.16 |
| 하방편차(%) | 11.65 | 16.83 | 12.07 | 16.24 |
| 샤프지수 | 0.60 | 0.18 | 0.61 | 0.18 |
| 소르티노지수(MAR=5%) | 0.88 | 0.27 | 0.86 | 0.27 |
| MDD(%) | -45.77 | -77.42 | -43.28 | -77.52 |
| 월간 최저 수익률(%) | -18.63 | -33.24 | -18.61 | -30.74 |
| 월간 최고 수익률(%) | 18.49 | 23.68 | 19.05 | 23.91 |
| 수익월 비율(%) | 65.63 | 56.67 | 65.00 | 58.33 |

### '최우수' 지표들로 만든 결합 지표들

7장과 8장 앞부분을 통해 개별 가격 지표로는 EBIT/EV와 GP/EV, 이익 수익률이 주식을 선별하는 데 가장 좋다는 것을 알게 되었다. 이제 이보다 처지는 가격 지표들을 제외하고 이들 3개 가격 지표와 종합 지표를 비교하 겠다. 아래에 열거하는 '최우수' 결합 지표에 집중하자.

- 최우수 결합 지표(1년): 3개 가격 지표(이익수익률, EBIT/EV, GP/EV) 의 1년 순위를 평균한 것
- 최우수 결합 지표(5년): 3개 가격 지표의 5년 평균에 따른 순위를 평 균한 것
- 최우수 종합 지표: 3개 가격 지표의 1년 및 5년 순위를 평균한 것

그림 8.3은 최우수 결합 지표의 성과를 단적으로 보여준다.

표 8.4는 최우수 결합 가격 지표가 거둔 성과를 나타낸다. 가장 성과가 좋은 것은 최우수 종합 지표로서 이익수익률, EBIT/EV, GP/EV의 1년 및 5년 순위를 결합한 것이다. 이 지표는 CAGR과 위험조정수익률 모두 최고를 기록했고, 다른 지표들에 비해 5년 및 10년 보유 기간 동안에도 상당히 좋은 승률을 보여준다.

표 8.5는 최고의 성과를 거둔 '최우수' 결합 지표에서 각각 가치주와 인기주 10분위가 거둔 성과를 요약해서 보여준다. 즉 1972~2011년 동안 최우수 결합 지표(5년)과 최우수 종합 지표의 가치주 및 인기주 10분위 성과다. 최우수 결합 지표(5년)과 최우수 종합 지표의 CAGR 스프레드는 각각 8.15%p와 8.28%p다. 최우수 결합 지표(5년)이 옥석을 가리는 데 특히 유용한 것을 알 수 있다.

**그림 8.3** ─ 최우수 결합 및 종합 지표 성과(1972~2011)

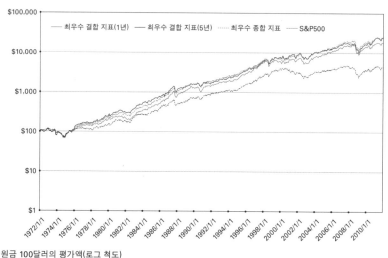

원금 100달러의 평가액(로그 척도)

Part 4. 싼 주식을 찾는 법

**표 8.4** — 최우수 결합 및 종합 지표 성과(1972~2011)

| | 최우수<br>결합 지표<br>(1년) | 최우수<br>결합 지표<br>(5년) | 최우수<br>종합 지표 | S&P500 |
|---|---|---|---|---|
| CAGR(%) | 13.97 | 14.79 | 14.89 | 9.95 |
| 표준편차(%) | 18.00 | 17.26 | 17.36 | 15.66 |
| 하방편차(%) | 13.51 | 12.39 | 12.87 | 11.12 |
| 샤프지수 | 0.53 | 0.58 | 0.58 | 0.35 |
| 소르티노지수(MAR=5%) | 0.72 | 0.84 | 0.81 | 0.52 |
| MDD(%) | -45.20 | -43.34 | -43.13 | -50.21 |
| 월간 최저 수익률(%) | -21.59 | -19.52 | -20.76 | -21.58 |
| 월간 최고 수익률(%) | 21.23 | 21.37 | 21.12 | 16.81 |
| 수익월 비율(%) | 63.13 | 63.96 | 65.63 | 60.42 |
| CAGR(5) 승률(%) | - | 51.54 | 29.93 | 82.42 |
| CAGR(10) 승률(%) | - | 46.26 | 32.96 | 93.07 |

**표 8.5** — 최우수 결합 및 종합 지표의 가치주 및 인기주 10분위 성과(1972~2011)

| | 최우수<br>종합 지표<br>(가치주) | 최우수<br>종합 지표<br>(인기주) | 최우수<br>결합 지표<br>(5년, 가치주) | 최우수<br>결합 지표<br>(5년, 인기주) |
|---|---|---|---|---|
| CAGR(%) | 14.89 | 6.61 | 14.79 | 6.64 |
| 표준편차(%) | 17.36 | 22.46 | 17.26 | 23.13 |
| 하방편차(%) | 12.87 | 16.51 | 12.39 | 17.15 |
| 샤프지수 | 0.58 | 0.16 | 0.58 | 0.17 |
| 소르티노지수(MAR=5%) | 0.81 | 0.24 | 0.84 | 0.25 |
| MDD(%) | -43.13 | -76.64 | -43.34 | -80.49 |
| 월간 최저 수익률(%) | -20.76 | -33.01 | -19.52 | -34.34 |
| 월간 최고 수익률(%) | 21.12 | 23.46 | 21.37 | 23.16 |
| 수익월 비율(%) | 65.63 | 57.71 | 63.96 | 57.08 |

### '결합' 시합의 승자는?

표 8.6은 개별 가격 지표의 승자인 EBIT/EV와 최우수 결합 지표들을 비교한 것이다. 결과가 솔직히 당황스럽다. 가격 지표를 가능한 한 모든 방법으로 분해하고 조립했음에도 불구하고 결국 EBIT/EV가 승자로 판명된 것이다. 계산이 복잡하고 실제로 적용하기가 어려운 것을 감안하면 더욱 그렇다. EBIT/EV가 다른 가격 지표 모두에 비해 최상의 CAGR과 위험조정 수익률을 기록했을 뿐 아니라 가장 낮은 MDD를 보여주었다. 조엘 그린블라트가 MF에 사용할 가격 지표를 제대로 고른 것이다. 덕분에 수많은 가격 지표를 백테스트하는 수고를 건너뛸 수 있었다.

그림 8.4(a)와 8.4(b)는 가장 우수한 성과를 낸 결합 및 종합 지표들의 CAGR(5)와 CAGR(10)을 보여준다. 이 그림들에서 알 수 있듯이 가격 지표

**표 8.6** ─ 최우수 결합 및 종합 지표 성과(1972~2011)

|  | 결합 지표 (5년) | 종합 지표 | 최우수 종합 지표 | EBIT/EV |
|---|---|---|---|---|
| CAGR(%) | 14.79 | 14.96 | 14.89 | 15.53 |
| 표준편차(%) | 17.26 | 16.52 | 17.36 | 17.35 |
| 하방편차(%) | 12.39 | 12.07 | 12.87 | 11.96 |
| 샤프지수 | 0.58 | 0.61 | 0.58 | 0.62 |
| 소르티노지수(MAR=5%) | 0.84 | 0.86 | 0.81 | 0.92 |
| MDD(%) | -43.34 | -43.28 | -43.13 | -37.25 |
| 월간 최저 수익률(%) | -19.52 | -18.61 | -20.76 | -18.43 |
| 월간 최고 수익률(%) | 21.37 | 19.05 | 21.12 | 17.21 |
| 수익월 비율(%) | 63.96 | 65.00 | 65.63 | 62.71 |

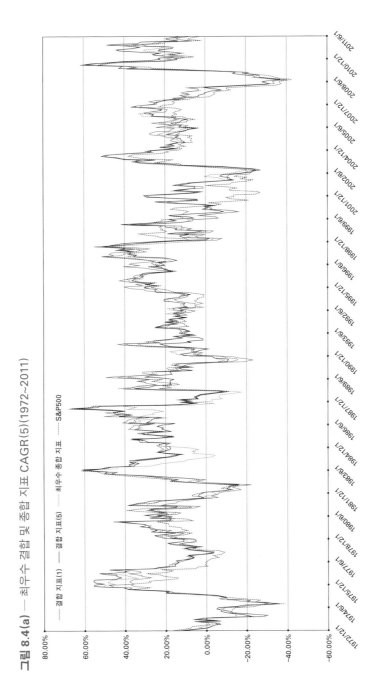

**그림 8.4(a)** — 최우수 결합 및 종합 지표 CAGR(5)(1972~2011)

결합 지표(1) ── 결합 지표(5) ⋯⋯ 최우수 종합 지표 ── S&P500

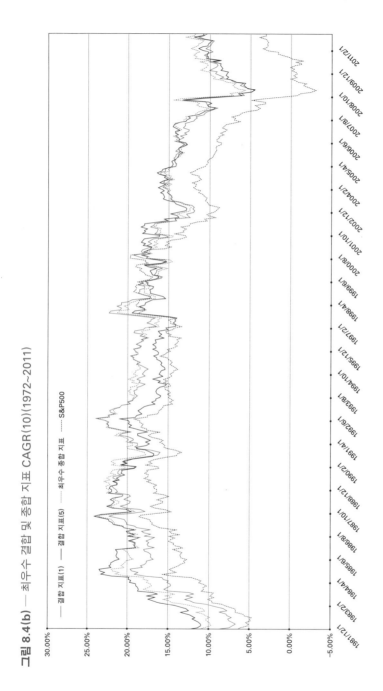

**그림 8.4(b)** — 최우수 결합 및 종합 지표 CAGR(10)(1972~2011)

결합 지표(1) —— 결합 지표(5) ······ 최우수 종합 지표 ------ S&P500

Part 4. 싼 주식을 찾는 법

들 간의 시합은 치열했다. 모든 보유 기간에서 EBIT/EV가 최고의 성과를 냈다. 표본 기간의 전반부에서는 결합 지표들이 더 나았지만, EBIT/EV가 성과 면에서 약간의 우위를 보인다. 계산의 용이함을 감안한다면 약간의 우위만 있어도 EBIT/EV를 최고로 인정하기에 충분하다.

8장에서는 7장에서 다룬 1년짜리 개별 가격 지표를 개선할 수 있는지 알아보기 위해 가격 지표를 해석하는 다른 시각을 검토했다. 먼저 지난 1년간의 이익보다 '정상이익'이 낫다는 그레이엄의 충고가 맞는지 확인하기 위해 장기 평균 가격 지표들을 살펴보았다. 그 결과 그레이엄의 말이 옳다는 몇 가지 증거를 찾을 수 있었다. CAGR 면에서 5년짜리 가격 지표가 1년짜리 가격 지표보다 약간 나았던 것이다. 그러나 불행히도 증거가 너무 약하다. 스프레드 분석을 보면 5년짜리 지표가 1년짜리보다 낫다는 주장을 할 수 없다. 1년 및 수년에 걸친 가치 프리미엄을 모두 비교해도 5년짜리가 더 낫다는 증거를 찾을 수 없었고 결과는 무작위, 즉 우연인 것 같다. 우리는 앤더슨과 브룩스가 영국 주식시장을 대상으로 장기 가격 지표를 사용하면 가치주와 인기주 간의 스프레드를 연 6%p 개선할 수 있었다는 결과와 일치하는 결과를 얻을 수 없었다. 오히려 장기 평균 가격 지표가 1년짜리 가격 지표의 예측력 개선에 별로 도움 되지 않는다는 그레이와 보겔의 최신 연구 결과와 궤를 같이한다.

또한 개별 가격 지표의 최고봉인 EBIT/EV를 능가하는 결합 지표가 있는지 알아보기 위해 다양한 결합 지표를 살펴보았다. 벼를 타작하듯 데이터를 수없이 두드리며 단기 및 장기에 걸쳐 여러 가격 지표를 이렇게도 결합해보고 저렇게도 결합해보았지만 확실한 승자를 찾을 수 없었다. 5년 및 10년 보유 기간으로는 표본 기간의 전반부에서 결합 지표들이 EBIT/EV를 약간 능가했다는 약한 증거들이 있지만 1년짜리 EBIT/EV를 능가하는 결합 지표가 있다는 확실한 증거는 찾을 수 없었다.

우리는 보편적으로 사용하는 가격 지표를 능가할 장기 평균 혹은 결합 지표를 찾을 수 있을 거라고 기대했다. 5년짜리 가격 지표가 미미하나마 개선할 수 있다는 약한 증거가 있지만 다른 분석과는 일관되지 않아 신뢰가 안 간다. 이런 결과 때문에 어깨가 약간 처지긴 했지만 장기적 관점으로 시장을 능가하는 가치주를 매수하는 게 옳다는 확신은 그 어느 때보다 더 커졌다. 어떤 가격 지표를 사용하든 마찬가지다.

알버트 아인슈타인Albert Einstein은 이런 말을 했다. "뭔가를 더 크고 더 복잡하고 더 요란하게 만드는 건 어떤 똑똑한 바보라도 할 수 있다. 하지만 그 반대 방향으로 가려면 엄청난 용기와 천재의 손길이 있어야만 한다." 이 것이 메시지인 것 같다. 우리 연구 결과가 일관되진 않지만 한 가지는 분명하다. 1년짜리 EBIT/EV가 통하고, 장기 평균 혹은 결합 지표는 쓸모없다는 점이다. 더욱이 계산의 용이함을 감안하면 승자는 분명해진다.

이제 퀄리티와 가격 검증이 끝났으니 투자 체크리스트의 마지막 단계로 갈 수 있다. 우리의 밸류에이션 기법을 확증하는 신호를 보내는 주식을 찾아내는 일이다. 5부에서는 시장을 능가할 것으로 예상되는 주식을 찾아내기 위해 시장 참가자들이 보내는 각종 신호를 살펴보기로 한다. 자사주 매입과 내부자 매수, 주주행동주의, 기관투자가, 공매도 등을 살펴볼 것이다.

# 확실한 신호를
# 잡는 법

여기서는 다른 시장 참가자들이 보내는 신호를 살펴보기로 한다. 자사주 매입과 내부자 매수, 공매도뿐만 아니라 행동주의 펀드매니저나 다른 기관투자가들이 매매하면서 보내는 신호를 분석하겠다. 예측력이 가장 좋은 신호를 찾아내기 위해 논문과 데이터를 검토할 것이다. 우리가 실시한 퀄리티와 가격의 분석을 확증하거나 특정 종목이 저평가되었다는 우리의 이론을 확인하기 위해, 또는 잠재적인 문제를 찾아내기 위해 여러 신호를 활용할 수 있다.

# 스마트 머니가 보내는 신호를 좇아라

"우리가 큰 비중으로 투자하고 있는 기업들은 모두 주가와 내재가치 간에 큰 괴리가 있을 때 대대적인 자사주 매입을 단행했습니다. 이런 행동에 대해 주주로서 매우 고무적이고 보상받는 일이라고 생각하는 중요한 이유 2가지가 있습니다. 하나는 분명하지만 다른 하나는 미묘하기 때문에 늘 당연시되지는 않습니다. 자명한 이유는 기초적인 산수와 관련이 있는데, 내재가치보다 현저하게 낮은 가격으로 자사주를 매입하는 즉시, 그것도 상당히 주주가치를 높여준다는 점입니다. (중략) 정밀하게 측정하기는 어렵지만 시간이 지나면 마찬가지로 충분하게 중요하다고 볼 수 있는 자사주 매입의 또 다른 혜택이 있습니다. 내재가치보다 주가가 현저하게 낮을 때 자사주를 매입하는 행위는 주주의 이익과는 상관없이 심지어 주주의 이익을 해치면서까지 경영진이 자신의 영역 확대에 몰두하는 모습이 아니라, 주주의 부를 증식시켜줄 행동에 경영진이 집중하고 있는 모습을 보여주는 명백한 사례입니다."

**워런 버핏, 주주서한, 1984년**

헨리 싱글턴Henry Singleton은 2가지 점에서 유명하다. 첫째는 맨손으로 텔레다인Teledyne을 설립해 미국에서 가장 성공적이고 수익성 높은 주식으로 만들어놓고 29년 뒤 경영에서 물러난 업적이고, 둘째는 "전통적인 기업 관행 대부분을 거의 오만할 정도로 경멸"했던 태도다.[1] 버핏은 싱글턴을 '경영의 슈퍼 스타'로 묘사하면서[2], 그가 "미국 기업 사상 최고의 기업 경영 능력과 자본 운용 기록을 보유했다"고 칭찬했다.[3] 세계 최고의 자본 운용가인 버핏의 입에서 나왔다는 것을 감안하면 굉장한 칭찬임에 틀림없다.

싱글턴은 텔레다인을 1960년에 단돈 22만 5,000달러로 설립했다. 그리고 월가의 상황에 맞추어 자본 운용 전략을 계속 바꿔가며 대응했다. 기업의 덩치가 중요하던 복합기업의 시대에는 텔레다인의 치솟는 주가를 활용해 헐값에 인수 합병에 나서 EPS를 끌어올렸다. 1970년대에 주가가 하락하자 텔레다인이 저평가되었다고 보고 점진적이고 지속적으로 자사주를 매입했다. 1979년, 경제지 〈포브스〉에 싱글턴의 다음과 같은 말이 실렸다.[4]

> 1972년 10월에 자사주 100만 주를 공개 매수 방식으로 매입하겠다고 공시하자 무려 890만 주의 신청이 들어왔다. 신청 수량 전량을 주당 20달러에 매입하면서, 다시는 발생하지 않을 만한 행운이라고 생각했다. 하지만 주가는 올라가기는커녕 떨어지기만 했다. 우리는 계속해서 공개 매수를 했고 주당 14달러이던 것이 나중에는 주식 하나와 채권 둘을 맞바꾸는 스와프(swap)를 하기에 이르렀다. 주식 공개 매수가 끝날 때마다 주가가 떨어졌고 우리는 또다시 공개 매수를 했으며 그러면 또다시 주식이 봇물처럼 밀려들었다. 그리고 나서도 공개 매수를 두 번 더 했다. 한 번은 18달러에, 또 한 번은 40달러에. (중략) 나는 주식시장의 타이밍이 어쩌고 하는 헛소리를 믿지 않는다. 그저 내재가치가 훌륭하다면 매수하고 기다려라. 때가 되면 시장에서 내재가치를 인정받게 되어 있다.

주가가 싸다고 싱글턴이 보낸 신호를 예의 주시한 투자자들은 심마니처럼 한 밑천 잡았다. 싱글턴이 자사주를 처음 매입한 1972년에 14달러를 밑돌던 텔레다인 주식은 1987년이 되자 (액면분할과 무상 증자를 반영해서) 주당 930달러를 훌쩍 뛰어넘었다 (그림 9.1 참조). 5 자사주 매입 이후 텔레다인이 벌어들인 수익은 총 6,500%가 넘었다. 연 32% 이상이다. 그리 예외적인 사례가 아니다. 사실 자사주 매입을 하는 기업들의 특징이다. 한 해에 자사주를 크게 매입한 주식은 일반적으로 시장을 능가하기 마련이다. 시장에서도 이런 현상이 알려져 있는 듯하다. 자사주 매입 공시만으로도 주가를 올리기에 충분하다. 실행하든 하지 않든 자사주 매입을 공시한 주식은 발표 직후는 물론 길게 보아도 주가가 오른다. 이는 자사주 매입 공시가 정보로서 가치를 갖는다는 뜻이다. 시장에 어떤 신호를 보내는 것이다. 내부자들이 볼 때, 회사 상황이 견실하고 내재가치보다 주가가 저렴하다고 생각한다는 의미일 수도 있다.

**그림 9.1** ── 텔레다인의 투자 성과(1972~1987)

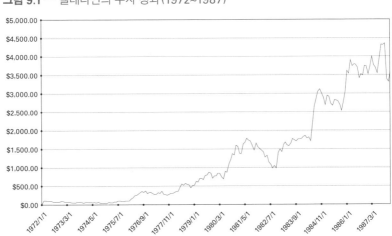

원금 100달러의 평가액

좀 더 시야를 넓혀 살펴보면 내부자들이 보내는 신호는 자사주 매입만이 아니다. 내부자 매수 역시 신호를 보낸다. 일반적으로 내부자는 기업의 견실함과 주식 전망을 잘 안다고 간주된다. 자신이 근무하는 기업의 주식을 매수해서 돈을 벌고 싶은 내부자의 행동은 놀라운 일이 아니다. 하지만 내부자 매수가 미래 수익률을 예측할 수 있는가? 아니면 이 사실이 시장에 알려짐으로써 이익은 이미 달성된 것이 아닐까?

스마트 머니smart money는 또 어떤가? 행동주의 펀드매니저를 비롯한 기관투자가들이 주식을 매매하는 것이 미래의 수익을 암시할까? 공매도자들은 어떤가? 지금부터 시장을 능가하는 수익을 가장 잘 예측해줄 신호를 찾기 위해 논문과 데이터를 검토해보자. 신호를 활용하는 방법은 두 가지다. 우리가 행한 퀄리티와 가격 분석에 다른 시장 참가자들이 보내는 신호를 포함해서 우리가 이미 저평가되었다고 판명한 주식을 확증해주는 용도로 활용할 수 있다. 아니면 가까운 장래에 시장을 능가하는 수익을 안겨줄 주식을 선별하는 개별 지표로 활용할 수도 있다. 이렇게 선정된 종목 후보군을 대상으로 본격적인 펀더멘털 분석을 할 수도 있을 것이다. 어떤 식으로 활용하든 신호는 투자자에게 매우 유용하다.


## 자사주 매입, 증자, 공시

자사주 매입이 시장을 능가하는 미래 수익의 전조라고 결론 내린 논문이 많다. 그 반대 역시 참이다. 즉 증자는 시장을 밑도는 실적을 내는 경향이 있다. 두 가지 사안을 모두 고려해야 한다. 첫째는 공시 자체이고, 둘째는 실제 자사주 매입 혹은 증자다. 자사주 매입 공시가 유용한 것은 자사주를 매입할 만큼 충분히 견실하고, 꼭 그런 것은 아니지만 저평가되었다고 경영진이 판단한다는 신호를 시장에 보내기 때문이다. 증자는 정반대. 증자를 통해 자금을 조달한다는 것은 기업에 자금이 절실하게 필요하고, 적정 주가 이상으로 고평가되었다고 경영진이 판단한다는 신호를 시장에 보내게 된다.

순전히 저평가 사유로만 자사주 매입을 공시하고 단행한 경우 장기에 걸쳐 시장을 초과하는 수익률을 내고 있음을 확인할 수 있다(그림 9.2 참조).

데이비드 이켄베리와 조셉 래코니쇼크, 테오 베르멜렌은 1995년 논문에

**그림 9.2** — 자사주 매입에 따른 비정상적인 수익률(1980~1990)

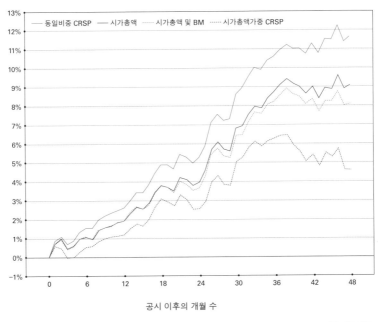

공시 이후의 개월 수

출처: David L. Ikenberry, Josef Lakonishok, and Theo Vermaelen, "Market Underreaction to Open Market Share Repurchases." *NBER Working Paper Series*, Vol. w4965, pp. 181-208, 1994.

서 자사주 매입 공시가 있었던 가치주들이 이후 장기에 걸쳐 어떤 수익을 냈는지 연구했다.[6] 이들은 저평가 사유로만 자사주 매입을 공시한 주식들이 발표 이후 4년에 걸쳐 상당한 시장 초과 수익률을 기록했음을 발견했다. 논문을 분석할 때는 자사주 매입 실행·여부를 막론하고 자사주 매입이 공시된 사실만 고려했다.

자사주 매입 공시가 주가 상승에 도움이 된다는 것을 악용해서 공시만 하고 실행하지 않는 경영자들도 있다. 경영자가 양치기 소년처럼 거짓말을 반복하면 자사주 매입 공시에 따른 상승 효과가 줄어드는 것을 자주 목격할 수 있다. 앨리스 보넴은 2010년 논문 '자사주 매입, 평판, 그리고 수익률'에서 이렇게 주장했다.[7] 그는 과거 자사주 매입 비율로 본 경영진의 평판으로 실제 자사주 매입을 예측할 수 있는지, 평판이 나쁜 경영진이 발표한 자사주 매입 공시를 시장에서 어떻게 받아들이는지를 검토했다. 그에 따르면 자사주 매입 비율로 본 경영진의 평판은 이들이 실제로 자사주를 얼마나 매입할지 예측하는 데 도움이 되었다. 즉 예전에도 공시만 하고 실제로는 자사주를 매입하지 않았던 경영진은 계속 이 수법을 악용한다는 의미다. 그뿐만 아니라 새로운 자사주 매입 공시가 나오면, 평판이 나쁜 경영진의 발표는 시장에서 평가절하해서 받아들인다는 사실도 알아냈다(그림 9.3 참조).

두 번째로 고려해야 할 사안은 실제 자사주 매입 또는 증자다. 여기엔 함정이 2개 있다. 첫째, 직원들이 스톡옵션을 행사하는 만큼 자사주를 매입하는 경영자들이 있는데, 이는 발행주식 수가 늘어나는 것을 방지하기 위해서다. 자사주를 매입하기 위해 자기자본을 사용하지만 발행주식 수는 변함이 없다. 스톡옵션을 행사하면서 늘어난 수량과 자사주를 매입한 수량이 일치하기 때문이다. 둘째, 내재가치 대비 고평가되었는데도 자사주를 무

**그림 9.3** — 과거 자사주 매입 비율로 본 미래 자사주 매입 실천의 예측

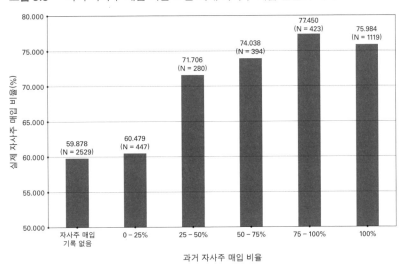

출처: Alice A. Bonaime, "Repurchases, Reputation, and Returns." *Journal of Financial and Quantitative Analysis(JFQA)*, December 21, 2010.

조건 매입하는 경영자들이 있다. 자사주 매입에 사용된 자금이 얼마인지 따져보면 이들의 자사주 매입 실력이 아주 형편없다는 것을 알 수 있다. 이들은 대체로 주가가 천장권일 때 자사주를 가장 많이 매입하고 주가가 바닥권일 때 자사주를 가장 적게 매입하는 경향이 있다. S&P500 기업들이 자사주 매입에 투입한 자금은 주가가 거의 천장권에 이른 2007년 3분기에 정점을 찍었다. 그리고 주가가 곤두박질하고 7분기가 지날 때까지 자사주 매입은 86% 감소했다.[8] 가치투자자들은 매우 불만스럽겠지만 이런 모습을 보이는 경영자들이 대부분이다. 헨리 싱글턴 같은 사람은 극히 드물다.

다른 방법으로 해당 주식의 성과를 가늠할 수도 있다. 증자나 자사주 매입으로 달라진 주식 수나 소요 금액을 계산하는 것이 아니라 유통주식 수

를 기준으로 어떤 성과를 냈는지 살펴보는 것이다. 제임스 오쇼너시는 자신의 책 《What Works on Wall Street》에서 이 방법을 설명하며 '자사주 매입 수익률buyback yield'이라고 불렀다.[9] 그는 1927년 1월~2009년 12월을 대상으로 삼았다. 자사주를 가장 많이 매입한 기업 10분위가 이듬해에 연 수익률 13.69%를 올려, 연 10.46%를 낸 시장을 3.23%p 능가한 것을 발견했다. 반대로 증자를 가장 많이 한 기업 10분위는 이듬해에 겨우 연 5.94%를 올려 시장을 4.52%p 밑돌았다. 투자자들은 증자를 많이 하는 기업을 조심해야 한다.

자본 운용에 대해서 잘 아는 사람은 별로 없겠지만, 주주가치 창출 측면에서 핵심적인 분야다. 연구 결과는 자명하다. 투자자는 싱글턴이나 버핏 같은 사람이 경영자로 앉아 있는 기업이 드물겠지만 찾아내야 한다. 이들은 주가가 바닥권에 있을 때만 자사주를 매입하고, 스톡옵션에 인색하며, 내재가치 대비 고평가되어 있을 때만 증자를 한다. 투자자는 경영자들이 자본을 어디에 어떻게 투입하는지 예의 주시해야 한다. 일반적으로 증자보다는 자사주 매입이 더 나은 법이다. 하지만 고평가되었는데도 무조건 자사주를 매입하는 경영자들은 결코 바람직하지 않다. 주가가 천장권일 때 자사주를 매입하는 경영자나, 주가가 바닥권일 때 증자를 하는 경영자나, 주주가치를 훼손하기는 마찬가지다. 투자자는 자사주 매입 공시로 장난치는 경영자들을 경계해야 한다. 이들은 주식의 내재가치에는 관심이 없고 주가 상승에만 관심이 있기 때문에, 자사주를 실제로 매입하지 않으면서 내재가치를 높일 기회를 저버릴 수도 있다.

# 내부자 거래가 초과수익을 낸다

자사주 매입 말고도 경영진이 자사주를 저평가 혹은 고평가되었다고 판단하는지 알 수 있는 방법이 있다. 내부자 거래다. 기업 임직원, 대주주 등 '내부자들'의 거래 행위는 지난 40여 년간 투자 실무에 종사하는 사람들은 물론 학계의 관심을 받아왔다. 우리가 다루는 것은 내부자들의 합법적인 주식 매매 행위다.

많은 연구를 통해 내부자들이 더 좋은 정보를 얻고 시장을 능가하는 수익을 거둔다는 사실이 확인되었다.[10] 내부자들이 주가의 향방과 관련된, 외부인은 모르는 사적 정보를 갖고 있다는 게 통념이다. 우리가 관심 갖는 것은 내부자 거래 행위가 시장에 보내는 신호다. 지금부터는 외부 투자자인 우리가 내부자 거래 행위에 관한 정보를 어떻게 활용할 수 있는지 검토하겠다. 특히 시장을 이길 수 있는 신호를 보내는 내부자 거래를 구별하는 체계적인 규칙을 찾아보겠다.

내부자 거래 중에서 시장을 능가하는 신호를 보내지 않는 거래들이 있다. 예를 들어 스톡옵션, 워런트warrant, 전환주식 등은 대개 직원 보상 패키지와 관련된다. 내부자들이 주식을 어떻게 평가하는지와 크게 관련이 없다. 주식의 매도 또한 내부자들이 내재가치 대비 주가가 고평가되었다고 생각하는 것과 관계없는 듯하다. 주가가 고평가되어 매도했다고 생각할지도 모르지만, 반드시 부정적인 신호로 볼 이유는 없다. 고평가 말고도 여러 다양한 이유로 주식을 매도하기 때문이다. 필요한 현금을 확보하려고, 아니면 포트폴리오 운용 차원에서 위험을 분산하려고 매도할 수도 있다. 우리가 제일 알고 싶은 것은 시장에 가장 큰 영향을 주는 내부자 거래의 특징을 알아내는 일이다.

로렌 코헨, 크리스 맬로이, 루카스 포모르스키 등은 통찰력 넘치는 논문 '내부자 정보의 암호 해독'에서 내부자 거래 관련 문헌과 데이터를 철저히 조사했다.[11] 저자들은 '일상'적인 내부자 거래와 '신호 포착용' 내부자 거래를 구분할 수 있는 간단한 알고리즘을 사용한다. 분산 투자, 현금 확보, 또는 규정 10b5-1(상장기업 주식을 보유한 내부자가 사전에 계획된 대로 주식을 매도할 수 있도록 SEC가 정한 규정-역자 주)에 따라 행해지는 '일상'적인 내부자 거래는 내재가치와 주가 사이에 괴리가 있다는 신호를 보내지 않을 수도 있다. 이와 달리 '신호 포착용' 내부자 거래는 돈을 벌 수 있는 좋은 신호다. 신호 포착용 내부자 거래에서 일상적인 신호를 가려내는 것이 관건이다. 저자들은 내부자가 과거 몇 년간 같은 달에 거래했다면 일상적인 내부자 거래로 판정하는 알고리즘을 개발했다. 나머지는 모두 신호 포착용 거래다. 예를 들어 어떤 내부자가 지난 3년간 4월만 되면 주식 매수를 반복했다면 이는 일상적인 거래로 취급한다. 이 내부자가 4월마다 주식을 매수했지만, 9월에는 대규모로 매수했다면 9월 거래는 신호 포착용 거래로 취급한다. 저자들에 따르면 이런 신호 포착용 거래들이 시장을 능가하는 수익 전부를 창출한다. 내부자의 신호 포착용 거래를 추종해 주식을 매매하면 시장을 연 8%p 능가하는 것으로 드러났다. 일상적인 내부자 거래를 추종한 주식 매매에서는 초과수익이 전혀 발생하지 않았다.

대니얼 지아무리디스, 마놀리스 리오다키스, 앤드루 모니즈 등은 미국 외 주식시장에서도 내부자 거래가 통하는지 검토했고, 영국 주식시장을 대상으로 한 2008년 논문 '내부 거래자 중 일부는 분명 똑똑하다'에서 다루었다.[12] 저자들은 영국 주식시장에서 내부자 거래가 공시된 직후에는 0.7%p, 발표 후 60일까지는 1.2%p, 120일까지는 2.9%p 시장을 능가하는 것을 발견했다. 이어서 어떤 거래가 가장 큰 영향을 미치는지 조사했다. 내부자 거래의 절대 금액이 클수록 이후 수익률이 좋았음을 알게 되었다. 직관적으로 생각해보면 저평가에 대한 확신이 클수록 내부자는 더 많이 매수할 것이고 따라서 이후 더 큰 수익률이 가능하다는 신호일 것이다. 하지만 주식 총량에 비해 거래 규모가 너무 크면 신호가 줄어드는 것을 발견할 수 있었는데, 시장에서 유통주식 수가 감소하고 기업 지배구조에 문제가 생길 수 있다고 우려하기 때문인 것 같다. 또한 내부자 매수 발생일이 최근일수록 수익률이 뛰어났다는 사실도 발견했다. 최근 3개월간 내부자 매수가 많았던 주식이 뛰어난 수익을 냈다. 특히 자사주 매입을 공시한 후 내부자들이 동시에 매수하는 경우가 괄목할 만한 성과를 냈는데, 저평가되었다는 경영진의 판단에 내부자 매수가 힘을 실어주기 때문일 것이다. 뛰어난 성과를 암시하는 요소도 몇 가지 있다. 예를 들면 가장 최근의 실적 발표에서 어닝 서프라이즈를 기록했다거나, 결산 실적 공시 전 20일 내에 내부자 매수가 있는 경우가 그러하며, 성장주보다는 가치주에서 내부자 거래가 있는 경우 수익률이 더 좋았다.

내부자 거래를 신호로 활용하고자 하는 투자자는 신호와 소음을 구별할 수 있어야 한다. 스톡옵션이나 워런트 행사, 주식 매도 등은 이렇다 할 정보가 아니다. 주식 매수는 신호다. 단일 매수 또는 일련의 매수 금액이 클수록 신호의 강도가 세다. 자사주 매입 공시와 내부자 매수가 결합하면 초과수익 가능성이 상당하다. 저평가 종목에서 내부자 매수가 일어나도 마찬가지다. 자사주 매입보다 내부자 매수가 시장에서 덜 주목받을지 모른다. 하지만 시장에서 간과하고 있는 어떤 정보를 활용해서 내부자가 자신의 이익을 위해 매수하고 있다면, 이를 추종할 경우 시장을 능가하는 것이 분명해 보인다.(그림 9.4 참조).

**그림 9.4** — 내부자 거래의 초과수익

### 동일비중 포트폴리오

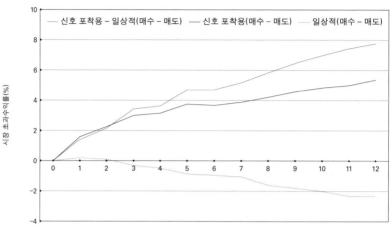

거래 후 경과 기간(개월)

### 시가총액가중 포트폴리오

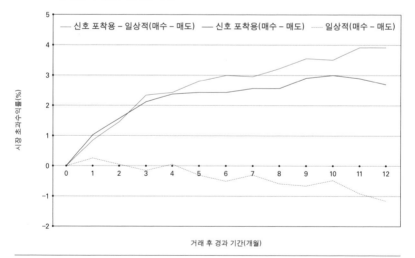

거래 후 경과 기간(개월)

출처: Lauren Cohen, Christopher Malloy, and Lukasz Pomorksi, "Decoding Inside Information," NBER Working Paper No. w16454. http://ssrn.com/abstract=1692517

Part 5. 확실한 신호를 잡는 법

## 주주행동주의와 포트폴리오 복제 서비스

특정 종목의 전체 유통주식 5% 이상을 매수하는 투자자는 SEC에 거래의 목적을 신고해야 한다. 해당 주식과 관련해서 기업 경영에 영향을 행사하는 경영 참여 행위를 하고자 하면 투자자는 주주행동주의임을 밝히는 스케줄 13D Schedule 13D 양식을 신고해야 한다. 경영 참여 행위는 합병, 구조조정, 청산 같은 특별 거래, 핵심 자산의 매각, 이사회 구성원이나 경영진 교체, 기업의 자본 구조나 배당금 정책 변경, 정관이나 내규 변경, 지배력 획득을 저해하는 여타 행위 등을 포함한다. 이 중 어떤 것도 행할 의사가 없다면 스케줄 13G를 신고함으로써 주식을 순수한 투자 목적으로만 보유하겠다는 의사를 밝혀야 한다. 주식에 1억 달러 이상을 운용하는 기관투자가는 SEC에 13F 양식으로 주식 보유 상황을 신고해야 한다.

연구에 따르면 주주행동주의를 의미하는 스케줄 13D의 대상이 되는 주식들이 시장을 능가했다. 2008년 논문에서 앨런 브라브, 웨이 장, 랜들 토머스, 프랭크 파트노이 등은 '시장이 주주행동주의 헤지펀드에 우호적으로 반응한다'는 사실을 발견했다.[13] 이들은 주주행동주의가 잠재적으로 실행될 수 있다는 발표 직후 시장을 5~7%p 정도로 능가하는 비정상 수익률이 가능하다는 사실과, 발표 이후 1년이 지나면 그런 수익률이 사라져 정상으로 회귀한다는 사실을 발견했다(그림 9.5 참조).

2009년 논문에서 에이프릴 클라인과 엠마누엘 주어는 '행동주의 사업가'에 의한 '적대적인 주주행동주의 운동'을 검토한 결과, 이런 전략이 '스케줄 13D가 최초로 접수된 날을 전후해서 표적 기업의 주가가 상당히 상승하는 반응'을 불러오고 '발표 이후 1년에 걸쳐 상당한 비정상 수익'을 창출한다고 결론지었다.[14] 논문은 주주행동주의 헤지펀드가 스케줄 13D를 신고

**그림 9.5** — 스케줄 13D 신고를 전후한 비정상 수익률

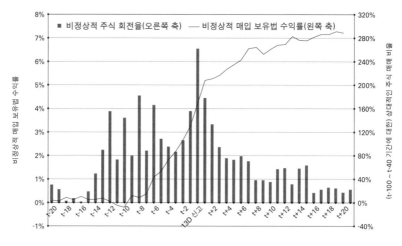

출처: Alon P. Brav, Wei Jiang, Randall S. Thomas, and Frank Partnoy, "Hedge Fund Activism, Corporate Governance, and Firm Performance." *Journal of Finance* 63 (May 2008): 1729; ECGI Finance Working Paper No. 139/2006; Vanderbilt Law and Economics Research Paper No. 07-28; FDIC Center for Financial Research Working Paper No. 2008-06. http://ssrn.com/abstract=948907

하는 일은 상당한 비정상 수익률을 예고하는 사건임을 시사한다. 클라인과 주어에 따르면 표적 기업들은 스케줄 13D가 최초로 신고된 날을 전후한 기간 동안 시장을 연 5.1~10.2%p 능가한다. 이는 대체로 주주행동주의가 주주가치를 키워준다고 시장 참가자들이 믿고 있음을 시사한다. 가장 흥미로운 점은 스케줄 13D가 최초로 신고된 후 1년이 지나도록 비정상 수익률이 사라지지 않는다는 사실이다. 주주행동주의자들이 개입한 이후 1년간 연 11.4~17.8%p 비정상 수익률을 보인다. 비정상 수익률은 주주행동주의 투자자들의 요구에 따라 경영에 도입된 변화 때문일 수 있다(표 9.1 참조).

2008년 논문에서 제리 마틴과 존 푸텐푸라칼은 공개된 자료를 근거로 버크셔 해서웨이를 모방한 가상의 포트폴리오 수익률을 검토해보았다.[15] 이들은 투자 성과로 보았을 때 버핏이 역사상 가장 성공적인 투자자 중 한

표 9.1 — 주주행동주의 이후 1년간의 비정상 수익률과 수익성 변화

| | 행동주의<br>헤지펀드 표적<br>기업 (1) | 헤지펀드<br>대조군 (2) | 기타 행동주의<br>사업가<br>표적 기업 (3) | 기타 행동주의<br>사업가<br>대조군 (4) | (1)열과<br>(3)열의 차이에<br>관한 t-통계량<br>[Z-통계량] (5) |
|---|---|---|---|---|---|
| 비정상 수익률 | 11.35%*** | 3.17% | 17.82%*** | 2.87% | 1.97** |
| | [4.90%]*** | [2.38%] | [7.09%]*** | [2.11%] | [1.85]** |
| ΔEBITDA/<br>총자산 | -0.024* | 0.009 | -0.008 | -0.013 | -1.36 |
| | [-0.008]** | [0.002] | [-0.002]* | [-0.001] | [-0.19] |
| Δ산업별 보정 | -0.031** | 0.003 | -0.015 | -0.020 | -1.51 |
| | [-0.015]** | [-0.003] | [-0.002]* | [-0.001] | [-0.25] |
| ΔCFO/총자산 | -0.001 | 0.005 | -0.020 | -0.004 | 0.87 |
| | [-0.001] | [-0.000] | [-0.008]** | [0.000] | [1.00] |
| Δ산업별 보정 | -0.013 | -0.003 | -0.022 | -0.005 | 0.69 |
| | [-0.007] | [-0.001] | [-0.011]** | [-0.000] | [-0.43] |

출처: April Klein and Emanuel Zur, "Entrepreneurial Shareholder Activism: Hedge Funds and Other Private Investors." *Journal of Finance* 64 (2009): 187-229. doi: 10.1111/j.1540-6261.2008.01432.x

이 표는 헤지펀드의 표적이 된 기업들(1열)과 기타 행동주의 사업가의 표적이 된 기업들(3열)이 스케줄 13D를 기준으로 이전과 이후 회계연도 1년 동안 성격이 어떻게 바뀌었는지(Δ, 변화량) 보여줄 뿐 아니라 각 그룹의 대조군(산업과 크기, BM 등에 근거한 2열과 4열)을 요약해서 나타낸다. 각 변수의 평균[중간값]은 알려져 있다. 모든 데이터는 1%와 99% 수준에서 윈저화(winsorized, 통계학자 찰스 윈저가 고안한 방법으로, 극단적인 통계값을 제거함-역자 주)되었다. 비정상 수익률은 스케줄 13D 신고일 이후 30거래일부터 1년이 되는 날까지의 수익이고, 기준일은 스케줄 13D 신고일이다. 회계 수치는 유량이면 기준일 이전 회계연도의 값이고, 저량이면 이전 회계연도의 마지막 날 값으로 시작한다. 표본과 대조군의 평균값[중간값] 차이와 관련해 검정의 유의수준을 1열과 3열에 표시했다. 5열은 행동주의 헤지펀드와 기타 행동주의 사업가의 표적이 된 기업들의 평균값[중간값] 차이를 검정한 t-통계량[Z-통계량]을 나타낸다. 변수의 정의는 부록 A를 참조하기 바란다. *** 유의수준 0.01, ** 유의수준 0.05, * 유의수준 0.10 수준.

명이라며, 버핏의 2007년 주식 포트폴리오는 상장 주식 500억 달러 이상을 보유해서 9번째로 큰 뮤추얼펀드와 맞먹는 규모라고 썼다. 버크셔 해서웨이가 1976~2006년의 31년 중 28년을, 그것도 연 14.65%p로 S&P500을 능가한 사실을 지적하며, 두 사람은 버크셔 해서웨이가 공개하는 13F 양식Form 13F을 한 달 뒤에 추종함으로써 시장을 능가할 수 있을지 시험해보았다. 그리고 버크셔 해서웨이의 투자 성과를 철저하게 분석한 결과, 버핏의 투자 스타일은 전통적인 '가치투자' 혹은 '역투자'로 분류하는 통념과 다르게 '대형 성장주'라고 결론 내렸다. 버크셔 해서웨이의 성과는 전통적인 '가치주'를 매수했기 때문이 아니라 시장에서 성장 잠재력이 저평가된 종목을 매수했기 때문이라고 주장한다.

두 사람은 공개된 버크셔 해서웨이의 투자 전략을 모방하고 그 성과를 검토함으로써 투자 전문가들로부터 나온 정보가 얼마나 빨리 주가에 반영되는지 알아보았다. 그 결과 1976~2006년에 버크셔 해서웨이가 증권 당국에 신고한 내용을 모방한 투자자라면 시장을 능가할 수 있었다는 결론이 나왔다. 버크셔 해서웨이가 공시한 자료로 한 달 뒤에 구성한 포트폴리오는 시장을 연 14.26p 능가할 수 있었다. 이는 버크셔 해서웨이가 어떤 주식을 매수했는지에 대해 시장이 너무 미온적으로 반응하고, 나아가 투자 전문가에게서 나온 정보를 시장에서 느리게 받아들인다는 점을 의미한다.

일반 투자자들이 투자 전문가를 따라 할 수 있는 '복제cloning' 서비스는 시중에 많다. 이런 방법이 꽤 유용해 보이지만 주의할 점이 2개 있다. 첫째, 따라 할 투자 전문가를 '제대로' 골라야 한다. 펀드매니저나 금융 전문가의 투자 조언이 시장이나 벤치마크를 과연 능가하는지 알아보기 위해 수많은 연구가 진행되었다.[16] 연구 대부분이 뮤추얼펀드가 대체로 시장을 능가하지 못한다는 결론을 내렸다. 하지만 연구 결과 시장을 능가했던 투자자가 계속해서 능가한다는 사실 또한 밝혀졌다. 몇몇 펀드매니저는 운용 실력이 탁월할 뿐만 아니라 성과가 지속된다는 의미다. 바로 이런 투자 전문가를 모방해야 한다. 둘째, 펀드매니저를 너무 따라 하다 보면 특정 주식에 너무 많은 기관투자가가 몰리는 경우가 생길 수 있다. 과거에 매우 성공적이었던 펀드매니저 소수의 투자 전략을 따라 해 포트폴리오를 구성할 수 있는 복제 서비스들도 있다.

## 공매도는 똑똑하다

공매도는 주가 하락을 예상해 해당 주식을 파는 것을 말한다. 공매도 주식은 다른 시장 참가자에게서 빌려와 파는데 나중에 주식을 다시 사서 빌려준 사람한테 돌려줘야 한다. 이를 커버링covering이라고 한다. 공매도자는 예상대로 주가가 떨어지면 이득을 본다. 반대로 주가가 오르면 비싼 가격에 갚아야 하기 때문에 손실을 본다. 공매도 수위short interest는 공매도 잔고 비율Short Interest Ratio, SIR로 측정하는데 특정 주식의 월별 공매도 수위를 백분위로 보여준다. 공매도가 고수위라면 해당 주식의 상당한 양이 공매도되었다는 것을 의미한다. 반대로 저수위는 공매도된 주식이 적다는 의미다.

특정 주식의 공매도 수위가 어떤 의미를 갖는지를 두고 몇 가지 이론이 있다. 공매도가 고수위라면 주가가 하락세임을 분명히 보여준다는 주장이 있다. 즉 하락세로 보는 사람이 많기 때문에 공매도가 많이 되었다는 의미다. 다르게 주장하는 사람은 공매도 수위는 아무 의미가 없다고 한다. 전환사채, 옵션, 지수를 거래하거나 합병 등의 이유로 헤지hedge 또는 차익거래

arbitrage를 하려는 수요가 많아서 공매도 수위가 높을 뿐, 주가의 향방과는 무관하다는 주장이다. 세 번째 부류의 사람들은 공매도 수위가 높다는 것은 향후 커버링해야 하는 공매도자의 수요가 많다는 것이므로 주가가 상승할 조짐이라고 주장한다. 그러나 공매도와 관련한 경험적인 증거는 명백하다. 직관에 반하는 결과를 낳는 지표도 있겠지만, 공매도 수위는 그렇지 않다. 공매도가 고수위일수록 수익률이 나빠질 것이라는 전조이며, 주가가 하락세라는 의미다. 즉 공매도는 똑똑하다.

공매도 고수위주를 연구해본 결과 향후 주가 하락을 예측하긴 하지만 실제로 공매도해서 이익을 내기는 쉽지 않았다. 거래 비용과 '공매도 제약' 때문이다. 여기에는 공매도할 주식을 빌리기가 어렵거나 아예 불가능한 경우가 포함된다. 주식을 빌리지 못하면 공매도가 불가능하다. 빌리기 어려우면 주식 대차 비용이 높기 마련이다. 연구에 의하면 대차 비용이 너무 높아 공매도 실익이 상쇄되는 경우도 있다. 공매도 고수위가 역투자의 지표로 활용될 수도 있다. 매수 포지션을 잡으려는 투자자는 공매도 고수위주를 피해야 한다.

에크하르트 뵈머, 주사 후자, 브래드퍼드 조던 등은 논문 '공매도 수위에서 찾아낸 신호'에서 공매도 저수위주의 수익률을 검토했다.[17] 상대적으로 대형주는 유동성이 풍부해서 공매도가 쉽고 대차 비용도 저렴한 주식이 언제든 있기 마련이다. 그럼에도 불구하고 공매도가 저수위이거나 아예 없는 경우가 있다. 저자들은 공매도하기 쉬운 주식임에도 불구하고 공매도자들이 아예 외면하는 경우는 해당 주식과 관련해 특별히 악재가 없다는 의미로, 이 주식은 최소한 고평가되지는 않았다고 보았다. 혹시 공매도 수위가 없다는 사실 자체를 주식이 저평가되어 시장을 능가할 수익을 낼 가능성이 있다고 해석할 수는 없을까? 저자들이 찾아낸 신호가 바로 그 점이다. 저평가된 종목은 피하면서 고평가된 주식을 찾아내어 공매도를 할 정도로 공매도자가 똑똑하다고 인정한다면, 순수한 매수 포지션을 잡으려는 투자자에겐 유용한 정보일지도 모른다.

이제 저자들이 1988년 6월~2005년 12월을 대상으로 공매도 수위를 연구한 내용을 살펴보자. 매월 각 주식의 유통주식 수 대비 공매도 수량의 비율을 구해 순위를 매겼다. 순위가 매겨지면 이들 주식을 100분위로 나눠 공매도 수위가 낮은 1, 5, 10분위와 공매도 수위가 높은 90, 95, 99분위를 검토했다.

그림 9.6은 공매도 수위에 따른 시장 초과수익률을 나타낸다. 차트를 보면 공매도 저수위주에 투자한 전략이 시장을 연 6%p 능가한다. 반면 공매도 고수위주에 집중한 투자 전략은 시장을 연 10%p 밑돌았다.

공매도 수위가 낮을수록 이듬해 투자 성과가 좋았음을 알 수 있다. 공매도 수위가 낮고 유동성이 풍부한 주식을 매수한 수익률이, 공매도 수위가 심하게 높은 주식을 공매도해서 얻는 수익률보다 큰 경우가 많았다는 점이 가장 흥미로운 사실이다. 이런 결과는 포트폴리오 가중 방식, 상장 거래소, 최신 종목의 편입이나 배제, 1998~2000년 포함 여부 등과 무관하게 일관되었다. 공매도자들은 공매도 제약들 때문에 악재를 이용해 이익을 확보하기가 쉽지 않은 반면, 롱 포지션을 잡을 때는 어떤 제약도 없어서 공매도 수위에서 오는 신호를 이용해 이익을 확보하기가 한결 쉽다. 직관에 역행하기는 하지만 가치투자자들 역시 투자를 고려할 때 공매도 수위를 검토한다면 유용할지도 모른다.

스마트 머니를 따라 하는 것은 일리가 있다. 자신의 포트폴리오를 적극적으로 운용하는 투자자라면 가까운 장래에 시장을 능가하는 수익을 예고하는 신호들이 있다. 자사주 매입, 내부자 매수, 주주행동주의 움직임, 공

**그림 9.6** — 공매도 월별 알파

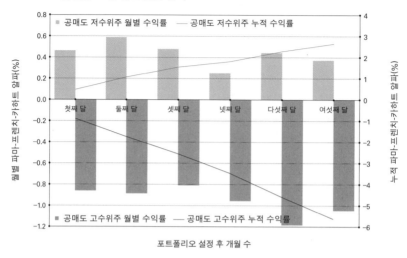

출처: Ekkehart Boehmer, Zsuzsa R. Huszar, and Bradford D. Jordan, "The Good News in Short Interest," *Journal of Financial Economics*, May 15, 2009. http://ssrn.com/abstract=1405511

매도 저수위 등은 모두 스마트 머니가 특정 주식에 특별한 관심을 가질 이유가 된다. 이런 신호와 내재가치보다 저평가되었다는 계량적인 신호가 함께 뜨면 매우 긍정적인 투자수익률을 기대할 수 있다. 한편 투자 손실이 불가피한 신호들도 있다. 증자와 공매도 고수위가 발생하면 해당 주식이 고평가되어 있고 주가가 조만간 하락할 것으로 스마트 머니가 예상하고 있음을 의미한다. 이런 부정적 신호가 있다고 해서 공매도하기에 좋은 주식이라는 뜻은 아니다. 공매도하려면 이 외에도 고려해야 할 것이 많기 때문이다. 하지만 매수하지 말아야 할 주식을 알려준다는 점에서 부정적 신호는 유용하다.

자신의 포트폴리오 운용에 소극적인 투자자라면 뛰어난 성과를 내는 자산운용사를 복제하는 것도 괜찮다. 자산운용사들을 자동으로 복제하는 서비스는 많이 제공되고 있다. 또는 SEC EDGAR 홈페이지(www.sec.gov/edgar.shtml)에서 13F 양식을 무료로 열람할 수 있다. 실적이 지속적으로 시장을 능가하며 아직 상대적으로 자산 규모가 작은 운용사만 따라 하는 것이 좋다.

다음 장에서는 우리의 포괄적 QV 모형을 테스트하는 방법을 살펴보겠다. 수많은 연구자들이 밝혀냈듯이 투자 시뮬레이션에는 함정이 많다. 멋져 보이지만 사실이 아니거나 실제로 적용할 수 없는 시뮬레이션 결과에 속기 쉽다. 더 나쁜 것은 수많은 백테스트 결과들이 재연 불가능하거나 설계 변경에 취약하다는 사실이다. 결과를 재연할 수 없다는 것은 연구가 제대로 행해지지 않았거나 다른 가설을 확정하기 위해 데이터 마이닝data mining을 했을 수도 있다는 위험 신호다. 우리는 분석한 수익률의 달성 가능성을 끌어올리고 다른 연구자들이 재연할 수 있도록 우리가 밟아가는 단계를 설명할 것이다.

# 모형 구축과 테스트

마지막인 6부에서는 그동안 검토한 연구 결과를 토대로 우리의 QV 모형을 구축하고 테스트하는 방법을 논하고자 한다. 투자 시뮬레이션을 하는 우리의 철학을 논하고 백테스트 결과를 해석할 때 조심해야 할 함정을 살펴보고자 한다. 우리는 백테스트뿐만 아니라 현재와 과거의 결과를 의구심을 갖고 볼 것이며 각 단계를 면밀히 검토해 결과가 진실되고 재연 가능한지 따질 것이다.

11장에서는 그동안 살펴본 각종 연구 결과를 하나의 투자 전략으로 결합하는 방법을 모색한다. MF와 F-스코어를 검토해 밸류에이션 모형을 개선할 수 있는지를 살펴본다. 이 과정에서 우리는 MF에 내재되어 있는 구조적인 문제를 다룰 것이다.

마지막 장인 12장에서는 11장에서 구축한 QV 모형을 백테스트할 것이다. 1차 결과를 비롯해 위험과 기회비용을 보정한 성과를 포괄적으로 살펴볼 것이다. 그 결과를 MF는 물론 다른 전설적인 투자자들의 성과와 비교할 것이다. 그리고 블랙박스를 열어 백테스트 기간 동안 매수한 주식을 아주 자세히 들여다보기로 한다.

# 10

데이터 마이닝의
함정을 피하라

"주가와 거래량 움직임에 관해 그토록 많은 연구가 행해지는 걸 볼 때
마다 놀라움을 금치 못한다. 어떤 기업의 주가가 지난주와 그 전주에
급격히 올랐다고 해서 그 기업을 통째로 사들이는 걸 상상이나 할 수
있는가? 주가와 거래량에 관한 수많은 연구가 행해지는 것은 지금이 컴
퓨터의 시대이고 사실상 데이터를 무한정 사용할 수 있기 때문이지, 그
런 연구가 꼭 유용해서가 아니다. 그저 데이터가 있고 데이터를 다루
는 수학적 기법을 힘들게 습득한 학계 인사들이 있기 때문에 그런 것이
다. 일단 이 기술을 습득하고 나면 이를 쓰지 않고 방치하는 게 왠지 죄
짓는 것처럼 생각되어서 그렇다. 쓸모없거나 오히려 해가 되더라도 말이
다. 누군가 말했듯 망치를 든 자에겐 모든 게 못으로 보이기 마련이다."

워런 버핏, '그레이엄-도드 마을의 탁월한 투자자들'

1995년 데이비드 라인웨버David J. Leinweber는 미국 주식시장의 움직임을 가장 잘 예측하는 지표를 찾아보기로 했다.[1] 1983~1993년간 S&P500지수의 연말 종가와 관련된 자료부터 찾아보았다. 이어서 유엔UN이 발간한 〈국제통계연감〉을 들여다보았는데 여기에는 140개 회원국의 이자율, 경제성장률, 실업률 등이 나와 있었다. '회귀분석'이라는 통계 기법을 이용해 라인웨버는 S&P500지수의 연말 종가를 가장 잘 예측하는 변수가 무엇인지 찾아보았다.

회귀분석은 복수의 변수들 사이에 어떤 선형 관계가 있는지를 알아내는 데 가장 많이 쓰이는 기법이다. 누가 최초로 고안했다고 말하기에는 애매한 점이 있다. 1805년 프랑스 수학자인 아드리앵 마리 르장드르Adrien-Marie Legendre가 '최소자승법'이라는 이름으로 처음 출간했다. 1795년 당시 18세였던 독일 수학자 칼 프리드리히 가우스Carl Friedrich Gauss가 최소자승법의 토대를 마련한 것으로 알려져 있다. 가우스가 1809년에야 비로소 이를 발표했기 때문에 적어도 공식적으로는 르장드르에게 모든 공로가 돌아갔다.

회귀분석이 선형 관계를 얼마나 잘 설명하는지는 결정계수R-squared를 통해 알 수 있다. 두 변수의 관계가 완벽하다면 결정계수는 1.00, 즉 100%다. 결정계수가 50%보다 크면 두 변수 간에 강한 상관관계가 있다고 한다. 결정계수가 0이면 두 변수는 아무런 상관관계가 없다. 예를 들어 사람의 키와 몸무게는 강한 양(+)의 관계를 보이며 결정계수는 0.7, 즉 70%다. 키가 클수록 몸무게도 많이 나갈 가능성이 큰 것이다.

UN 140개 회원국의 데이터를 활용해 회귀분석을 해본 결과 라인웨버는 놀라운 발견을 했다. 생각지도 못한 나라의 유제품이 S&P500지수 움직임의 75%를 설명한 것이다. 그 제품이 무엇이었을까? 다름 아닌 방글라데시의 버터였다. 그는 대단한 발견임을 직감했다. 더 많은 유제품 데이터를 전 세계적인 규모로 포함하면 더 정확한 결과를 얻을 수 있을 것 같았다. 치즈와 미국의 생산량을 포함하면 어떨까? 그는 데이터를 찾아보았다. 놀랍게도 정확도는 95%까지 올라갔다. 하지만 도대체 이런 정확도의 근원은 무엇이란 말인가? 제3의 변수로 양의 마릿수를 포함했더니 1983~1993년 S&P500지수 움직임의 99%를 설명할 수 있었다. 완벽에 가까운 수치였다. 그는 자신의 발견을 당장 발표하지는 않았다. 너무 완벽해서 믿기지 않았기 때문이다. 그런데 기자들이 라인웨버의 연구 결과를 알아내는 바람에 이 내용이 스탠퍼드 대학교 경영대학원을 비롯한 다른 곳의 강의 내용이 되어 버렸다. 라인웨버는 방글라데시의 버터 생산량을 묻는 투자자들의 전화를 받기 시작했다. 복사하느라 색이 바래버린 차트를 본 그는 자신의 연구 결과를 정리해 책으로 출간하기로 마음먹었다.

물론 라인웨버의 연구는 데이터 마이닝이 얼마나 위험한지 보여주는 사례로 농담 삼아 하는 이야기다. 데이터 마이닝은 우연에 불과한 관계를 찾아내려고 분석하는 일을 말한다. 이를테면 방글라데시 버터 생산량은 1983년 이전이나 1993년 이후의 S&P500지수 움직임을 예측하는 데 전혀 도움이 되지 않는다. 라인웨버는 S&P500지수를 예측할 리가 없는 변수도 회귀분석에서 매우 강한 상관관계를 보일 수 있다는 점을 드러내 보이려고 자신의 연구를 일부러 그렇게 설계했다. 그저 우연한 상관관계였던 것이다. 비록 S&P500지수를 가장 잘 예측하는 변수가 어떤 것일지는 몰라도 충분히 많은 데이터를 들여다보면 어떤 관계가 수면 위로 떠오르리라는 점을 라인웨버는 알고 있었다. 방글라데시 버터 생산과 S&P500지수의 상관관계는 운 좋게 낚아 올린 가짜 월척이었을 뿐이며 상관관계는 순 엉터리였다.

이 책의 목적은 우리가 살펴본 가격 및 퀄리티 지표를 결합해 탄탄한 QV를 개발하는 것이다. 전략을 세우기에 앞서 연구 결과를 신뢰할 수 있는지 생각해봐야 한다. 전략이 경제 상식에 부합하는가? 방글라데시 버터 전략을 우리 손으로 또다시 만들고 싶지는 않다. 경이로운 투자 시뮬레이션 결과를 만들어내는 일은 어렵지 않다. 미래 수익을 실제로 안겨줄 강건한 방법을 찾는 일이 매우 어렵다. 이번 장에서는 우리가 피해야 할 함정과 결과를 해석할 틀을 제시하려고 한다.

## 지속 가능한 알파

어떤 펀드매니저의 과거 기록만 갖고 성과를 평가하면 판단을 그르칠 수 있다. 과거의 수익은 기만적일 수 있으며 미래 수익과는 종종 상관이 없다. 그럼에도 불구하고 투자자들은 펀드매니저의 최근 기록만 보고는 그런 성과를 낳은 요인이 무엇인지는 보지도 않은 채 미래를 그대로 추론하는 경향이 있다. 과거 기록이 얼마나 현혹시킬 수 있는지는 SEC가 펀드 가입 고객에게 제시되는 모든 설명서에 "과거 실적이 반드시 미래의 성과를 보장하지는 않습니다"라는 문구를 의무적으로 넣게 한 사실만 봐도 알 수 있다. 이와 같은 사실을 증언하는 경험 사례는 무수히 많다. 여기서는 그중 흥미로운 것 몇 가지를 소개한다.

크리스토퍼 블레이크와 매튜 모레이는 논문 '모닝스타 등급과 뮤추얼펀드 성과'[2]에서, 폭넓게 사용되는 모닝스타 등급이 부여된 이후 높은 등급의 뮤추얼펀드들이 낮은 등급의 뮤추얼펀드들을 실제로 능가했는지를 검토했다. 두 사람은 등급이 순전히 과거의 성과에 기초한 것일 뿐, 미래의 최우수 뮤추얼펀드를 예측하는 데는 거의 소용이 없다는 사실을 발견했다. 파마와 프렌치는 논문 '뮤추얼펀드 수익률의 단면으로 살펴본 행운과 재능의 비교'3에서 개별 뮤추얼펀드매니저의 수익률을 포괄적으로 검토해 수익률에 기여한 것이 반복 가능한 실력인지, 아니면 반복 불가능한 행운인지 살펴보았다. 결과는 투자자와 펀드매니저 모두 정신이 번쩍 들게 한다. 파마와 프렌치는 펀드매니저들에게 약간의 실력이 있다는 증거를 찾았다. 하지만 펀드매니저에게 지불하는 운용보수를 반영하면 그나마 있던 초과수익도 남아나지 않았다.

기존의 경험적 증거가 부족하다는 듯, 조너선 버크와 리처드 그린은 높은 성과를 거둔 펀드매니저를 좇는 건 손해라는 이론적 근거를 제시하며 가세한다. 펀드매니저가 재능이 있더라도 그렇다는 것이다. 버크와 그린은 논문 '합리적인 시장에서 뮤추얼펀드 자금의 유입과 성과'4에서 진정 유능한 펀드매니저가 과거의 성과를 반복하기 힘든 것은 뛰어난 성과에 힘입어 자금이 유입되어 운용 자산이 늘어나면 수익률이 낮아질 수밖에 없기 때문이라고 주장한다. 버핏은 주주서한을 통해 운용 자산이 늘어나면 좋은 수익률을 유지하기 어렵다는 사실을 누누이 강조했다. 예를 들어 1992년에 다음과 같이 썼다.

> 우리의 결론, 즉 늘어난 운용 자금이 우리의 상대적인 투자 성과에는 (발목을 잡는) 닻이나 마찬가지라는 사실에 이론의 여지가 없습니다. 이제 남아 있는 질문은 '우리가 감내할 수 있는 완만한 속도로 이 닻을 끌고 갈 수 있느냐'입니다.

투자자가 과거의 성과에 의존할 수 없다면 어쩌란 말인가? 정답은 우리가 그림 10.1에서 제시하는 '지속 가능한 알파'로 걸러낸 과거의 성과일 때만 과거의 성과에 의존할 수 있다는 것이다. 그림 10.1은 지속 가능한 알파 모형을 피라미드 형태로 보여준다. 맨 아래에는 가장 근본적인 요건이 있고

**그림 10.1** ─ 지속 가능한 알파의 요건 피라미드

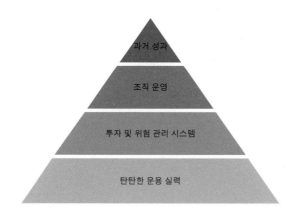

위로 올라갈수록 중요성이 떨어진다. 정상에는 가장 중요하지 않은 요건이 위치한다.

- 탄탄한 운용 실력: 맨 아래에 있는 탄탄한 운용 실력이야말로 지속 가능한 알파를 확보하는 데 가장 중요한 요건이다. 펀드매니저는 지속 가능한 '우위', 즉 시장을 능가하는 운용 실력이 있어야 한다. 전략이 먹히는 이유는 무엇인가? 내가 승리한다면 나한테 패배하는 상대방은 대체 누구일까? 어떤 규모의 자산이 주어져도 '우위'를 만들어낼 수 있는 펀드매니저인가? 운용 자산이 소규모일 때는 유능했다가 대규모가 되면 무능해지는 경우도 있기 때문이다. 진정한 우위가 존재하지 않는다면 투자수익은 행운에 맡길 수밖에 없다.
- 투자 및 위험 관리 시스템: 두 번째 층에 위치한다. 탄탄한 운용 실력을 발휘하려면 합리적인 투자 및 위험 관리 시스템이 펀드매니저에게

제공되어야 한다. 탁월한 투자 아이디어 하나에 운용 자산을 전부(레버리지도 포함해서) 투자하는 것이 합리적인가? 아니라면 어느 정도의 분산 투자를 해야 하나? 투자 및 위험 관리 시스템이 형편없이 설계되면 대박 나는 투자 아이디어도 손실로 둔갑시키는 재주를 부린다. 예를 들어 추가 증거금을 납부하지 못해 현재 포지션을 유지할 수 없으면 그런 일이 발생한다.

- 조직 운영: 운용사의 조직 운영 상황을 점검해봐야 한다. 펀드매니저와 트레이더 간에 의사소통이 원활한가? 펀드매니저가 매도를 지시했는데 트레이더는 매수하고 있지는 않은가? 사내 실무 절차와 흐름이 투자 전략에 영향을 미치는가? 제27대 해병대 사령관이었던 로버트 버로Robert Borrow 장군은 이렇게 말한 적이 있다. "아마추어는 작전을 말하지만, 전문가는 군수물자를 어찌 움직일지 고민한다."

- 앞서 언급한 단계를 모두 거친 뒤에라야 과거의 성과를 검토할 수 있다. 지속 가능한 알파 피라미드의 맨 위에서 살펴본 과거의 성과는 특정 투자 전략이 미래에 재연 가능한지 판단하는 유용한 자료가 될 수 있다.


## 큰 그림은 무엇인가?

라인웨버의 방글라데시 버터 사례가 보여주었듯이 투자 전략을 만들기 위해 통계적인 분석을 활용하는 것은 위험할 수 있다. 퀀트투자자가 어떤 요소와 수익률 간에 뚜렷한 양의 상관관계를 발견한다 해도 이는 진짜가 아니라 데이터 마이닝을 통해 찾아낸 가짜일 수 있다. 데이터의 양이 많을 때는 상관관계처럼 보이는 엉터리도 찾아낼 수 있다. 사실 엉터리 상관관계가 나타날 확률을 따져볼 수도 있다. 라인웨버는 2009년 저서 《Nerds on Wall Street: Math, Machines and Wired Markets월가의 괴짜들: 수학과 컴퓨터 그리고 망으로 연결된 시장들》5에서, 95% 신뢰수준으로 100개의 회귀분석을 하면 5개는 순전히 우연하게 나타난 결과라고 썼다. 1992년 논문 '교묘한 속임수의 이면: 투자 시뮬레이션의 진실성 평가하기'6에서 존 프리먼은 완전히 가짜인 투자 전략을 테스트할 때 4개당 1개꼴로 통계적 유의미성이 나타난다고 가정하는 것이 비합리적이지 않다고 썼다. 퀀트투자를 하려면 엉터리 상관관계를 솎아내야만 하는데, 결코 쉬운 일이 아니다.

이유가 있을 거라고 생각하려는 인간의 습성 때문에, 우연에 불과한데도 패턴처럼 보이면 무시하기 힘든 면이 있다. 방글라데시 버터 생산량이 S&P500지수 향방을 예측하지 못하는 것이 분명한데도 라인웨버가 주가의 움직임과 이자율, GDP, 무역, 주택 착공 건수 등과 연계하면 더 그럴듯한 통계 모형을 만들어냈을 것이다. 방글라데시 버터 사례와 마찬가지로 엉터리 상관관계일지도 모르지만 너무 그럴듯해서 무시하기 어려웠을 것이다. 나심 탈레브는 이를 '이야기의 오류narrative fallacy'라고 불렀다.7 지속 가능한 알파의 맥락에서 보면 탄탄한 운용 실력은 만만한 일이 아니다. 방글라데시 버터 사례는 터무니없다고 생각하는 사람들도 GDP나 이자율로 상관관계를 설명하면 쉽게 받아들일 것이다. 훨씬 더 그럴듯하기 때문이다. 엉터리 상관관계에 그럴듯한 설명을 갖다 붙이는 속임수는 어차피 일어나게 마련이다. 그게 사실이라면 데이터 마이닝의 함정에 빠지지 않기 위해서 어떻게 해야 하는가? 첫째, 데이터 광산에서 투자 아이디어를 채굴하려고 하면 안 된다. 투자 아이디어를 먼저 생각해내고 이를 테스트하는 것이 더 과학적인 접근법이다. 우리의 QV도 바로 그렇게 탄생했다.

## 유용성이 검증된 가치투자 원리로 시작하라

지속 가능한 알파 피라미드는 가치투자 철학에 기반한다. 우리 QV의 근거는 1930년대 초반에 그레이엄이 처음 논의하고 성공적으로 적용한 가치투자의 원리들로 구성된다. '훌륭한 기업을 적정 가격에 매수하는' 버핏의 전략은 그레이엄의 가치투자 전략을 한 단계 끌어올렸다. 버핏에게서 영감을 받은 그린블라트는 버핏의 전략을 복제해 간단한 퀀트 모형인 MF를 창조했다. 가치투자는 새로운 것이 아니다. 그레이엄과 버핏, 그린블라트 등을 비롯해 수많은 사람들이 지난 80년 동안 끊임없이 공개적으로 투자하고 발표해왔던 주제다. 지적인 계보를 따진다면 QV는 그레이엄에서 시작해 버핏, 그린블라트를 거치면서 계승된 매우 훌륭한 투자 DNA를 가지고 있다고 할 수 있다.

우리가 살펴본 개별적인 퀄리티와 가격 지표들은 가치투자에서 예부터 전해 내려오는 것들이다. PBR과 PER은 화석에서 발굴해야 할 정도로 케케묵었고, EBITDA/EV는 동굴에 벽화로 새겨져 있을 만하다. 다시 말해 모두 가치투자 세계의 고대 유물이다. 퀄리티 지표는 비교적 새로운 것인데 그 중요성을 처음 부각한 사람이 바로 버핏이다. 하지만 버핏과 그린블라트는 물론이고 버핏의 주주서한, 그린블라트의《주식시장을 이기는 작은 책》을 읽어온 독자들도 매우 효과적으로 사용해온 도구다. 다시 말해 많은 가치투자자들이 오랫동안 사용해왔다.

우리가 채택한, 잘 알려진 가치투자 지표들뿐 아니라 우리가 채택한 투자 전략 역시 학계와 업계에서 이미 연구된 것에 한정했다. 라인웨버가 언급한, 모두가 무료로 이용 가능한 회귀분석을 실시하지도 않았다. 미심쩍은 지표들을 잘 버무려 참신해 보이면서 탁월한 시뮬레이션 결과를 보여주는 모형을 만들어낼 수도 있었을 것이다. 하지만 그렇게 하지 않고 공개적으로 열람할 수 있는 논문에서 시작해 우리만의 표본 외 테스트를 2011년 12월 31일까지의 자료를 이용해 실시했다. 시뮬레이션을 돌리면서 사라지는 변수가 있다면 십중팔구 데이터 마이닝 때문일 것이다. 우리는 이런 변수를 상당한 의심을 갖고 다루었다. 어떤 변수의 성과가 지속되었다면 이런 변수가 아직 반증되지 않았다는 전제하에 조심스럽게 다루었다.

## 단순, 단순, 단순화가 답이다

클레어 차이와 조슈아 클레이먼, 리드 헤이스티 등은 2008년에 연구를 진행했다.[8] 이들은 사람들이 추가 정보가 주어졌을 때 불확실한 미래의 사건을 어떻게 결정하는지 알고 싶었다. 좀 더 구체적으로 말하면, 추가 정보 획득이 결정의 정확도와 그런 결정의 정확도에 대한 그들의 확신에 어떤 영향을 미치는지 알고 싶었다. 결정에 관한 정보가 더 많을수록 정확도가 올라가고 사람들의 확신도 커질 것이라고 예상하기 쉽다. 정말 그럴까?

저자들은 참고할 수 있는 정보량을 늘려가는 것과 결정권자의 확신 및 정확도가 어떤 상관관계를 갖는지 연구한 사례가 이미 있다는 사실을 잘 알고 있었다. 1973년의 미발표 연구에서 연구원들은 경마 예상꾼들에게 경주마와 관련한 통계 데이터 40개를 제시했다. 이들 40개 데이터를 5개씩 묶어서, 즉 5개, 15개, 15개씩으로 연속해서 끊은 데이터군에서 경마 예상꾼들이 어떤 데이터를 보고 싶은지 선택하게 했다. 생각했던 대로 데이터군을 더 많이 볼수록 경마 예상꾼의 확신은 커졌지만 정확도는 개선되지 않았다. 임상심리학자를 대상으로 한 연구와, 야구팀의 성적을 예상하는 관중을 상대로 한 연구에서도 비슷한 현상이 관찰되었다. 정보의 획득이 늘면서 정확도가 약간 개선되긴 했지만 정확도보다 확신이 더 많이 증가했다. 이들 연구가 시사하는 바는 똑같다. 정보의 양이 늘수록 확신과 과신은 늘지만 정확도는 그렇지 못하다는 사실이다.

연구를 위해 차이와 클레이먼, 헤이스티는 이미 필기시험을 통해 대학 미식축구에 '정통한' 시카고 대학교 학생들을 실험 대상으로 삼았다. 이들 '정통한' 학생들에게 미국대학경기협회NCAA 소속 미식축구팀들의 통계 데이터를, 팀의 이름은 숨긴 채 제시한 후 15개 경기의 승리팀과 점수 차를 예상해보라고 했다. 경기별로 총 30개 데이터를 6개씩 묶어서 5개 데이터군으로 제시했는데 이때 각 데이터군에는 학생들이 유용하다고 판단할 만한 새로운 데이터를 포함했다. 각 데이터군을 열람한 후 학생들은 예상하고 그 예상에 대한 자신들의 확신을 판단했다. 학생들이 데이터군을 추가로 열람해도 예상의 정확도는 개선되지 않았지만 확신은 꾸준히 증가하는 것으로 나타났다. 차이와 클레이먼, 헤이스티는 얼마나 많은 정보량을 사용할 수 있는지가 정확도보다 확신에 더 큰 영향을 준다는 결론을 내렸다. 정보가 많아질수록 과도한 확신만 늘어날 뿐이다.

여기에는 몇 가지 이유가 있다. 첫째, 확증 편향confirmation bias이다. 자신도 모르게 기존 결정을 뒷받침하는 정보만 수집하고 이에 반하는 정보는 무시하게 된다. 차이와 클레이먼, 헤이스티는 새로운 데이터가 제시되더라도 학생들이 기존 결정을 가급적 바꾸려 하지 않는 경향이 있음을 발견했다. 둘째는 탈레브가 지적한 '이야기의 오류'다. 우리는 이미 만들어놓은 이야기에 얼마나 잘 들어맞는지에 따라 추가 정보의 무게를 잰다. 기존 이야기에 부합하면 수용한다. 부합하지 않으면 무시한다. 기존 이야기에 포함되는 새로운 증거는 이야기를 확증해주기 때문에 갈수록 기존 이야기가 정확하다는 확신이 커진다.

투자자에게 시사하는 바는 명백하다. 어떤 주식을 사느냐 마느냐의 결정은 불확실한 미래 사건에 대한 결정이다. 더 많은 정보를 구해도 특정 주식을 살지 말지 결정하는 우리의 확신만 커질 뿐, 그 결정의 정확도가 개선되지는 않는다. 머릿속 다락방에 데이터를 많이 모아봤자 마음만 편해질 뿐, 투자 결과를 개선하는 데는 도움이 전혀 안 된다. 전략을 간단하게 유지하는 것이 더 낫다. 다락방을 싹 치워내고 핵심 데이터에만 집중하는 것이다. 하지만 생각보다 힘든 일이다.

투자에는 복잡성보다 단순함이 낫다고 해도 사람은 천성적으로 복잡성을 더 좋아하는 경향이 있다. 오스트리아 출신의 미국 심리학자이자 철학자인 폴 와츠라비크Paul Watzlawick는 1977년 저서 《How real is real?실제는 얼마나 실제인가?》9에서 실험 하나를 소개한다. 실험은 두 사람 A와 B에게 세포의 사진을 보여주면서 시행착오를 통해 '건강한' 세포와 '병든' 세포를 분별할 수 있는 규칙을 찾아보라고 지시한다. 두 사람은 하나의 화면을 보고 앉아 있지만 서로를 보지 못하며 의사소통 역시 불가능하다. 세포 사진을 보여주면서 두 사람에게 각자 세포가 건강한지 병들었는지 판단하게 한다. 각자의 앞에는 '건강한'과 '병든'이라고 쓰인 버튼이 있고, 역시 '건강한'과 '병든'이라고 쓰인 전등이 있다. 세포를 보여줄 때마다 두 버튼 중 하나를 눌러야 하고 그러면 전등에 불이 들어와서 맞았는지 틀렸는지 알려준다.

이 실험에는 비밀이 있다. A에게는 사실대로 피드백을 주는 반면 B에게는 그러지 않는다는 것이다. A의 전등은 그의 생각이 맞았는지 틀렸는지를 알려준다. B의 전등은 B의 선택과는 무관하게 A의 전등과 똑같이 켜진다. B가 어떤 선택을 하든 A가 맞는 선택을 하면 B도 맞았다는 불이, A가 틀린 선택을 하면 B도 틀렸다는 불이 들어오는 식이다. B는 이런 사실을 모른다. B에게는 세포를 구별하는 방법이 있으며, 그가 생각해보고 맞는지 틀리는지를 통해 방법을 알아내라고 설명했다. 즉 그가 발견할 수 없는 방법을 찾아내라고 지시한 것이다.

나중에 A와 B에게 세포를 구별하는 방법을 토의하라고 했다. A의 설명은 간단하고 구체적이었다. 하지만 B의 설명은 미묘하고 복잡했는데, 약하고 일관성 없는 추측에 근거해 규칙을 만들어야 했기 때문이다. 놀라운 점은 A가 B의 설명이 지나치게 복잡하거나 비논리적이라고 생각하지 않고 오히려 세련된 이론에 감동받는다는 것이다. A는 자신의 이론이 너무 단순해서 유치하다고 생각한다. B의 설명이 장황할수록 A는 더 강하게 설득된다. 실험이 진행되면서 A 역할로 실험에 참가한 사람들 대부분은 건강한 세포와 병든 세포를 구별하는 방법을 배워서 정확도가 약 80%에 이른다. 더욱더 놀라운 것은 다음의 사실이다. 지나치게 복잡한 B의 규칙을 들은 후 A의 정확도가 현저하게 떨어지는데 B의 복잡한 규칙을 자신의 규칙에 도입하려 하기 때문이다. 이 사례의 교훈은 복잡한 모형보다 단순한 모형을 선호해야 한다는 것인데 우리도 자신을 어쩌지 못한다는 것이 문제다. 우리는 정말로 복잡성을 좋아한다.

앞서 2장에서 언급한, 그린블라트가 MF를 이용한 소액 투자자들의 투자성과를 연구한 사례를 떠올려보라.[10] 고객들이 MF가 추린 목록에서 종목을 선정해 직접 운용한 계정의 수익률은 시장, 즉 S&P500의 62.7%에 못 미치는 59.4%를 기록했다. 펀드매니저는 84.1%를 기록해 직접 운용한 계정을 약 25%p, S&P500을 20%p 능가했다. 2년이라는 기간치고는 큰 차이다.

그린블라트에 따르면 직접 운용한 계정은 시장을 능가하는 모형을 채택하긴 했지만 스스로 초과수익률을 없애버렸다. 최고의 승자주를 사지 않았기 때문이다. 이런 결과가 주식을 무작위로 선별하는 오류 때문만은 아니라는 점이 중요하다. 투자자들은 '체계적으로' 최고 승자주를 외면했다. 간단한 모형이 제공하는 모든 시장 능가 요인이 모형 밖의 이유로 없어졌다. 투자자들이 단순함보다 복잡성을 선호함을 보여주는 또 다른 사례다.

CNBC 방송 출연자들이 최고 승자주를 피해야 하는 온갖 현란한 이유를 대면 투자자들은 MF가 제시하는 단순함은 외면한 채 그런 복잡한 이유를 더 믿는다. "MF가 선정한 주식은 실수겠지. 너무 단순한 방법이잖아. 방송 출연자들이 고도로 복잡해 보이는 이유를 들어가며 그 종목들을 피하라고 하잖아"라는 식이다. 직접 운용한 투자자들은 MF가 추린 종목임에도 불구하고 자칭 '전문가'라는 사람들이 부정적으로 언급했다는 이유만으로 이들 주식을 외면했고, 그렇게 외면한 주식들이 미래의 최고 승자주가 되었던 것이다.

전문가에게도 해당하는 문제다. 1장에서 다루었던 내용을 떠올려보라. 간단한 모형이 전문가의 판단을 능가했고, 심지어 전문가들에게 모형의 결과를 참고하게 했는데도 그랬다. 즉 전문가가 전문성을 발휘한다지만 사실은 모형의 정확성에서 오히려 멀어지는 것이다. 모형의 오차율은 알려진 반면, 전문가는 다른 사람들과 마찬가지로 행동 편향에서 벗어나지 못하기 때문에 그렇다. 모형의 결과를 갖고 장난치다 보면 편향이 결과에 영향을 미치게 된다. 연구에 연구를 거듭할수록 전문가가 아무리 노력해도 모형을 능가하지 못한다는 사실이 밝혀졌다. 모형은 전문가가 성과를 더 쌓아 올릴 수 있는 바닥이 아니라, 성과를 훼손하는 천장이다. 그린블라트조차도 자신은 MF를 능가할 수 없다고 말했다.[11] 그는 자신과 동료를 위해 MF가 추린 목록을 검토하면서 두 사람이 가치 함정value trap에 해당된다고 '알고 있는' 종목을 제외하는 실험을 한 적이 있다. 두 사람은 MF에 패했다. 잘 안다고 생각했던 종목에서조차 당한 것이다. MF가 어떤 제약회사 주식을 골라주었는데, 그린블라트는 이 회사의 주력 제품이 곧 특허 만기에 도달한다는 사실을 알고 있어서 모형을 따르지 않았다. "그런데 그게 6개월 만에 2배가 된 것 아니겠습니까. 어설프게 아는 건 위험하다더니 그 말이 꼭 맞았습니다." 그린블라트의 말이다.[12] 가치투자자가 제일 싫어하는, 제일 직관에 역행하는 주식이 시장 초과수익률을 안겨주는 경우가 종종 있다.


# 큰 그림을 엄밀하게 검증하라

우리 모형을 엄밀하게 테스트해보는 것이 이치에 맞다. 직관적으로 옳아 보이는 수많은 아이디어가 검증 아래서 무기력해진다. 문제는 본의 아니게 엉터리 투자 시뮬레이션을 믿게 되는 경우가 무수히 많다는 점이다. 잘못된 데이터로 시뮬레이션하면 편향된 결과가 나오면서 실제보다 더 좋은 수익률을 달성할 수 있다고 믿게 된다. 마찬가지로 포트폴리오 구성, 회전율, 거래 비용 등과 관련해 잘못된 가정을 세워도 결과에 오류가 생길 수 있다. 지금부터 투자 시뮬레이션을 할 때 흔히 저지르는 실수와 이를 피하는 방법을 살펴보겠다.

## 데이터 오류

1992년 논문 '교묘한 속임수의 이면: 투자 시뮬레이션의 진실성 평가하기'[13]에서 존 프리먼은 투자 시뮬레이션을 행하는 연구자들이 흔히 저지르는 오류 몇 가지를 다루었다. 대개 잘못된 데이터에서 비롯되어 무심코 저지르는 것들로, 좋은 데이터베이스라면 대부분 피할 수 있는 오류다. 잘 알려진 오류 중 하나는 생존 편향survivorship bias에서 비롯되는데, 상장폐지된 종목은 빠지고 '생존하는' 종목만 포함하기 때문에 붙여진 이름으로, 생존하는 종목에 유리한 방향으로 결과가 편향되기 때문에 발생하는 오류다. 상장폐지된 종목 데이터를 포함하지 않는 데이터베이스 수익률은 과장될 수 있다. 예를 들어 자금난에 처한 기업들만 매수하는 투자 전략을 테스트 한다고 가정해보자. 데이터베이스가 상장폐지된 종목을 포함하지 않으면 결과는 자금난에 처했다가 살아남은 종목들만 포함하게 된다. 이런 종목 은 놀라운 수익을 냈을 가능성이 크며 실제로 투자해서 얻을 수익률을 과 장하게 된다. 자금난에 처해서 사라져버린 기업을 생각해보라. 그런 종목 을 샀다면 수익률이 현격하게 떨어질 텐데 데이터베이스에 없기 때문에 알 수 없고 따라서 실제로 거둘 수익률이 과장된다. 실제 투자라면 매수 시점 에 살아남을 종목과 사라질 종목을 구별할 수 없는데도 투자 시뮬레이션 은 그럴 수 있는 것처럼 행동한다.

생존 편향을 막으려면 데이터 무결성이 확인된 데이터베이스를 사용해 야 한다. 우리는 학계는 물론 퀀트투자자들도 가장 신뢰하는 CRSP 데이터 베이스를 사용한다. CRSP는 '사망한' 기업과 상장폐지된 기업도 포함한다. 하지만 이는 시작에 불과하다. 상장폐지된 종목의 주가 데이터를 우리 수익 률에 반영해야 한다. 논문 '상장폐지 수익률과 회계에 따른 시장 이례 현상 에 대한 효과'[14]에서 리처드 프라이스, 윌리엄 비버, 모린 맥니콜스 등은 최 종 데이터베이스에 CRSP 상장폐지 정보를 분별 있게 합치는 알고리즘을 제시했다. 저자들은 백테스트 분석에서 상장폐지 데이터를 반영하는 것이 얼마나 중요한지 강조한다. 분석에 상장폐지 종목을 제대로 반영하느냐 아 니냐에 따라 결과가 극적으로 달라지는 것이다. 예를 들어 BM 10분위 포 트폴리오는 끝까지 생존하지 못하는 경우가 흔하다. 상장폐지 종목이 누락 되면 가치주 포트폴리오의 성과가 지나치게 부풀려진다. 표 10.1은 BM을 이용한 분석에서 상장폐지 종목이 누락될 경우 어떤 결과가 나오는지를 보 여준다.

또 다른 치명적 오류는 '미리 보기 편향look-ahead bias' 또는 '시점 편향

**표 10.1** ─ BM 10분위 상장폐지 효과

| BMt 10분위 | 1987~2002 | | | 1962~2002 | | |
|---|---|---|---|---|---|---|
| | 원형 수익률 평균 | 규모조정 수익률 평균 | t-통계량 | 원형 수익률 평균 | 규모조정 수익률 평균 | t-통계량 |
| 패널 A: 상장폐지 기업 미포함 | | | | | | |
| 1 | 0.102 | -0.045 | -3.78 | 0.083 | -0.057 | -7.62 |
| 2 | 0.088 | -0.053 | -5.57 | 0.092 | -0.047 | -7.85 |
| 3 | 0.197 | -0.050 | -5.74 | 0.106 | -0.039 | -7.09 |
| 4 | 0.136 | -0.010 | -1.05 | 0.133 | -0.012 | -2.04 |
| 5 | 0.137 | -0.009 | -1.03 | 0.141 | -0.007 | -1.18 |
| 6 | 0.154 | 0.003 | 0.29 | 0.161 | 0.008 | 1.28 |
| 7 | 0.174 | 0.019 | 2.04 | 0.177 | 0.019 | 3.45 |
| 8 | 0.186 | 0.024 | 2.25 | 0.189 | 0.023 | 3.63 |
| 9 | 0.246 | 0.074 | 6.01 | 0.230 | 0.056 | 7.77 |
| 10 | 0.301 | 0.114 | 9.41 | 0.272 | 0.086 | 11.73 |
| 10 - 1 | 0.199 | 0.158 | 8.20 | 0.189 | 0.143 | 13.34 |
| n | 74,087 | 74,087 | | 139,164 | 139,164 | |
| 패널 B: 상장폐지 기업 포함 | | | | | | |
| 1 | 0.024 | -0.110 | -10.23 | 0.030 | -0.101 | -14.48 |
| 2 | 0.077 | -0.057 | -6.16 | 0.085 | -0.049 | -8.25 |
| 3 | 0.083 | -0.058 | -6.99 | 0.097 | -0.043 | -8.15 |
| 4 | 0.127 | -0.015 | -1.68 | 0.131 | -0.012 | -2.04 |
| 5 | 0.129 | -0.011 | -1.42 | 0.138 | -0.005 | -0.92 |
| 6 | 0.153 | 0.007 | 0.84 | 0.161 | 0.013 | 2.28 |
| 7 | 0.166 | 0.016 | 1.89 | 0.174 | 0.021 | 3.93 |
| 8 | 0.183 | 0.026 | 2.53 | 0.189 | 0.028 | 4.46 |
| 9 | 0.227 | 0.062 | 5.43 | 0.223 | 0.055 | 8.04 |
| 10 | 0.246 | 0.075 | 6.74 | 0.242 | 0.067 | 9.71 |
| 10 - 1 | 0.222 | 0.185 | 10.58 | 0.212 | 0.168 | 16.96 |
| n | 81,755 | 81,755 | | 150,046 | 150,046 | |

출처: William Beaver, Maureen McNichols, and Richard Price, "Delisting Returns and Their Effect on Accounting-Based Market Anomalies." *Journal of Accounting and Economics* 43(2007): 341~368.

point-in-time bias' 때문에 생긴다. 미리 보기 편향이란 분석 대상이 되는 기간에는 구할 수 없었던 데이터를 시뮬레이션에 포함하는 오류다. 예를 들어 회계보고서가 나올 때까지 걸리는 지체 시간을 반영하지 않은 데이터베이스는 결과를 과장할 수 있다. 연간 실적은 통상 이듬해 1~2월에야 발표된다. 매년 1월 1일에 리밸런싱하는 투자 전략을 테스트하는 경우 이전 해의 연간 실적을 사용하면 미리 보기 편향을 초래할 수 있는데 올해 1월 1일에는 이 정보를 얻을 수 없었기 때문이다.

　재무제표를 공시한 후 수정 공시하는 기업이 종종 있는데 이때도 백테스트 결과에 큰 영향을 미치는 미리 보기 편향을 초래할 수 있다. 마커스 보그와 모리스 베일리는 논문 '과거 실적을 연구할 때 현재의 컴퓨스태트를 최초 공시 자료로 활용함으로써 생기는 이점'[15]에서, 간단한 PER 전략에서조차 수정 공시된 재무제표 때문에 백테스트 결과가 얼마나 큰 영향을 받는지 논했다. 백테스트할 때 최초의 재무제표 자료와 이후 수정된 재무제표 자료의 변화를 제대로 반영하지 못하면 결과가 극적으로 달라질 수 있다. 예를 들어 재무제표가 수정 공시되는 까닭에 미리 보기 편향을 제대로 제거하지 못했고, 그 탓에 1987년 6월~2001년 6월 동안 PER 전략의 실현 가능한 수익률이 무려 28%p나 과장되었다. 그림 10.2는 수정 공시된 재무제표를 제대로 반영하지 못한 결과를 보여준다.

　우리 투자 시뮬레이션에서는 미리 보기 편향을 막기 위해 데이터를 6개월 지연해서 보수적으로 다루겠다. 주식 거래를 결정하는 시점에 재무제표 열람이 가능하도록 보장하기 위함이다. 예를 들어 연간 데이터의 시점을 대개 12월 31로 잡는데 우리는 투자자가 이 정보를 이듬해 6월 30일에나 볼 수 있다고 가정한다. 결과가 과장되기 쉬운 미리 보기 편향을 막기 위해 학계에서 널리 사용되는 관행이다.

그림 10.2 ─ 재무제표 수정 공시로 인한 미리 보기 편향이 PER 전략에 미치는 영향
(1987~2001)

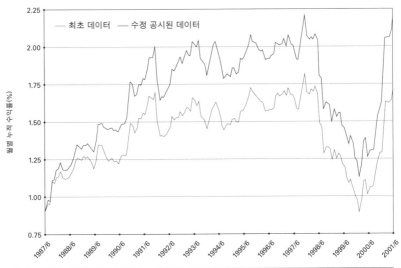

출처: Marcus Bogue and Morris Bailey, "The Advantages of Using as First Reported Data with Current Compustat Data for Historical Research." Charter Oak Investment Systems, Inc., 2001.

## 돈이 많아질수록 문제도 많아진다

모든 투자 시뮬레이션에서 포트폴리오의 크기, 기업 규모와 유동성을 고려하는 것이 매우 중요하다. 일반적으로 전략에 투입되는 자금이 커질수록 투자 가능한 유니버스가 작아지고 따라서 리밸런싱이 어려워지고 그 결과 투자 결과도 악화된다. 자금 규모가 작으면 작고 유동성이 떨어지는 종목에 투자할 수 있기 때문에 투자 유니버스가 커진다. 자금 규모가 작으면 리밸런싱이 훨씬 쉽고 주가의 움직임에도 영향을 미치지 않을 수 있다. 투자 유니버스가 크고 리밸런싱을 자주 하는 것이 투자 유니버스가 작고 리밸런싱을 가끔 하는 것보다 더 좋은 결과를 낳지만, 그런 전략은 자금이 소규모일 때만 가능하다는 점이 문제다. 1장에서 다룬 그레이엄의 원조 NCAV 전

략을 예로 들어보자.

> 나의 첫 번째이자 보다 제한적인 방법은 운전자본을 밑돌거나 공장이나 어떤
> 고정자산에도 가중치를 두지 않은 채 순유동자산가치에서 모든 부채를 뺀 가
> 치를 밑도는 가격에 주식을 매수하는 방법이다. 우리는 투자금을 운용할 때
> 이 방법을 널리 사용했으며 30년이 넘는 세월 동안 이렇게 해서만도 연 20%
> 정도의 수익을 냈다. 하지만 시간이 흘러 1950년대 중반 이후부터는 주식시
> 장의 전반적인 활황 때문에 이런 식의 매수 기회가 매우 희귀해졌다. 그러다
> 가 1973~1974년 하락기 이후 다시 많아졌다. 1976년 1월에 세어보니 S&P
> 주식 가이드에 나와 있는 종목 중 300개 이상이 여기에 해당되었다. 전체의
> 약 10%에 달하는 숫자다. 내가 보기에 절대로 실패하지 않는 체계적인 투자
> 방법이다. 다시 한번 말하지만 개별 투자 성과가 아니라 그룹 전체의 기대 수
> 익이 그렇다는 이야기다.

다양한 연구를 통해 NCAV 전략의 수익률이 대략 연 30%임이 밝혀졌
다.[16] 상당히 놀랍지 않은가? 문제는 이 전략이 매우 소규모의 투자금만 소
화할 수 있다는 점이다. 그레이엄은 NCAV 전략이 "거의 틀림없이 신뢰할
수 있고 만족스럽기는 하지만 실제로 적용하기엔 매우 제약이 많다"라고
썼다. 왜냐하면 종목들이 너무 소형주인 데다 매수 기회는 어쩌다가 생기
고 유동성이 매우 적기 때문이다. 1981년 6월~2000년 6월 동안 영국 주식
시장에 상장된 종목을 연구해본 결과 유동성과 시가총액이 백테스트 결과
에 큰 영향을 미쳤다.[17] 가장 작은 5분위에 속하는 종목들의 수익률은 연
30%가 넘었지만 수익 대부분이 유동성이 작거나 아예 없는 종목에 집중되
었다. 대형주의 CAGR 역시 여전히 매력적인 17% 정도였으나 연구에 포함
된 기업이 특정 기간에 한두 개에 그칠 정도로 적었기 때문에 아주 신뢰할

만하지는 않다. 이 연구는 그레이엄이 썼듯이 NCAV 전략이 환상적인 수익률을 제공하는 반면 실제로 적용하기엔 제약이 너무 많다는 사실을 잘 보여준다. 소형주이면서 어쩌다 거래되는 종목은 매매 호가의 스프레드가 넓은 경우가 많고 기록된 호가에 거래하기가 종종 어렵다.

시가총액이 작은 문제를 해결하기 위해 우리는 뉴욕증권거래소가 시가총액이 가장 작은 종목 40%를 제외하는 규칙breakpoint rule을 활용하기로 한다. 우리 연구 대상은 뉴욕증권거래소에서 특정 시점에 거래되는 시가총액이 하위 40%보다 큰 종목에 한정한다. 예를 들어 2011년 12월 31일 기준 뉴욕증권거래소의 시가총액 하위 40%인 14억 달러 미만인 기업은 제외한다. 소형주를 제외하는 것은 실제로 투자해서 실현할 수 없는데도 오해를 불러올 결과를 낳을 수 있기 때문이다. 소형주는 매매 호가의 스프레드가 넓고 매매 호가의 유동성도 현저히 낮다. 연구에 포함하면 그 가격에 매매가 가능하다고 전제하는 셈인데 실제로는 상대적으로 적은 수량만 거래해도 주가가 크게 변동해 시뮬레이션 결과를 극적으로 바꿔놓을 수 있다. 간단히 말해서 초소형주를 포함하면 실제로 투자해서 얻을 수 있는 수익률을 지나치게 과장하는 결과를 낳는다. 40% 수준을 선택한 것은 언제든 객관적으로 결정할 수 있는 기준이고, 투자가 가능할 만큼 시가총액이 크며, 종목 수가 시뮬레이션 결과를 신뢰하기에 충분하기 때문이다. 우리는 연구 결과를 신뢰하고 실제로 재연할 수 있도록 충분히 크고 유동성도 풍부한 종목만 포함하기로 했다. 이것이 우리가 다양한 투자 전략을 연구해볼 투자 유니버스다. 기준을 40%보다 낮추고 소형주와 유동성이 떨어지는 종목을 포함해서 시뮬레이션 결과를 크게 개선할 수도 있지만, 그렇게 나온 결과는 믿을 수 없고 재연할 수도 없다.

## 벤치마킹: 숫자가 노래하게 하라

투자 유니버스를 분석해 고려 중인 투자 기준에 따라 10분위 포트폴리오를 구성한다. 10분위 포트폴리오 각각은 전체 대상 종목의 10%씩 포함해 시가총액가중으로 구성한다. 포트폴리오에 350개 종목이 있다면 각 종목은 포트폴리오 전체의 평가액 대비 시가총액으로 대변된다. 예를 들어 포트폴리오 전체의 평가액이 500억 달러이고 어떤 종목의 시가총액이 50억 달러면 이 종목은 포트폴리오의 10%를 대변하는 셈이다. '1번 10분위'는 투자 기준에 가장 잘 부합하거나 투자 기준에 따른 지표가 가장 좋은 종목 10%다. '2번 10분위'는 투자 기준에 따라 순위를 매겼을 때 그다음으로 좋은 종목 10%다. '10번 10분위'는 가장 나쁜 종목 10%다. 예를 들어 PER 기준으로 순위를 매겼을 때 1번 10분위에는 PER이 가장 낮은 종목 10%가 속하고, 2번 10분위는 그다음으로 PER이 낮은 종목 10%, 10번 10분위는 PER이 가장 높은 종목 10%가 포함된다.

우리는 모든 시가총액가중 포트폴리오를 S&P500과 비교한다. S&P500의 수익률도 시가총액가중이며 배당금을 재투자한다. 대형주일수록 S&P500에 더 많은 영향을 준다. 만약 동일비중 포트폴리오로 S&P500과 비교한다면 소형주와 유동성이 떨어지는 종목의 비중이 상대적으로 커지기 때문에 잘못된 결과를 제시하게 될 것이다. S&P500에 비해 월등한 백테스트 결과가 나올 테지만 그런 결과가 '알파'를 대변하는 것이 아니고 투자자에게 도움이 되지도 않는다. 예를 들어 표 10.2에 있는 완전한 패시브 포트폴리오를 보자. 뉴욕증권거래소 하위 40% 제외 수준을 통과한 뉴욕증권거래소, 아메리칸증권거래소, 나스닥 종목 모두에 동일비중을 적용했다.

그림 10.3은 패시브 동일비중 포트폴리오가 1964년 1월~2011년 12월 동안 S&P500을 거의 연 3%p 능가한 것을 보여준다. 우리도 동일비중을 적용

Part 6. 모형 구축과 테스트

표 10.2 ― 동일비중 포트폴리오의 성과(1964~2011)

| | 동일비중 포트폴리오 | S&P500 | 10년 만기 국채 |
|---|---|---|---|
| CAGR(%) | 12.19 | 9.52 | 7.52 |
| 표준편차(%) | 16.84 | 15.19 | 10.39 |
| 하방편차(%) | 12.09 | 10.66 | 6.23 |
| 샤프지수 | 0.46 | 0.33 | 0.25 |
| 소르티노지수(MAR=5%) | 0.66 | 0.50 | 0.45 |
| MDD(%) | -48.44 | -50.21 | -20.97 |
| 월간 최저 수익률(%) | -24.31 | -21.58 | -11.24 |
| 월간 최고 수익률(%) | 19.32 | 16.81 | 15.23 |
| 수익월 비율(%) | 59.38 | 60.94 | 59.20 |

그림 10.3 ― 동일비중 포트폴리오의 성과(1964~2011)

원금 100달러의 평가액(로그 척도)

10. 데이터 마이닝의 함정을 피하라

해서 수익률을 부풀릴 수 있지만 우리의 목적은 탄탄하면서도 지적으로 정직한, 다른 연구자들도 재연 가능한 결과를 만들어내는 것이다.

위의 논의는 펀드매니저의 술수를 통제해야 할 이유를 잘 드러낸다. 펀드매니저에게 돈을 맡기기에 앞서 투자자는 펀드매니저의 진정한 '기회조정' 수익률을 따져봐야 한다. 위험조정이 아니라 '기회조정'인 것에 주목하라. 둘은 분명 다르다. 논의를 위해서 소형주가 위험조정수익률(즉 알파)을 내는 데 유리하다고 가정하자. 소형주만 매수하는 펀드매니저는 소형주에서 비롯된 알파를 낼 것이다. 실적이 어쩌다 좋을지도 모르는 틈새시장에만 투자하는 펀드매니저인데도 알파를 냈다는 이유로 더 높은 운용보수를 지급하는 것이 과연 합리적인가? 소형주 지수를 추종하도록 투자하면 더 적은 비용으로도 이 펀드매니저의 성과를 복제할 수 있다. 더 적은 비용으로 똑같은 투자 성과를 거둘 수 있는데 높은 운용보수를 줄 이유가 있을까? '지수화'된 기회비용을 능가해야 진정한 성과로 측정할 수 있다. 그러기 위해 요소 모형factor model을 사용한다. 요소 모형은 다양한 위험과 기회비용을 관리하고 투자 전략의 이면에 깔린 진정한 성과를 알 수 있게 해준다. 11장에서 QV가 기여한 부가가치를 분석할 때 요소 모형을 간단히 살펴보기로 한다.

## 데이터가 많으면 확신도 커진다

단기간에만 들어맞고서 사라지는 전략은 많다. 새천년이 시작될 무렵 닷컴 기업들을 떠올려보라. 1999년 12월 31일까지 10년간 IT주에 투자하는 어떤 전략을 검토했든 아마 시장을 큰 차이로 능가한다는 결론을 내렸을 것이다. 그러나 1989년 12월 31일 이전 10년간과 1999년 12월 31일 이후 10년간을 포함하면 이 전략이 시장과 엇비슷한 성과를 낸다고 결론을 내렸을 것이다. 이를 '소규모 표본 편향small sample bias'이라고 한다.

우리는 1964~2011년 뉴욕증권거래소, 아메리칸증권거래소, 나스닥에서 거래되는 모든 종목을 살펴보았다.[18] 할 수만 있다면 전 세계 주식시장의 1,000년간 데이터를 전부 살펴보는 것이 이상적이다. 서로 다른 시기와 거래소, 국가의 데이터를 포괄적으로 살펴볼 수 있기 때문이다. 불행히도 1962년 이전과 미국 이외의 데이터는 아예 없거나 신뢰할 수 없기 때문에 우리는 구할 수 있는 데이터만 가지고 연구했다. 컴퓨스태트의 1962년 이전 데이터는 생존 편향에서 자유롭지 못하고 대형주 및 역사적으로 성공적인 종목만 대변한다.[19] 이는 이 책이 도달하는 결과와 관련해 매우 중요한 점을 시사한다. 1964~2011년 동안 미국 주식시장에서 달성 가능했던 성과는 미래에, 그리고 다른 나라에서 거둘 수 있는 성과와 무관할 수 있다. 연구 대상 기간 동안 미국은 상대적으로 안정된 정치와 탁월한 경제 성장을 누렸다. 전쟁, 정치적 불안정, 극심한 인플레이션을 겪은 나라를 포함했다면 결과는 완전히 달라질 것이다. 필립 조리온과 윌리엄 가츠먼은 뛰어난 논문 '20세기의 세계 주식시장'[20]에서 이 점을 강력하게 부각한다. 이들은 미국 주식시장의 놀라운 성과가 정말 운이 좋았음을 보여준다. 그림 10.4는 세계 주식시장의 실질 수익률을 보여준다. 예외 없는 법은 없다고 하듯, 그림을 보면 미국 주식시장이 예외이며 당연한 것이 아님을 알 수 있다.

## 과거 데이터 vs. 미래 데이터

우리는 12개월 지연 데이터를 사용하고, 전망치는 사용하지 않는다. 이유가 있다. 애널리스트는 지나치게 낙관적인 편향이 있다 보니 이익 추정치를 체계적으로 과장하게 된다. 그림 10.5는 로이 배틀러가 애널리스트 컨센서스를 연구한 결과다.[21]

**그림 10.4** ― 세계 주식시장의 실질 수익률(1921~1996)

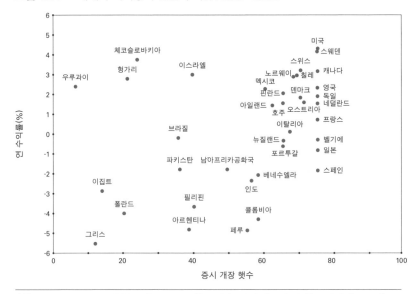

출처: Philippe Jorion and William Goetzmann, "Global Stock Markets in the Twentieth Century." *Journal of Finance* 54 (1999): 953~980.

**그림 10.5** ― 애널리스트의 낙관 편향

S&P500의 EPS 컨센서스(애널리스트 전망치 평균)

출처: Roy Batchelor, "Bias in Macroeconomic Forecasts." *International Journal of Forecasting* 23(2) (April~June 2007): 189~203.

이 그림이 보여주듯 지나치게 낙관적인 전망의 장기 패턴에서 예외는 드물다. 1995년과 2004~2006년만이 강력한 경제 성장에 힘입어 컨센서스가 실제 실적에 따라잡혔을 뿐이다. 경제 성장이 힘을 받을수록 예측 오류가 줄어들고, 경제 성장이 힘을 잃을수록 예측 오류가 커지는 경향이 있다.

## 거래 비용

이제 투자 시뮬레이션에 착수하는 시점에서 우리는 포트폴리오의 개별 종목 비중을 어떤 방식으로 결정할지, 그리고 그것이 리밸런싱과 거래 비용에 어떤 영향을 미칠지 결정해야 한다. 간단한 가중 방식도 복잡성을 불러오고 상당한 리밸런싱을 요구하기 때문에 거래 비용을 발생시킨다. 예를 들어 100개 종목으로 구성된 동일비중 포트폴리오가 주기적으로 20개 종목을 제외하고 20개 종목을 새로 편입한다면 회전율은 20%가 아니다. 승자주를 팔면 매도 금액이 20% 이상일 것이고, 패자주를 팔면 매도 금액이 20% 이하일 것이기 때문이다. 더 복잡한 것은 포트폴리오에 남아 있는 종목들의 비중이 더 이상 동일하지 않다는 사실이다. 따라서 동일비중으로 돌아가려면 이들 역시 리밸런싱을 해야 한다. 시가총액가중을 사용해도 상황은 비슷하지만 사고파는 것을 줄일 수 있다.

모든 리밸런싱은 실제로 하려면 거래 비용이 발생한다. 투자 시뮬레이션은 리밸런싱에 따른 거래 비용을 반영해야 한다. 리밸런싱을 자주 할수록 투자 시뮬레이션의 수익률이 좋아지지만 거래 비용도 늘어난다. 거래 비용이 너무 커져서 기대 수익 전체를 상쇄하는 경우가 있을 수 있다. 거래 비용을 투자 시뮬레이션에 제대로 반영하기란 쉽지 않다. 비용 구조와 세금 문제, 트레이딩 기술 등은 투자자마다 다르다. 어떤 투자자에게 적합한 비용 관련 가정이 다른 투자자에겐 맞지 않을 수 있다. 우리는 연 1회 리밸런싱을 하고 상대적으로 대형주이면서 유동성이 풍부한 종목들만 트레이딩함으로써 거래 비용에 따른 왜곡을 최소화하려고 한다. 따로 명시하지 않는 한 이 책에서 밝히는 모든 수익률은 수수료와 거래 비용을 포함하지 않는다. 투자자 개개인이 자신의 포트폴리오 운용에 따른 비용을 가장 잘 예상할 수 있다고 생각한다.

## 투자 유니버스의 매개 변수

완벽한 투명성을 기하기 위해, 백테스트가 재연 가능하고 완결성을 가지도록 우리 투자 유니버스를 자세하게 설명하겠다. 투자 유니버스는 각 리밸런싱 시점에 시가총액이 뉴욕증권거래소 시가총액 40% 수준보다 크고, 유동성이 풍부하며, 투자 가능한 종목으로 구성된다. 따로 명시하지 않는 한 책 전체에 동일하게 적용된다.

최종적으로 11~12장에서 다룰 투자 시뮬레이션 기간은 1974년 1월 1일 ~2011년 12월 31일이다. NEqIss 변수에 필요한 데이터는 1972년 12월 31일부터 구할 수 있고 재무제표 기준일부터 투자자가 열람할 수 있는 시점까지의 지연 기간은 6개월을 둔다. 기술적으로는 1973년 7월 1일부터의 수익률을 포함할 수 있지만, 실험의 용이함을 위해 '반쪽'짜리 데이터는 최종 결과에 포함하지 않는다. 1973년 7월 1일부터든 1974년 1월 1일부터든 모든 수치는 동일하다.

이 책의 목적은 실제로 투자해서 수익률을 안겨줄 합리적인 QV를 개발하는 것이다. 투자 시뮬레이션을 이용해 자신을 속일 수 있는 방법은 수없이 많다. 통계 분석을 통해 허위의 관계를 찾아내거나, 잘못된 데이터베이스를 사용해 무심코 미리 보기 편향과 생존 편향을 도입하거나, 투자 전략이 소화할 수 있는 투자금의 규모를 과장하거나, 대상 종목의 유동성을 과장하거나, 빈번한 리밸런싱의 거래 비용을 과소평가할 수도 있다. 버핏과 그레이엄이 지적했듯이 시장은 항상 효율적이지는 않지만 종종 효율적이다. 시장을 능가하기란 쉽지 않다. 그렇지 않다고 하는 사람이 있다면 자신은 부유하게, 하지만 당신은 가난하게 만들 뭔가를 팔고자 하는 사람임에 틀림없다.

우리는 투자 아이디어를 통계적 분석이나 과최적화curve-fitting를 통해 얻지 않는다. 유효성이 검증된 분석 기법에 의존하고 이를 뒷받침하는 학계의 연구와 상식으로 보완한다. 또한 가능하면 단순함을 추구한다. 앞서 밝힌 이유 외에도 단순함을 추구해야 하는 이유는 많다. 단순한 모형일수록 규칙은 적으면서 확고하다. 따라서 더 탄탄하다. 복잡한 모형은 규칙이 많고 더 직관적이며 해석의 여지가 있다. 퀀트투자는 분석에 사용하는 방법을 착수하려는 시점에 명확하게 구체화하도록 요구하기 때문에 그토록 효과적인 것이다. 시장이 극단적으로 움직일 때는 모형의 기준에 부적합한 종목을 맞춰 넣기 위해 규칙을 변경하려는 유혹을 받기 쉬운데, 방법을 명확하게 구체화하면 이를 방지할 수 있다.

끝으로 백테스트 결과가 흔히 빠지는 함정을 피하려고 애썼다. 우리는 학계와 업계가 이룩한 최상의 연구 결과를 토대로 모형을 만들었다. 우리의 귀무 가설null hypothesis은 시장이 효율적이라는 것이며, 증거가 압도적인 경우에만 귀무 가설을 기각한다. 기업 활동의 역사와 상장폐지 데이터를 포함해 생존 편향에서 자유로운 포괄적 데이터베이스를 사용하며, 데이터를 의도적으로 지연시켜 미리 보기 편향을 제거했다. 상대적으로 큰 시가총액 하한선(2011년 12월 31일 기준 14억 달러)을 사용한다. 연 1회 리밸런싱하고 시가총액가중 포트폴리오를 가정한다. 우리는 투자자가 실제로 맞닥뜨리는 투자 조건들을 최대한 보수적으로, 진짜처럼 복제함으로써 투자 시뮬레이션이 진정으로 재연 가능한 결과를 낳게 했다.

## 투자 유니버스 선별과 백테스트 가정들

| 항목 | 설명 |
| --- | --- |
| 시가총액 | 뉴욕증권거래소 40% 수준[22] |
| 거래소 | 뉴욕증권거래소/아메리칸증권거래소/나스닥<br>부동산투자신탁(REITs)<br>비상장기업투자전문회사(BDC, Business Development Companies)<br>트래킹 주식(Tracking stock, 회사의 특정 사업 부문을 떼어내 주식을 발행하는 것-역자 주)<br>합자회사(LP, Limited Partnership)<br>마스터 합자회사(MLP, Master Limited Partnership) |
| 제외된 주식 유형 | 모기지 부동산투자신탁(Mortgage REITs)<br>로열티 신탁(Royalty Trusts)<br>ETF 또는 ETN<br>폐쇄형 펀드(Closed-end funds)<br>미국예탁증권(American Depositary Receipts 또는 American Depositary Shares)<br>스팩(SPACs, Special-Purpose Acquisition Companies) |
| 제외된 사업 부문 | 금융주(레버리지 비율이 높아 금융회사에 지나치게 불리함) |
| 수익률 데이터 | CRSP: 배당금, 주식 분할, 기업 활동 등을 감안해 주가를 조정함 |
| 펀더멘털 데이터 | 컴퓨스태트: 1962년 12월 31일 이후 연간 데이터 |
| 상장폐지 알고리즘 | '상장폐지 수익률과 회계에 따른 시장 이례 현상에 대한 효과' 리처드 프라이스, 윌리엄 비버, 모린 맥니콜스[23] |
| 포트폴리오 가중 방식 | 시가총액가중, 1년 매입 보유법 수익률 |
| 포트폴리오 설정일 | t년도 6월 30일 |
| 펀더멘털 날짜 | t-1년도 12월 31일. t년도 3월 31일 이전에 회계연도가 끝나는 기업은 t년도 펀더멘털 사용. t년도 3월 31일 이후에 끝나는 기업은 t-1년도 펀더멘털 사용 |
| 데이터 요구 사항 | 기업들 모두 핵심 데이터를 갖고 있어야 함 |

# MF의 문제

진정한 자본 이상으로 주식이 오르는 일은
상상에 의해서만 가능하다.
1+1은 아무리 속임수를 동원해도 3.5가 될 수 없는 법이다.
따라서 어쩌다 엉터리로 이익이 발생했다고 쳐도,
조만간 누군가에게는 손실이 될 수밖에 없다.
이런 일이 자신에게 일어나지 않게 하는 길은
잽싸게 팔아버리고 꼴찌만 귀신에게 잡혀가게 하는 것뿐이다.
작자 미상1

MF가 비중이 동일한 2개 요소로 구성된 사실을 이미 살펴보았다. 퀄리티 지표인 MF_ROIC와 가격 지표인 EBIT/EV다. 7~8장을 통해 여러 가격 지표를 철저하게 백테스트해본 결과 EBIT/EV가 최고임을 알게 되었다. 흔히 사용되는 다른 가격 지표들이 강력하게 도전했지만 그레이엄이 추천한 '정상'이익과 오쇼너시가 제안한 결합 가격 지표, 겸손하기 그지없는 EBIT/EV가 발군이었다. 그린블라트가 MF 가격 지표로 EBIT/EV를 정한 것은 우연이었던 것 같다. 그렇다면 퀄리티 지표인 MF_ROIC는 어떤가?

EBIT/EV의 단독 성과가 워낙 강력하다 보니 이것이 MF에 기여한 바가 어느 정도인지 알고 싶었다. MF를 구성 요소별로 분리한 다음 각각의 성과를 MF 전체의 성과와 비교해봄으로써 알아내고자 했다. 표 11.1은 그 결과를 보여준다.

표 11.1을 보면 MF가 전체 기간에 걸쳐 자신의 구성 요소이자 가격 지표인 EBIT/EV를 밑돈 것을 알 수 있다. 비교하면 MF는 CAGR이 낮고, 하방편차는 높고, 샤프지수와 소르티노지수의 위험조정수익률 모두 낮다. MF의 성과에 퀄리티 지표는 얼마나 기여할까? 놀랍게도 MF_ROIC가 MF의 성과를 손상시킨다. 다시 말해 가격 지표의 강력한 성과를 퀄리티 지표가 끌어내린다. 심지어 S&P500보다 낮은 수익률과 높은 변동성을 보인다. 더 나은 퀄리티 지표로 대체하면 어떨까?

간단하게 분석한 2장을 통해 우리는 MF의 퀄리티 지표가 다른 퀄리티 지표보다 못하다는 사실을 이미 알고 있다. 2장에서 다루었던 개별 퀄리티 지표를 표 11.2에서 다시 살펴보자.

표 11.2를 보면 GPA를 제외하고 어떤 퀄리티 지표도 S&P500을 능가하지 못함을 알 수 있다. 2장에서 다룬 QP가 MF를 능가했던 것을 떠올려보자. QP는 더 못한 가격 지표인 BM을 사용하는데도 효과를 냈다. 그렇다면

표 11.1 ─ MF의 요소별 성과(1974~2011)

| | MF | EBIT/EV | MF_ROIC | S&P500 |
|---|---|---|---|---|
| CAGR(%) | 13.94 | 15.95 | 10.37 | 10.46 |
| 표준편차(%) | 16.93 | 17.28 | 17.04 | 15.84 |
| 하방편차(%) | 12.02 | 11.88 | 11.35 | 11.16 |
| 샤프지수 | 0.55 | 0.64 | 0.35 | 0.37 |
| 소르티노지수(MAR=5%) | 0.80 | 0.96 | 0.56 | 0.56 |
| MDD(%) | -36.85 | -37.25 | -47.15 | -50.21 |
| 월간 최저 수익률(%) | -23.90 | -18.43 | -22.76 | -21.58 |
| 월간 최고 수익률(%) | 14.91 | 17.21 | 19.27 | 16.81 |
| 수익월 비율(%) | 63.60 | 63.38 | 59.87 | 60.53 |
| CAGR(5) 승률(%) | - | 15.11 | 84.38 | 80.10 |
| CAGR(10) 승률(%) | - | 11.28 | 89.91 | 96.44 |
| 누적 낙폭(CDD, %) | -9596.95 | -9299.02 | -10591.86 | -9562.93 |
| 상관관계 | - | 0.927 | 0.806 | 0.872 |

QP가 MF를 능가할 수 있었던 것은 MF의 퀄리티 지표인 MF_ROIC보다 더 나은 퀄리티 지표인 GPA를 사용하기 때문일까? 만약 각 전략의 제일 좋은 점, 그러니까 MF의 가격 지표인 EBIT/EV와 QP의 퀄리티 지표인 GPA를 가져와 새로운 전략인 마법 퀄리티Magic Quality, 이하 MQ를 구성해보면 어떨까? 표 11.3은 MQ와 그 구성 요소인 EBIT/EV, GPA의 성과를 보여준다.

이상하게도 MQ는 더 나은 CAGR과 더 개선된 샤프지수 및 소르티노지수로 MF를 현저히 능가하는데도 간단한 EBIT/EV보다 못하다. 표준편차와 하방편차 모두 나빠져서 샤프지수와 소르티노지수 역시 EBIT/EV보다 낮은 것이 더 안 좋다. 지금이야말로 우리의 전략 무기인, QV의 끝판왕 퀄

**표 11.2** — 퀄리티 지표의 성과(1974~2011)

|  | ROA | FCFA | GPA | MF_ROIC | S&P500 |
|---|---|---|---|---|---|
| CAGR(%) | 9.84 | 10.80 | 12.56 | 10.37 | 10.46 |
| 표준편차(%) | 17.82 | 17.78 | 16.93 | 17.04 | 15.84 |
| 하방편차(%) | 11.36 | 12.00 | 11.45 | 11.35 | 11.16 |
| 샤프지수 | 0.53 | 0.37 | 0.47 | 0.35 | 0.37 |
| 소르티노지수(MAR=5%) | 0.53 | 0.57 | 0.73 | 0.56 | 0.56 |
| MDD(%) | -51.10 | -56.02 | -43.96 | -47.15 | -50.21 |
| 월간 최저 수익률(%) | -20.64 | -21.07 | -20.68 | -22.76 | -21.58 |
| 월간 최고 수익률(%) | 18.99 | 19.82 | 21.58 | 19.27 | 16.81 |
| 수익월 비율(%) | 59.43 | 60.53 | 58.99 | 59.87 | 60.53 |
| CAGR(5) 승률(%) | - | 45.84 | 34.01 | 50.63 | 46.35 |
| CAGR(10) 승률(%) | - | 50.45 | 4.15 | 51.34 | 50.15 |
| CDD(%) | -11328.87 | -10990.16 | -9373.19 | -10591.86 | -9562.93 |
| 상관관계 | - | 0.956 | 0.884 | 0.953 | 0.896 |

리티 지표를 선보일 때가 아닌가 싶다.

GPA 대신 끝판왕 퀄리티 지표를 사용해 EBIT/EV와 결합한 새로운 전략 '마법 퀄리티 스테로이드Magic Quality on Steroids, 이하 MQS'를 만들어보자. 표 11.4는 MQS와 그 구성 요소인 EBIT/EV, 끝판왕 퀄리티 지표의 성과를 보여준다.

놀랍게도 위험·보상 측면에서 보면 MQS의 성과는 보다 단순한 MQ의 성과와 본질적으로 같다. 그리고 역시 EBIT/EV를 밑돈다. 무슨 수를 써도 EBIT/EV를 이길 수가 없다. 도대체 무슨 일인가? 어째서 간단한 EBIT/EV 가 지속적으로 최고의 자리를 차지하는가?

**표 11.3** ─ MQ의 요소별 성과(1974~2011)

| | MQ | EBIT/EV | GPA | S&P500 |
|---|---|---|---|---|
| CAGR(%) | 15.80 | 15.95 | 12.56 | 10.46 |
| 표준편차(%) | 17.19 | 17.28 | 16.93 | 15.84 |
| 하방편차(%) | 12.31 | 11.88 | 11.45 | 11.16 |
| 샤프지수 | 0.64 | 0.64 | 0.47 | 0.37 |
| 소르티노지수(MAR=5%) | 0.91 | 0.96 | 0.73 | 0.56 |
| MDD(%) | -39.59 | -37.25 | -43.96 | -50.21 |
| 월간 최저 수익률(%) | -21.98 | -18.43 | -20.68 | -21.58 |
| 월간 최고 수익률(%) | 16.19 | 17.21 | 21.58 | 16.81 |
| 수익월 비율(%) | 62.06 | 63.38 | 58.99 | 60.53 |
| CAGR(5) 승률(%) | - | 38.54 | 68.01 | 92.44 |
| CAGR(10) 승률(%) | - | 56.08 | 62.31 | 100.00 |
| CDD(%) | -8204.94 | -9299.02 | -9373.19 | -9562.93 |
| 상관관계 | - | 0.823 | 0.777 | 0.871 |

2가지 요소를 살펴봐야 한다. 첫째, EBIT/EV는 정말로 뛰어났다. 여기에는 우리가 지불하는 EV에 관한 정보와, 우리가 얻는 EBIT에 관한 정보가 많이 포함되어 있다. 이것보다 더 나아지긴 힘들다. 또한 5장에서 1년짜리 지표인 MF_ROIC와 GM 등이 뚜렷하게 평균 회귀하는 사실을 확인했다. 가격 지표에 비해 수명이 훨씬 짧은 퀄리티 지표는 바로 그러한 이유로 가격 지표만큼 성과를 보장하지는 못한다고 강하게 주장할 수 있을 것 같다. 조금 있으면 평균으로 돌아갈 것이 뻔한 것을 위해서 뭔가를 더 지불할 이유는 없지 않은가. 그럼에도 불구하고 MF는 그렇게 하고 있다. 그렇기 때문에 체계적으로 더 낮은 수익률로 이어진다. 지금부터 이를 증명하겠다.

표 11.4 — MQS의 요소별 성과(1974~2011)

| | MQS | EBIT/EV | 끝판왕 퀄리티 지표 | S&P500 |
|---|---|---|---|---|
| CAGR(%) | 15.47 | 15.95 | 11.46 | 10.46 |
| 표준편차(%) | 16.39 | 17.28 | 16.66 | 15.84 |
| 하방편차(%) | 11.55 | 11.88 | 11.04 | 11.16 |
| 샤프지수 | 0.64 | 0.64 | 0.42 | 0.37 |
| 소르티노지수(MAR=5%) | 0.94 | 0.96 | 0.66 | 0.56 |
| MDD(%) | -42.46 | -37.25 | -45.45 | -50.21 |
| 월간 최저 수익률(%) | -18.98 | -18.43 | -22.64 | -21.58 |
| 월간 최고 수익률(%) | 15.84 | 17.21 | 19.43 | 16.81 |
| 수익월 비율(%) | 64.69 | 6.38 | 58.77 | 60.53 |
| CAGR(5) 승률(%) | - | 38.04 | 68.77 | 88.66 |
| CAGR(10) 승률(%) | - | 43.62 | 83.09 | 91.69 |
| CDD(%) | -8754.55 | -9299.02 | -8962.87 | -9562.93 |
| 상관관계 | - | 0.914 | 0.748 | 0.850 |

## 인기주는 언제나 잘못된 선택이다

MF는 더 좋은 퀄리티를 위해 더 많이 지불하게 디자인된 구조적인 가치 투자 전략이다. 경험상 묻게 되는 것은 "MF는 퀄리티를 너무 비싸게 사는 것 아닌가?"다. 우리가 이미 살펴보았듯이 단독 가격 지표들이, 그중에서도 발군인 EBIT/EV가 MF_ROIC는 물론 어떤 퀄리티 지표와 비교해도 수익성이 더 좋았다. 종목 선정을 위해 미래 수익 예측력이 EBIT/EV보다 떨어지는 퀄리티 지표를 사용하다 보니 MF는 상대적으로 낮은 수익률과 높은 변동성을 초래하게 된다. 우리 가설은 MF가 고퀄리티 주식을 구조적으로 비싸게 매수한다는 것이다.

이 가설을 입증하기 위해 백테스트를 통해 MF가 지불한 매수 금액을 확인해보았다. 그림 11.1은 MF가 지불한 EBIT/EV의 그래프다.

이 그림은 MF가 EBIT/EV 가치주 10분위보다 더 높은 EBIT/EV를 지불해온 경향을 보여준다. 그래프 왼쪽에서 MF가 지불한 프리미엄이 급증한 것을 관찰할 수 있다(그래프의 왼쪽에서 오른쪽으로 갈수록 가격이 더 매력적이다). 급증은 EBIT/EV가 10% 이하인 지점에서 일어난다. 우리가 '인기주' 영역으로 들어가는 관문으로 여기는 지점이다.

우리는 총체적으로 보면 인기주가 괜찮은 수익을 제공하지 않는다는 사실을 안다. MF의 논리는 인기주의 퀄리티를 보고 사겠다는 것, 다시 말해

**그림 11.1** — MF와 EBIT/EV 가치주의 성과(1974~2011)

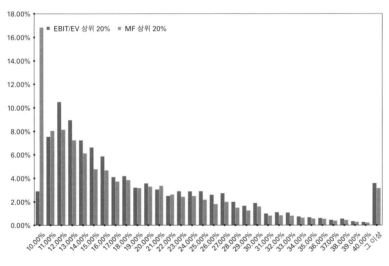

EBIT/EV 분포도

퀄리티를 위해서는 인기주도 사겠다는 것이다. 과연 최고의 퀄리티를 자랑하는 인기주들이 주식을 비싸게 사는 것은 잘못이라는 규칙의 예외에 해당될까? 표 11.5는 EBIT/EV 인기주 10분위를 우리의 끝판왕 퀄리티 지표를 이용해 고퀄리티 주식과 저퀄리티 주식으로 구별한 결과를 보여준다.

퀄리티 지표는 제대로 작동한다. 표 11.5는 EBIT/EV의 인기주 10분위에서 고퀄리티 주식이 저퀄리티 주식보다 나은 성과를 거둔 것을 보여준다. 하지만 고퀄리티든 저퀄리티든, 그리고 인기주 10분위 전체든 이들의 수익률은 S&P500에 한참 못 미친다. 고퀄리티가 저퀄리티를 능가한다지만 인기주가 저조한 성과를 초래하는 것은 피할 수 없는 사실인 듯하다. MF는 퀄리티를 위해서라면 기꺼이 지불하게끔 설계되어 있지만 인기주를 비싼 가격에 매수하는 것은 대체로 효과적이지 못하다. MF는 퀄리티를 비싸게

**표 11.5** ― EBIT/EV 인기주 10분위와 끝판왕 지표의 고/저퀄리티 10분위 성과 (1974~2011)

|  | EBIT/EV 인기주 10분위 | 끝판왕 지표 저퀄리티 | 끝판왕 지표 고퀄리티 | S&P500 |
|---|---|---|---|---|
| CAGR(%) | 7.16 | 7.06 | 7.63 | 10.46 |
| 표준편차(%) | 24.18 | 23.68 | 24.99 | 15.87 |
| 하방편차(%) | 17.52 | 16.45 | 17.84 | 11.16 |
| 샤프지수 | 0.19 | 0.18 | 0.21 | 0.37 |
| 소르티노지수(MAR=5%) | 0.28 | 0.28 | 0.31 | 0.56 |
| MDD(%) | -83.73 | -72.64 | -85.59 | -50.21 |
| 월간 최저 수익률(%) | -33.51 | -29.23 | -35.71 | -21.58 |
| 월간 최고 수익률(%) | 23.12 | 32.34 | 22.68 | 16.81 |
| 수익월 비율(%) | 57.89 | 56.36 | 58.11 | 60.53 |

사는 구조다. 잘못된 어장에서 낚시하게 하는 구조 자체에 문제가 있다. 그렇다면 올바른 어장에서 낚시하려면 어떻게 해야 할까?

## QV 구조 개선하기

6장에서는 조셉 피오트로스키가 2002년 발표한 논문 '가치투자: 과거 재무제표 정보를 이용한 승자주와 패자주 감별법'[2]과 그가 고안한 F-스코어를 살펴보았다. 싼 주식이 시장을 능가하는 경향이 있다는 파마와 프렌치의 1992년 이론(그러나 이런 주식은 자금난에 처했기 때문에 싸지만 평균적인 주식보다 더 위험하다)을 기초 삼아, 피오트로스키는 자금난에 처했기 때문에 싼 주식과, 싸지만 재무적으로 건전한 주식을 투자자들이 구별할 수 있는 방법을 찾아 나섰다.

피오트로스키가 찾아낸 것 중 가장 흥미로웠던 점은 저PBR 포트폴리오의 뛰어난 성과에도 불구하고 종목 대부분(약 57%)이 1~2년에 걸쳐 시장을 밑돈다는 사실이었다. 따라서 어떤 투자 전략이든 수익률 분포의 왼쪽 꼬리, 즉 시장을 밑도는 종목들을 제거한다면 포트폴리오의 성과를 크게 개선할 수 있다는 결론을 내렸다. 그는 F-스코어를 이용해 재무건전성이 양호한 가치주를 선별함으로써 저PBR 가치주 포트폴리오의 수익률을 최소한 연 7.5%p 개선하는 놀라운 성과를 올릴 수 있었다.

우리도 피오트로스키의 포괄적 접근법을 채택했다. 하지만 가격 지표로 그가 애용한 PBR을 최우수 가격 지표인 EBIT/EV로 대체했다. 이어서 피오트로스키의 F-스코어 대신 우리의 끝판왕 퀄리티 지표를 이용해 승자주와 패자주를 구별함으로써 EBIT/EV의 수익률 분포를 바꿔놓았다.

1부에서 살펴본 대로 유니버스에서 자본의 영구적 손실을 초래할 위험이 있는 종목을 제거하는 일에서 시작한다. 사기에 연루되거나 이익을 조작하거나 자금난에 처한 기업들이다. 이런 기업은 내재가치가 없을 뿐만 아니라 안전마진도 없기 때문에 피해야 한다. 표 11.6은 이런 종목을 유니버스에서 정화한 효과를 보여준다.

이 표를 보면 정화된 유니버스가 기존 유니버스를 상당한 차이로 능가함을 알 수 있다. 사기, 조작, 자금난과 관련된 약 5%의 종목을 제거함으로써 나머지 종목들이 탁월한 성과를 낸다.

**표 11.6** — 정화된 유니버스의 성과(1974~2011)

| | 정화된 시가총액 가중 포트폴리오 | 시가총액가중 포트폴리오 | S&P500 |
|---|---|---|---|
| CAGR(%) | 11.04 | 10.80 | 10.46 |
| 표준편차(%) | 15.31 | 15.49 | 15.84 |
| 하방편차(%) | 10.85 | 11.01 | 11.16 |
| 샤프지수 | 0.42 | 0.40 | 0.37 |
| 소르티노지수(MAR=5%) | 0.62 | 0.59 | 0.56 |
| MDD(%) | -43.48 | -44.38 | -50.21 |
| 월간 최저 수익률(%) | -21.37 | -21.55 | -21.58 |
| 월간 최고 수익률(%) | 17.73 | 17.66 | 16.81 |
| 수익월 비율(%) | 61.62 | 61.84 | 60.53 |
| CAGR(5) 승률(%) | - | 88.92 | 63.48 |
| CAGR(10) 승률(%) | - | 99.70 | 60.83 |
| CDD(%) | -9059.38 | -9224.27 | -9562.93 |
| 상관관계 | - | 0.999 | 0.990 |

Part 6. 모형 구축과 테스트

이렇게 유니버스를 줄여가면서 EBIT/EV의 가치주 10분위와 비교한다. 그림 11.2(a)는 EBIT/EV가 유니버스와 비교해 어떤 성과를 거뒀는지를 보여준다.

가치주 10분위가 지속적으로 유니버스를 능가한 것을 알 수 있다. 유니버스 안에서 가치주는 인기주 대비 어떤 성과를 냈을까? 그림 11.2(b)는 EBIT/EV 가치주 10분위와 인기주 10분위의 성과를 비교해서 보여준다.

결과를 보면 가치주가 인기주를 압도한다. 분포도의 왼쪽은 수익률이 0% 이하인데 인기주에 편중되어 있다. 반면 수익률이 양수인 오른쪽은 가치주에 편중되어 있다. 양쪽 날개 또한 시선을 끈다. 반토막 난, 즉 수익률이 -50% 이하인 경우는 인기주가 가치주보다 3배 이상 많다. 수익률이 -50% 이하인 인기주는 전체의 7%가 넘는다. 반면 가치주는 -50% 이하로 떨어진 것이 전체의 2%에 불과하다. 그림 맨 오른쪽을 보면 흥미롭게도 수익이 2배 넘게 뛴 경우 역시 인기주가 가치주보다 많았는데, 가치주가 전체의 3% 정도인 데 비해 인기주는 5.5% 정도였다. 일반적으로 인기주가 더 저조한 성과를 내는데도 투자자들이 끊임없이 끌리는 이유가 바로 이것이다. 즉 인기주는 20번에 1번꼴로 복권과 같은 커다란 보상을 안겨주는 것이다. 그러나 불행하게도 평소의 저조한 실적을 만회하기에는 복권이 자주 터져주질 않는다.

우리는 이미 EBIT/EV의 효과가 뛰어나다는 것을 알고 '정화'되면 수익률이 더 나아지는 것도 안다. 패자주에서 승자주를 좀 더 골라낼 수 있을까? 가능하다. '정화'된 종목들의 가장 싼 영역에서 퀄리티가 가장 높은 것과 가장 낮은 것을 구분한다. 재무건전성이 탄탄하게 존재하는 경제적 해자 종목을 찾아낸다. 경제적 해자는 경기 순환 주기 전체에 걸쳐 탁월한 장기 ROC라는 우위와, 급격하게 성장하거나 높으면서 안정적인 마진을 특징

**그림 11.2(a)** ─ EBIT/EV 가치주 10분위의 성과(1974~2011)

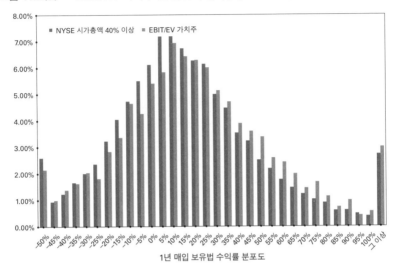

1년 매입 보유법 수익률 분포도

**그림 11.2(b)** ─ EBIT/EV 가치주와 인기주 10분위의 성과(1974~2011)

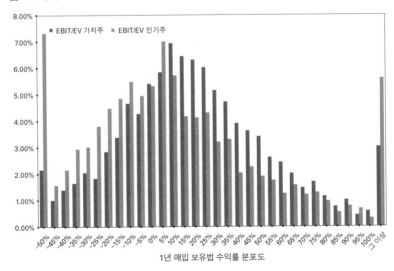

1년 매입 보유법 수익률 분포도

Part 6. 모형 구축과 테스트

으로 한다. 재무건전성이란 영업과 재무상태표의 유연성 문제다. 우리는 재무건전성을 FS-스코어를 이용한 3개의 포괄적인 축, 즉 수익성과 안정성, 영업 호전성으로 검토했다. 그림 11.3은 EBIT/EV 가치주 10분위에 속하는 종목을 고퀄리티와 저퀄리티로 나눠 누적 수익률을 비교한 것이다. 2개 그룹 모두 사기와 조작, 자금난에서 '정화'했다.

이 그림은 이렇게 고퀄리티와 저퀄리티로 나눈 다음 실적이 양호한 종목을 고퀄리티 그룹으로 모으면 EBIT/EV 전체와 저퀄리티 그룹 모두를 능가할 수 있음을 보여준다.

**그림 11.3** — EBIT/EV 고/저퀄리티 10분위의 성과(1974~2011)

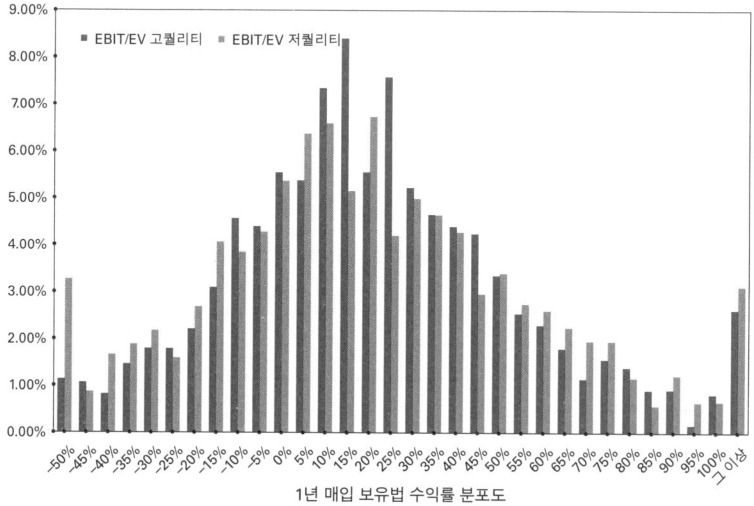

1년 매입 보유법 수익률 분포도

# QV 체크리스트 최종판

2장에서 의사 아툴 가완디가 중환자실용으로 개발한 것을 본떠 우리도 투자 체크리스트가 필요함을 역설했다. 제2차 세계대전을 앞두고 미 공군의 B-17 폭격기 시험 비행 사례에서 영감을 얻은 존스홉킨스 병원의 피터 프로노보스트가 그토록 강력하게 전방위적인 체크리스트의 보급을 독려했던 일을 상기해보라.

시험 비행 이전에 보잉Boeing은 차세대 장거리 폭격기 입찰에서 경쟁 업체를 물리친 잘나가는 항공기 제조사였다. 가완디의 글에 따르면, B-17 폭격기는 군 당국이 요구한 것보다 5배 이상이나 많은 폭탄을 실을 수 있을 뿐만 아니라 기존 비행기들보다 더 빠르고 2배 가까운 거리를 비행할 수 있었다. 날개 폭이 31미터에 달하고 통상적인 2개보다 많은 4개 엔진을 단 이 폭격기는 틀림없이 멋진 비행기였다. 너무나 멋져서 시애틀의 신문기자가 붙여준 '하늘의 요새'라는 별명이 그대로 굳어져버렸다.

1935년 10월 30일 오하이오주 데이턴에 있는 라이트 비행장에서 하늘의 요새가 시험 비행 중 추락했다. 조사를 실시한 조사관들은 사고가 기계적 결함이 아니라 '조종사 실수' 때문이라고 결론을 내렸다. 예상 밖의 결론이었는데 조종사인 플로이어 힐 소령은 공군 시험 비행대의 대장이었고 매우 경험 많은 조종사였기 때문이다. 사고 원인은 조종사가 아니라 기계 결함임에 틀림없었다. B-17이 힐 소령이 그 전에 비행했던 기종보다 훨씬 복잡한 비행기임은 분명했다. 엔진이 4개여서 조종사가 주의해야 할 제어기가 2배나 많았다. 접이식 착륙 장치와 새로운 보조 날개, 기체 속도에 따라 조정할 수 있는 전기식 트림 탭, 유압 장치로 조절되는 피치를 장착한 항속 프로펠러 등등, 새로 추가된 장치 모두 힐 소령이 공중에 떠 있으려면 기억에 의존해 정확히 조작해야 하는 것들이었다. 그는 새로운 기기들을 모니터링하다가 승강타와 방향타의 새로운 잠금장치를 푸는 것은 깜빡했다. 그 결과 비행기는 이륙하자마자 추락하고 말았다. 하늘의 요새는 "한 사람이 조종하기엔 너무 버거운 비행기"였다.

새로운 B-17 폭격기를 날게 해야 한다고 생각하는 공군 조종사들이 한데 모여 어떻게 할지 논의했다. 비행사들을 더 많이 훈련시키더라도 대장인 힐 소령보다 더 많은 경험과 더 나은 조종술을 요구하기엔 무리였다. 대신 이들은 '독창적으로 단순한' 조종사 체크리스트를 고안해 이륙부터 비행, 착륙, 활주까지 단계별로 체크할 수 있게 했다. 이후 이야기는 우리가 알고 있는 그대로다. 하늘의 요새는 연합군이 하늘을 지배해 전쟁에서 이길 수 있게 해주었다. 하늘의 요새는 한 사람이 조종하기엔 너무 버거운 비행기가 아니라 한 사람이 '기억에만 의존해서' 조종하기엔 너무 버거운 비행기였던 것이다.

오늘날 투자에서 직면하는 문제는 조종사들이 직면한 문제와 비슷하다. 포괄적인 펀더멘털 분석은 중요한 단계를 많이 포함하고 있어 기억에만 의존했다가는 어떤 단계를 놓치기 쉽다. 우리는 하늘의 요새를 만들어놓기만 하고 비행하지 못하는 것을 바라지 않는다. 지금부터 그동안 해온 모든 분석을 '사람이 읽을 만한' 체크리스트로 통합해보자.

# QV 체크리스트 최종판

## 1단계: 자본의 영구적 손실을 초래할 주식을 피하라

### (1) 잠재적 사기와 조작 식별

① 발생액 심사

STA = 총자산 대비 총발생액 = $(CA(t)-CL(t)-DEP(t))/$총자산$(t)$

- CA = 유동자산 증감 – 현금 및 현금등가물 증감
- CL = 유동부채 증감 – 유동부채에 속한 장기 부채의 증감 – 이연법인세 증감
- DEP = 감가상각비
- P_STA = 투자 유니버스 전체 STA에서 차지하는 비율
- SNOA = 총자산 대비 순운전자본 = (영업자산$(t)$-영업부채$(t)$)/총자산$(t)$
- P_SNOA = 투자 유니버스 전체 SNOA에서 차지하는 비율
- ComboAccrual = 결합 발생액 = P_STA와 P_SNOA의 평균

② 사기와 조작 심사

다음 변수를 계산한다.

- DSRIdays' sales in receivables index = $t$기의 외상매출금 회수 기간을 $t-1$기의 외상매출금 회수 기간으로 나눈 비율
- GMIgross margin index = $t-1$기의 매출총이익을 $t$기의 매출총이익으로 나눈 비율

- AQI asset quality index = 자산의 질을 가늠하는 지표이며, 토지 및 건물, 기계장치(비유동자산 중 유형자산에 해당-역자 주)를 제외한 비유동자산을 총자산으로 나눈 비율

- SGI sales growth index = t기의 매출을 t-1기의 매출로 나눈 비율

- DEPI depreciation index = t-1기의 감가상각률을 t기의 감가상각률로 나눈 비율

- SGAI sales, general and administrative expenses index = t기의 판매 및 일반관리비를 t-1기의 판매 및 일반관리비로 나눈 비율

- LVGI leverage index = t기의 총부채를 총자산으로 나눈 비율을 t-1기의 동일한 비율로 나눠서 구한다.

- TATA total accruals to total assets = 현금을 제외한 순운전자본의 증가분에서 감가상각비를 제해 구한다.

조작 확률 PROBM, Probability of Manipulation 을 계산한다.

- PROBM = $-4.84 + 0.92 \times DSRI + 0.528 \times GMI + 0.404 \times AQI + 0.892 \times SGI + 0.115 \times DEPI - 0.172 \times SGAI + 4.679 \times TATA - 0.327 \times LVGI$

계산한 PROBM을 이용해 조작 가능성 PMAN 을 계산한다.

- PMAN = CDF(PROBM), 여기서 CDF는 평균이 0이고 표준편차가 1인 정규분포를 따르는 변수의 누적 분포함수다.[3]

## (2) 자금난에 처할 가능성이 높은 주식 식별

자금난 확률의 변수를 계산한다.

- NIMTAAvg = '분기 순이익/MTA'의 가중평균
- MTA = 총자산의 시가총액 = 부채의 장부가치 + 주식 시가총액
- TLMTA = 부채 총액/MTA
- CashMTA = 현금 및 현금등가물/MTA
- ExRetAvg = [log(1 + 주식 투자수익률) − log(1+S&P500 총수익률)]의 가중평균
- Sigma = 선행 3개월간 주가의 표준편차를 연간으로 환산한 값
- RSize = log(시가총액 / S&P500 전체 시가총액)
- MB = MTA/수정 장부가치
- 수정 장부가치 = 장부가치 + 0.1 × (시가총액 − 장부가치)
- Price = log(최근 주가). 상한선을 15달러로 해서, 주가가 20달러인 주식이라면 log(20) 대신 log(15)를 부여한다.

자금난의 로지트 확률값LPFD을 계산한다.

- $LPFD = -20.26 \times NIMTAAvg + 1.42 \times TLMTA - 7.13 \times ExRetAvg + 1.41 \times Sigma - 0.045 \times RSize - 2.13 \times CashMTA + 0.075 \times MB - 0.058 \times Price - 9.16$

자금난 확률PFD을 계산한다.

$$PFD = \frac{1}{1 + e^{-LPFD}}$$

### (3) 자본의 영구적 손실을 초래할 주식 제거

아래의 심사를 동시에 진행한다.

- 표본의 결합 발생액ComboAccrual 상위 5%에 속하는 모든 기업을 제거한다.

- 표본의 조작 가능성PMAN 상위 5%에 속하는 모든 기업을 제거한다.

- 표본의 자금난 확률PFD 상위 5%에 속하는 모든 기업을 제거한다.

## 2단계: 가장 싼 주식을 찾아라

각 주식의 EBIT/EV를 계산한 후 순위를 매겨 PRICE로 사용한다.

- PRICE = EBIT/EV

## 3단계: 가장 퀄리티 높은 주식을 찾아라

### (1) 경제적 해자

ROA(8) = 8년 기하평균 총자산이익률

- ROA = 당기순이익(t)/총자산(t)

- P_ROA(8) = 투자 유니버스 전체 ROA(8)에서 차지하는 비율

ROIC(8) = 8년 기하평균 투하자본이익률

- ROIC = EBIT(t)/IC(t)
- P_ROIC(8) = 투자 유니버스 전체 ROIC(8)에서 차지하는 비율

장기 FCFA = 총자산 대비 장기 잉여현금흐름

- 8년 잉여현금흐름의 총합/총자산
- P_FCFA = 투자 유니버스 전체 장기 FCFA에서 차지하는 비율

MG = Margin Growth = 매출총이익률 성장률

- 매출총이익률 성장률의 8년 기하평균
- P_MG = 투자 유니버스 전체 MG에서 차지하는 비율

MS = Margin Stability = 매출총이익률 안정성

- 매출총이익률의 8년 평균(%)/매출총이익률의 8년 표준편차(%)
- P_MS = 투자 유니버스 전체 MS에서 차지하는 비율

MM = Margin Max = 최대 마진

- Max[P_MG, P_MS] = P_MG와 P_MS 중 최댓값

경제적 해자 점수(P_FP)

- 투자 유니버스 전체의 AVG[P_ROA(8), P_ROIC(8), P_FCFA, MM]에서 차지하는 비율

- AVG[P_ROA(8), P_ROIC(8), P_FCFA, MM]은 4개 변수의 평균

## (2) 재무건전성

### ① 현재 수익성

- ROA = 총자산이익률
  - 특별 항목 이전 당기순이익(t)/총자산(t)
  - ROA > 0이면 FS_ROA = 1, 반대면 0
- FCFA = 잉여현금흐름(t)/총자산(t)
  - FCFA > 0이면 FS_FCFA = 1, 반대면 0
- Accrual = FCFA − ROA
  - Accrual > 0이면 FS_Accrual = 1, 반대면 0

### ② 안정성

- Lever = [장기 부채(t-1)/총자산(t-1)] − [장기 부채(t)/총자산(t)]
  - Lever > 0이면 FS_Lever = 1, 반대면 0
- Liquid = 유동비율(t) − 유동비율(t-1)
  - Liquid > 0이면 FS_Liquid = 1, 반대면 0
- NEqIss = 자사주 매입 수량 − 증자 수량
  - NEqIss > 0이면 FS_NEqIss =1, 반대면 0

③ 최근 영업 호전성

- $\Delta$ROA = ROA 증감
  - $\Delta$ROA > 0이면 FS_$\Delta$ROA = 1, 반대면 0
- $\Delta$FCFA = FCFA 증감
  - $\Delta$FCFA > 0이면 FS_$\Delta$FCFA = 1, 반대면 0
- $\Delta$Margin = GMS 증감
  - $\Delta$Margin > 0이면 FS_$\Delta$Margin = 1, 반대면 0
- $\Delta$Turn = 총자산회전율 증감
  - $\Delta$Turn > 0이면 FS_$\Delta$Turn = 1, 반대면 0

④ 재무건전성 점수(P_FS)

- P_FS = Sum[FS_ROA, FS_FCFA, FS_Accural, FS_Lever, FS_Liquid, FS_NEqIss, FS_$\Delta$ROA, FS_$\Delta$FCFA, FS_$\Delta$Margin, FS_$\Delta$Turn] / 10

## (3) 퀄리티 찾기

퀄리티 값은 경제적 해자 점수와 재무건전성 점수의 단순한 평균이다.[4] 이렇게 구한 퀄리티 점수에 따라 모든 기업에 순위를 매긴다.

- Quality = 0.5 × P_FP + 0.5 × P_FS

MF에는 구조적인 문제가 있다. 퀄리티를 위해 지나치게 많이 지불하고, '퀄리티' 자체도 의심스러워 가격 지표의 성과에 거의 보탬이 되지 않는다는 것이다. 인기주는 고퀄리티의 인기주마저도 최적의 성과를 내지 못한다. 인기주와 가치주를 섞으면 가치주의 성과는 줄어들고 인기주의 저조한 성과는 덮어진다. 일찍이 멍거가 말했듯이 문제는 "똥에 건포도를 섞어도 여전히 똥"이라는 점이다. 어떤 종목이 투자에 매력적인지는 늘 내재가치와 주가의 문제다. 이번 장은 내재가치야말로 늘 잊지 말아야 할 핵심이라는 사실을 재확인시켜주었다.

EBIT/EV는 모든 테스트 과정에서 강력한 성과를 보여주었다. EBIT/EV 가치주 10분위 성과를 더 개선하기란 매우 어렵다. 하지만 투자 유니버스의 성과를 개선하는 방법은 있다. 첫째, 사기, 재무제표 조작, 자금난에 처할 가능성이 높은 기업을 조금이라도 제거하면 성과가 좋아지는 것을 알 수 있다. 또한 가치주 10분위에 있는 기업들을 고퀄리티와 저퀄리티로 구분해서 고퀄리티 종목을 매수하는 것이 더 나은 성과로 이어지는 것도 확인했다. 고퀄리티의 가치주가 평균이나 저퀄리티의 가치주를 능가하리라는 생각은 직관적으로도 납득이 간다. 우리가 테스트한 누적 수익률이 이런 사실을 단적으로 보여주었다.

MF를 자세히 조사해봄으로써 우리는 드디어 우리만의 QV를 창조할 마지막 단계에 다다랐다. '사람이 읽을 만한' 체크리스트 형식을 갖춘 투자 전략은 복잡한 문제를 헤쳐나가는 데 매우 유용한 도구다. 다음 장에서 우리의 QV를 본격적으로 테스트하겠다.

# 12

# QV로
# 시장을 이겨라

"위원회나 이사회, 은행 등 투자 기금을 운용하는 곳에서 공익에 가장
크게 기여하면서도 실무적으로 가장 많은 비판을 받는 사람은 장기
투자자다. 왜냐하면 평범한 사람들 눈으로 볼 때는 본질적으로 유별나
고 틀에 박히지 않고 무모한 사람만 장기 투자를 할 수 있기 때문이다.
장기 투자자가 성공하면 역시나 무모했기 때문이라고 대체로 평가절하
를 당하는 반면, 단기적으로 실패한 투자처럼 보이면 사실 흔하게 발생
하는 일인데도 결코 용서하지 않으려 하는 경향이 있다. 여기서 우리는
세상을 살아가는 지혜를 배우게 된다. 실패하더라도 남들처럼 하는 편
이 남들과 다르게 해서 성공하는 것보다 평판에 유리하다는 점이다."

존 메이너드 케인스, 《고용, 이자 및 화폐에 관한 일반 이론》1

이번 장에서 우리는 QV를 테스트한 결과를 제시할 것이다. 앞서 자본의 영구적 손실을 초래할 종목을 피하는 방법, 최고의 내재가치를 찾는 방법, 고퀄리티 종목을 선정하는 방법 등을 살펴보았다. 또한 부분들을 통합된 QV로 응집시킬 가장 좋은 방법도 살펴보았다. 여기서는 투자 전략의 성과와 위험·보상 성향을 계산하기 위해 여러 가지로 분석했다. 그뿐만 아니라 CAGR(5)와 CAGR(10), MDD, 알파 등을 검토해 투자 전략의 강건함을 포괄적으로 조사해보았다. 모든 계산은 다양한 자산 가격 결정 모형에 걸쳐 시행되었다.

퀀트투자에 흔히 쏟아지는 비판은 그것이 '블랙박스'여서 종목 선정 기법을 이해할 수 없다는 것이다. 우리는 전략의 규칙과 근거를 책 전체를 통해 자세히 논의함으로써 QV가 투명하고 이해할 수 있는 것이 되도록 심혈을 기울였다. 1974년 시작되는 모형의 종목 선정과 관련해 종목명과 기본적인 사항을 모두 밝힘으로써 독자들이 블랙박스의 속을 들여다볼 수 있게 했다.

끝으로 우리는 QV 모형의 포트폴리오가 거둔 성과를 검토할 것이다. 이를 위해 거래 비용과 운용보수를 포함해서, 가치투자계의 3대 거목인 세쿼이아 펀드Sequoia Fund, 레그메이슨 밸류 트러스트, 서드애비뉴 밸류 펀드Third Avenue Value Fund의 장기 투자 성과와 비교할 것이다.

이 장에서 사용하는 핵심 용어와 축약어를 표 12.1에 정리했다.

표 12.1 — 분석 용어

| 용어/기호 | 설명 |
| --- | --- |
| QV(Quantitative Value) | 이 책에서 결론으로 도출한 퀀트가치 투자 전략 |
| MF(Magic Formula) | 마법공식 |
| S&P500 | S&P500지수의 총수익률로서 배당금 재투자 효과를 반영한 것 |
| MW(Market Weight) | 투자 유니버스를 시가총액가중 방식으로 지수화한 것 |
| CAGR | 연복리 수익률 |
| 표준편차 | 표본의 표준편차(12의 제곱근을 이용해 연간 값으로 환산함) |
| 하방편차 | 음의 수익률만을 대상으로 한 표본의 표준편차(12의 제곱근을 이용해 연간 값으로 환산함) |
| 샤프지수 | 월간 수익률에서 무위험수익률을 뺀 후 표준편차로 나눔(12의 제곱근을 이용해 연간 값으로 환산함) |
| 소르티노지수(MAR=5%) | 월간 수익률에서 최소용인수익률(Minimum Acceptable Return=MAR/12)을 뺀 후 하방편차로 나눔(12의 제곱근을 이용해 연간 값으로 환산함) |
| MDD | 정점에서 저점까지 떨어진 값 중 제일 큰 것 |
| 월간 최저 수익률 | 월간 성과 중 제일 나쁜 것 |
| 월간 최고 수익률 | 월간 성과 중 제일 좋은 것 |
| 수익월 비율 | 월간 수익률이 양수인 월의 비율 |
| CAGR(5) 승률 | 5년 보유 기간 중 특정 투자 전략이 지정된 지수를 능가한 비율 |
| CAGR(10) 승률 | 10년 보유 기간 중 특정 투자 전략이 지정된 지수를 능가한 비율 |
| CDD | 특정 투자 전략이 5년 이동평균 기간 동안 경험한 최대 낙폭의 총합인 누적 낙폭 |
| 상관관계 | 특정 투자 전략과 지정된 지수 간 상관계수. 투자 전략과 지수가 얼마나 동일하게 움직이는지 보여줌 |

# 위험과 보상

표 12.2는 QV의 기본적인 통계 수치와 위험 성향을 MF, S&P500, MW와 비교해 보여준다.

이 표를 보면 1974~2011년 동안 QV가 CAGR 17.68%를 기록함으로써 MF의 13.94%, S&P500의 10.46%, MW의 10.80% 모두를 크게 능가한 것을 알 수 있다.

중요한 점은 이런 수익률을 MF의 변동성을 살짝 밑돌면서 달성했다는 점이다. 수익률은 개선하고 변동성은 살짝 줄어든 결과, 샤프지수가 MF는 물론 S&P500과 MW를 모두 크게 능가할 수 있었다. 하방편차 역시 낮아서 MF의 12.02%보다 낮은 10.83%를 기록했다. 수익률이 개선되고 하방편차가 줄어든 결과, 소르티노지수도 나머지 비교 대상인 MF와 S&P500, MW 모두를 크게 능가했다.

MDD도 QV가 제일 앞선다. QV가 -32.06%로 MF의 -36.85%, S&P500의 -50.21%, MW의 -44.38%에 비해 현격히 낮다.

표 12.3을 보면 QV가 나머지 비교 대상들보다 자본을 더 잘 보전하는 것을 알 수 있다. 주가 하락 이후 만회하려면 손실보다 더 큰 이득을 얻어야 하기 때문에 자본 보전은 투자자에게 매우 중요하다. 이를테면 33.3% 하락한 후에는 50% 상승해야 본전이 회복되고, 50% 하락했다면 영웅담과도 같이 100% 상승해야 본전이 된다.

표 12.2의 CDD를 보면 QV가 -8,683.58%를 기록해 MF의 -9,596.95%, S&P500의 -9,562.93%, MW의 -9,224.27%보다 낮았다. MDD는 단일 사건이지만 CDD는 전체 기간의 낙폭을 더한 것이다. 둘 다 중요하다. QV는 MDD, CDD 모두에서 앞선다.

**표 12.2** ── QV의 성과(1974~2011)

| | QV | MF | S&P500 | MW |
|---|---|---|---|---|
| CAGR(%) | 17.68 | 13.94 | 10.46 | 10.80 |
| 표준편차(%) | 16.81 | 16.93 | 15.84 | 15.49 |
| 하방편차(%) | 10.83 | 12.02 | 11.16 | 11.01 |
| 샤프지수 | 0.74 | 0.55 | 0.37 | 0.40 |
| 소르티노지수(MAR=5%) | 1.18 | 0.80 | 0.56 | 0.59 |
| MDD(%) | -32.06 | -36.85 | -50.21 | -44.38 |
| 월간 최저 수익률(%) | -19.00 | -23.90 | -21.58 | -21.55 |
| 월간 최고 수익률(%) | 16.55 | 14.91 | 16.81 | 17.66 |
| 수익월 비율(%) | 63.82 | 63.60 | 60.53 | 61.84 |
| CAGR(5) 승률(%) | - | 91.44 | 94.46 | 96.22 |
| CAGR(10) 승률(%) | - | 98.81 | 99.11 | 99.70 |
| CDD(%) | -8683.58 | -9596.95 | -9562.93 | -9224.27 |
| 상관관계 | - | 0.891 | 0.769 | 0.778 |

**표 12.3** ── MDD 이후 본전 만회 요구 상승률(1974~2011)  (단위: %)

| | QV | MF | S&P500 | MW |
|---|---|---|---|---|
| MDD(1개월) | -19.00 | -20.57 | -18.43 | -21.58 |
| MDD(12개월) | -25.83 | -42.19 | -31.20 | -42.54 |
| MDD(36개월) | -14.22 | -23.81 | -19.63 | -40.35 |
| MDD(전체 기간) | -32.06 | -50.01 | -37.25 | -50.21 |
| 요구 상승률(1개월) | 23.45 | 25.90 | 22.59 | 27.52 |
| 요구 상승률(12개월) | 34.83 | 72.99 | 45.35 | 74.03 |
| 요구 상승률(36개월) | 16.58 | 31.25 | 24.42 | 67.64 |
| 요구 상승률(전체 기간) | 47.19 | 100.04 | 59.36 | 100.84 |

QV는 MF를 CAGR(5)에서는 91.44%, CAGR(10)에서는 98.81%로 이긴
다. 다시 말해 QV와 MF가 수익률 시합을 하면 QV가 5년이라면 10번 중
9번, 10년이라면 50번 중 49번 이긴다는 이야기다. S&P500 역시 CAGR(5)
에서는 94.46%, CAGR(10)에서는 99.11%로 꾸준히 이겼다. MW에 대해서
도 CAGR(5)에서는 96.22%, CAGR(10)에서는 99.70%의 승률로 제압했다.

그림 12.1은 QV가 MF, S&P500, MW 대비 거둔 누적 성과를 보여주는
그래프다. 이 그림은 작은 우위라도 장기간에 걸쳐 복리로 늘리면 어떤 효
과를 볼 수 있는지를 잘 보여준다. QV의 자그마한 우위가 분석 기간의 끝
에 가서는 MF, S&P500, MW와 입이 벌어질 만큼의 차이를 만들어냈다.

그림 12.2는 분석 기간 전체의 연간 성과를 비교해서 보여주는데, QV가
지속적으로 상대적인 우위를 점한다. 상대적으로 가장 부진한 성과를 낸
기간은 나스닥이 폭락하기 직전인 1998년, 2008년 금융위기 직후의 반사

**그림 12.1** ― QV의 누적 성과(1974~2011)

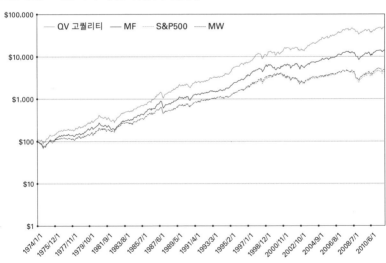

원금 100달러의 평가액(로그 척도)

그림 12.2 ― QV의 연도별 성과(1974~2011)

|      | QV | MF | S&P500 | MW |
|------|--------|---------|---------|---------|
| 1974 | -1.96% | -24.35% | -26.42% | -26.80% |
| 1975 | 42.21% | 40.45% | 36.95% | 37.12% |
| 1976 | 35.35% | 37.03% | 23.92% | 23.90% |
| 1977 | 0.37% | -2.30% | -7.43% | -5.54% |
| 1978 | 12.14% | 5.37% | 6.40% | 6.94% |
| 1979 | 27.23% | 31.68% | 18.60% | 20.94% |
| 1980 | 48.43% | 32.56% | 32.60% | 32.75% |
| 1981 | -14.50% | -12.97% | -4.88% | -5.35% |
| 1982 | 9.05% | 5.55% | 22.15% | 19.02% |
| 1983 | 34.40% | 33.24% | 22.30% | 22.69% |
| 1984 | 18.54% | 18.76% | 6.69% | 5.83% |
| 1985 | 27.74% | 33.79% | 32.01% | 30.63% |
| 1986 | 30.80% | 16.32% | 18.07% | 18.60% |
| 1987 | 13.42% | 11.42% | 5.15% | 6.69% |
| 1988 | 41.53% | 28.68% | 16.95% | 17.46% |
| 1989 | 34.07% | 30.08% | 31.39% | 29.35% |
| 1990 | -2.34% | -1.45% | -3.20% | -0.68% |
| 1991 | 20.93% | 24.76% | 30.68% | 30.45% |
| 1992 | 24.78% | 15.77% | 7.73% | 5.31% |
| 1993 | 5.30% | 3.56% | 9.89% | 9.19% |
| 1994 | 15.98% | 12.25% | 1.35% | 2.34% |
| 1995 | 54.26% | 45.86% | 37.64% | 33.60% |
| 1996 | 19.34% | 31.38% | 23.23% | 21.12% |
| 1997 | 58.12% | 40.73% | 33.60% | 28.90% |
| 1998 | -1.62% | 20.41% | 29.32% | 28.81% |
| 1999 | 13.78% | -3.49% | 21.35% | 22.79% |
| 2000 | 14.90% | 9.34% | -8.34% | -8.26% |
| 2001 | 10.54% | -0.05% | -11.88% | -10.48% |
| 2002 | -10.44% | -4.42% | -21.78% | -21.70% |
| 2003 | 39.92% | 25.38% | 28.72% | 26.65% |
| 2004 | 22.91% | 10.98% | 10.98% | 9.46% |
| 2005 | 15.94% | 7.11% | 5.23% | 7.26% |
| 2006 | 29.95% | 27.52% | 15.69% | 15.63% |
| 2007 | 24.66% | 16.90% | 5.76% | 14.59% |
| 2008 | -14.75% | -22.32% | -36.46% | -33.15% |
| 2009 | 8.51% | 16.12% | 26.49% | 29.97% |
| 2010 | 0.44% | 9.65% | 15.35% | 16.48% |
| 2011 | 13.35% | 8.41% | 2.11% | 3.17% |

적인 반등 때다.

그림 12.3은 QV의 시장 주기별 성과를 MF, S&P500, MW 등과 비교해 나타냈다.

표 12.4는 시장 주기별 수익률을 계산하는 데 사용한 날짜다.

그림 12.3을 보면 QV는 하락장에서 자본을 보호하고 상승장에서는 자본을 성장시켰다. 가끔 단기적으로 저조한 성적을 내기도 했지만 주기 전체를 놓고 보면 시장을 능가했다.

그림 12.4는 분석 기간 동안 각 전략이 단기 악재에 어떻게 반응했는지 보여준다. QV가 이런 단기 악재에 다른 전략이나 지수보다 못하다는 증거는 어디에도 없다. 아시아 금융위기, 나스닥 폭락기, 세계 금융위기 당시 상

**그림 12.3** ― QV의 시장 주기별 성과(1974~2011)

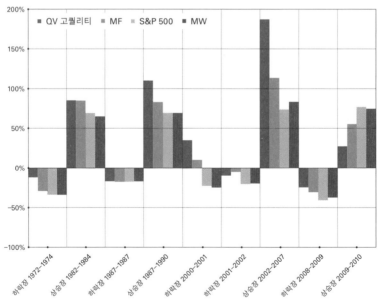

Part 6. 모형 구축과 테스트

**표 12.4** — 시장 주기 구분(1974~2011)

|  | 시작 월 | 종료 월 |
|---|---|---|
| 상승장 | 1982/06 | 1984/12 |
| 하락장 | 1987/07 | 1987/12 |
| 상승장 | 1987/12 | 1990/06 |
| 하락장 | 2000/03 | 2001/09 |
| 하락장 | 2001/09 | 2002/12 |
| 상승장 | 2002/09 | 2007/07 |
| 하락장 | 2008/08 | 2009/02 |
| 상승장 | 2009/03 | 2010/12 |

**그림 12.4** — QV의 단기 악재 테스트(1974~2011)

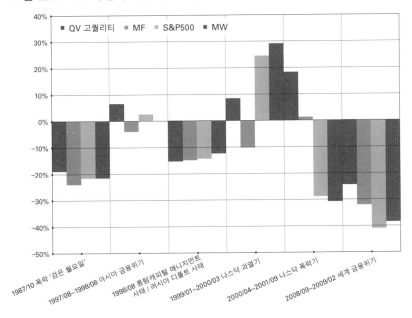

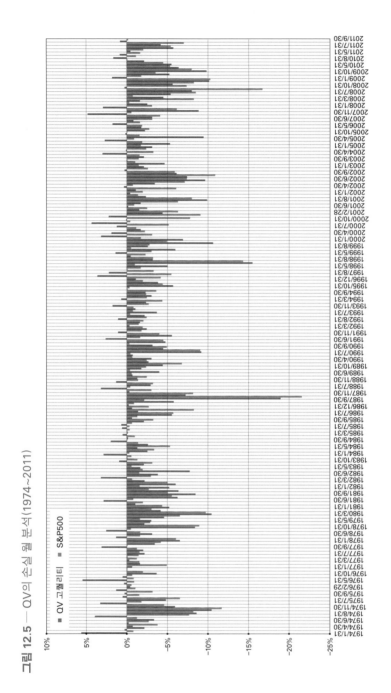

그림 12.5 — QV의 손실 월 분석(1974~2011)

Part 6. 모형 구축과 테스트

대적으로 눈에 띄게 다른 전략과 지수를 능가했다. 이는 QV가 시장의 혼란에 상대적으로 더 강한 회복력을 갖고 있다는 증거다.

그림 12.5는 분석 기간 동안 손실을 기록할 때 각 전략과 지수가 낸 성과를 보여준다. 단기 악재 분석과 마찬가지로 약세장에서 어떤 성과를 냈는지를 살펴본다. 완벽한 전략이라면 약세장에서도 잘 버티겠지만, 공매도 없이 롱 포지션만 잡는 투자 전략에는 현실적이지 못한 기대다. 약세장에서는 상대적으로 부진하지만 않으면 만족스럽다는 생각이다. 하지만 그림 12.6을 보면 QV가 오히려 능가하고 몇 번은 수익까지 낸 것을 볼 수 있다.

이 그림은 각 전략과 지수와 관련해 최악의 시나리오를 1개월, 1년, 5년, 전체 기간의 MDD로 보여준다. 표 12.2와 12.3의 다양한 낙폭 분석을 그래프로 나타낸 것이다.

**그림 12.6** ― QV 최악의 시나리오 분석(1974~2011)

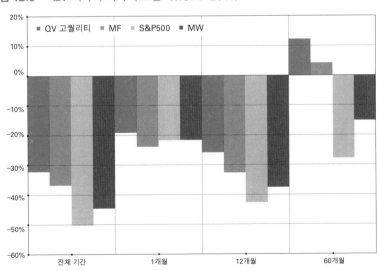

QV가 다른 전략과 지수에 비해 자본을 더 잘 보전한다. 일회성 낙폭이 다른 전략과 지수에 비해 작았을 뿐만 아니라 1개월, 12개월 기간에서도 더 나았다. 5년 기간을 보면 역시 양의 수익률을 기록한 MF보다도 살짝 나았고 S&P500과 MW보다는 월등히 좋았다. 5년 기간 최악의 시나리오 결과를 보면 QV와 MF 같은 가치투자 전략이 수동적으로 지수를 추종하는 전략보다 장기적으로 더 좋은 전략임을 알 수 있다.

그림 12.7은 각 전략과 지수의 전형적인 위험·보상 상쇄 관계를 보여준다. 그림은 각 전략과 지수의 CAGR과 표준편차 관계를 점으로 찍어 보여준다. CAGR은 높을수록, 표준편차는 낮을수록 좋다. QV가 MF에 비해 더 낮은 위험으로 더 높은 수익률을 달성하고 시장과 관련한 2개 지수에 비해 더 높은 위험으로 더 높은 수익률을 달성하는 걸 알 수 있다. 위험과 보상에는 상쇄 관계가 있다. 그림 12.7을 접하고 나서 자문해야 할 것은 수익률

**그림 12.7** — QV의 위험·보상 관계(1974~2011)

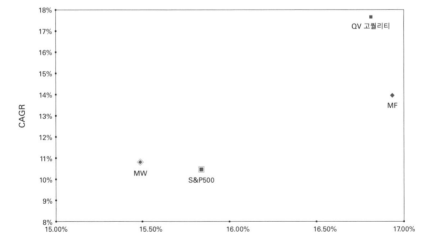

Part 6. 모형 구축과 테스트

을 높이기 위해 위험을 추가로 감당할 만하냐는 것이다. 우리가 보기엔 그럴 만하다.

위험·보상 관계로 살펴봐도 우리의 QV가 나머지를 능가한다. 전체 기간에 걸쳐 표준편차 16.81%, CAGR 17.68%를 기록했다. 개선된 수익률과 상대적으로 낮은 변동성 덕분에 매우 탁월한 샤프지수 0.74를 기록했다. 하방편차도 낮아 높은 수익률과 결합해 소르티노지수 역시 놀라운 1.18을 기록했다. QV는 시장이 상승장이든 하락장이든, 또는 단기 악재가 발생하든 늘 능가하는 성과를 거뒀다. 또한 낙폭 분석에서도 좋은 성과를 보였다. 결론적으로 말해 QV는 낮은 변동성으로 높은 수익률을 달성했다.

## 강건함

이제 위에서 내린 결론이 얼마나 견고한지 확인하기 위해 여러 지표를 살펴보기로 한다. 그림 12.8(a)와 (b)는 QV의 CAGR(5)와 CAGR(10)이다. 서로 다른 시점의 수익률인 것이다. 강건한 전략이라면 시점과 무관하게 꾸준히 능가할 수 있어야 한다. '운 좋은' 전략이라면 어떤 시점에서는 놀라운 성과를 내고 다른 시점에서는 저조한 실적을 낼 것이다.

이 그림들을 보면 QV가 MF, S&P500, MW를 얼마나 꾸준히 능가하는지를 알 수 있다. 어쩌다가, 그것도 매우 짧은 기간에만 다른 전략에 투자한 것이 더 유리했다. 짧은 기간이라면 어떤 전략이든 두각을 나타낼 수 있다. 1년 기간만 놓고 보면 승자는 운에 좌우되지만, 장기간이라면 실력이 운을 앞선다.

그림 12.9(a)와 (b)는 QV의 MDD(5)와 MDD(10)을 보여준다. 이 수

**그림 12.8(a)** ─ QV의 CAGR(5)(1974~2011)

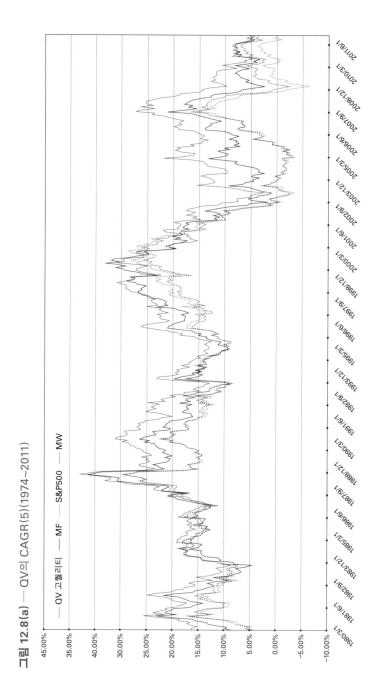

Part 6. 모형 구축과 테스트

그림 **12.8(b)** — QV의 CAGR(10)(1974~2011)

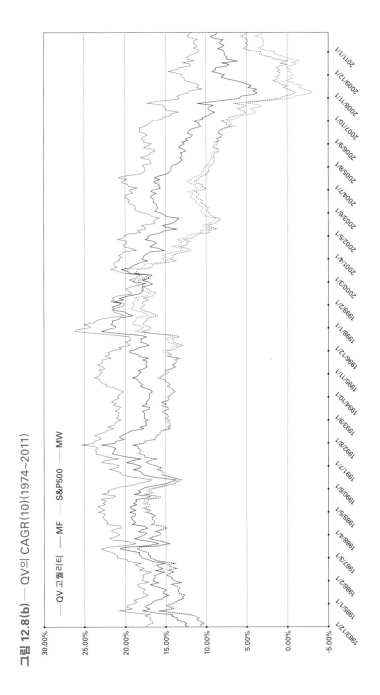

**그림 12.9(a)** — QV의 MDD(5)(1974~2011)

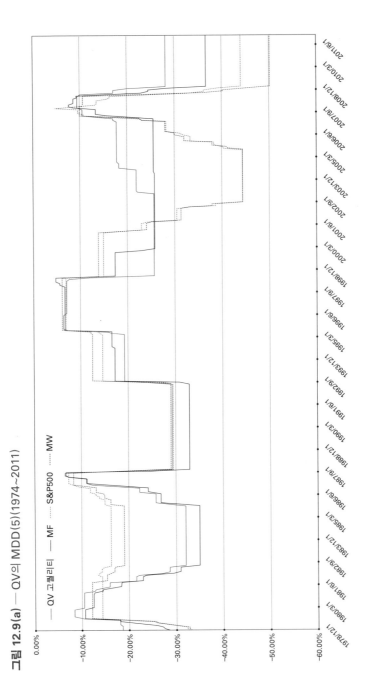

Part 6. 모형 구축과 테스트

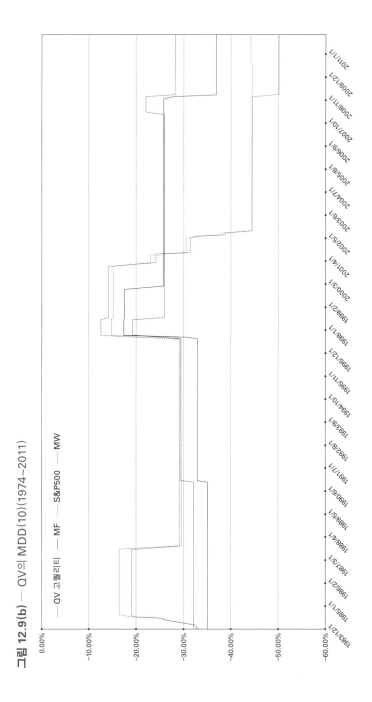

그림 12.9(b) ─ QV의 MDD(10)(1974~2011)

── QV 고퀄리티 ── MF ⋯⋯ S&P500 ⋯⋯ MW

치를 통해 특정 전략의 MDD가 갖는 빈도와 강도를 알 수 있다. 예를 들어 MDD가 비슷한 전략 2개가 있다고 치자. 첫 번째 전략이 과거에 심한 MDD를 여러 번 겪은 반면, 두 번째 전략은 심한 MDD를 과거에 단 한 차례 경험했을 뿐이라면 우리는 두 번째 전략이 더 나은 전략임을 이런 수치를 통해 알 수 있다.

보유 기간별 MDD를 보면 보면 QV가 빈도수로나 강도로나 MDD를 덜 심하게 경험했음을 알 수 있다. 예를 들어 1980년대 초반 QV는 MF와 마찬가지로 심한 MDD를 겪었지만 MF보다는 덜했다. 2000년대 초반에도 역시 고통스러운 경험을 했지만 시장 전체가 겪은 심장마비 수준은 아니었다. 끝으로 2008년 세계 금융위기 때는 모든 전략이 폭락했지만 QV는 다른 경쟁 상대에 비해 정도가 약했다.

그림 12.10(a)와 (b)는 QV의 알파(5)와 알파(10)을 나타낸다. 알파 분석은 학술지에 발표되는 퀀트 논문에 흔히 등장하는 것이다. 연구자들이 알파를 예상하는 과정은 복잡할 수 있지만 생각 자체는 매우 간단하다. 즉 어떤 투자 전략이 요소별로 얼마나 많은 가치를 창출하는지 알고 싶은 것이다.

투자 전략의 강건함을 검토하기 위해 우리는 자산 가격 결정 모형 몇 가지를 이용해 알파를 예측한다. 시장의 일반적인 위험을 조절하기 위해 CAPM을 사용하고[2], 파마와 프렌치의 3개 요소 모형을 이용해 규모와 가치에 노출되는 정도를 조절하고[3], 모멘텀을 반영하기 위해 4개 요소 모형을 사용하고[4], 끝으로 루보스 패스터와 로버트 스탬보의 전체 시장 유동성 요소market-wide liquidity factor를 추가함으로써 포괄적인 5개 요소 모형을 만들어 사용한다.[5]

그림 12.10(a)와 (b)를 보면 QV가 5년 및 10년 보유 기간 동안 꾸준히 알파를 생산하는 것을 알 수 있다. 어떤 모형을 선택해 사용하더라도 결과가

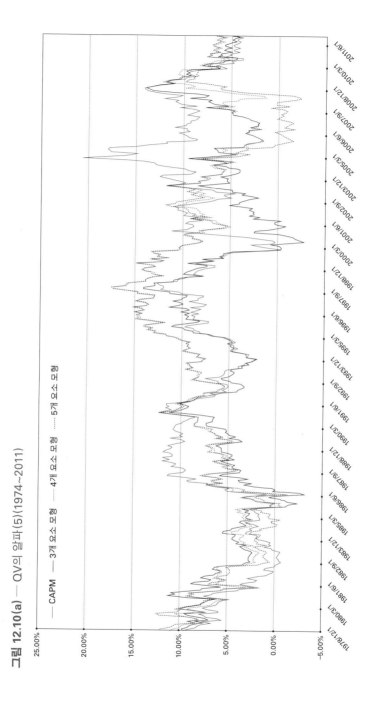

그림 12.10(a) — QV의 알파(5)(1974~2011)

— CAPM　— 3개 요소 모형　⋯⋯ 4개 요소 모형　⋯⋯ 5개 요소 모형

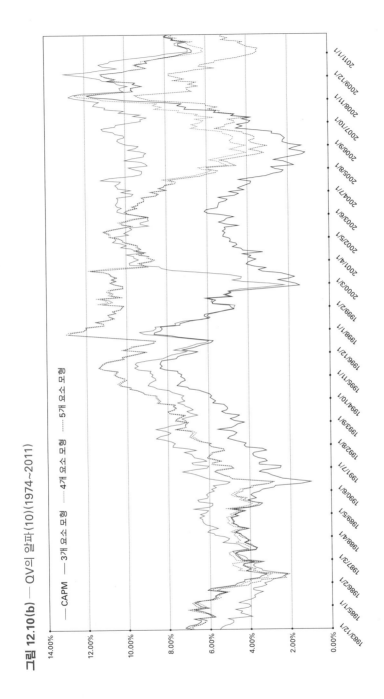

**그림 12.10(b)** — QV의 알파(10)(1974~2011)

같다. 5년 보유 기간에서는 시장의 위험을 조절한 이후 QV가 수익을 추가하지 못하는 것이 단기적으로 몇 번뿐이다. 10년 보유 기간에서는 같은 결론을 보다 분명하게 보여준다. 장기간에 걸쳐 QV는 꾸준히 수익을 창출해왔다.

표 12.5는 자산 가격 결정 모형들에 쓰인 추정치를 모두 보여준다. 추정치 바로 밑에는 귀무 가설이 0이라는 전제하에 예상치를 볼 가능성을 나타내는 p값p-value을 표기했다. MKT-RF는 뉴욕증권거래소와 아메리칸증권거래소, 나스닥 전체 주식의 시가총액가중 수익률을 넘어서는 초과수익을 나타낸다. SMB는 소형주에 노출된 효과를 포착하는 롱숏 요소 포트폴리오다. HML은 BM이 높은 주식들에 노출된 효과를 조절하기 위한 롱숏 요소 포트폴리오다. MOM은 최근 연도에 탁월한 수익률을 낸 주식들에 노출된 효과를 조절하기 위한 롱숏 요소 포트폴리오다. LQD는 시장 전체 유동성에 주식들이 노출되는 정도를 조절한다.

**표 12.5** — 자산 가격 결정 모형에 사용된 QV 추정치(1974~2011)

|  | 알파 | MKT-RF | SMB | HML | MOM | LQD |
|---|---|---|---|---|---|---|
| CAPM | 7.72% | 0.78 | — | — | — | — |
|  | 0.0000 | 0.0000 | — | — | — | — |
| 3개 요소 모형 | 6.80% | 0.86 | -0.14 | 0.23 | — | — |
|  | 0.0001 | 0.0000 | 0.0025 | 0.0000 | — | — |
| 4개 요소 모형 | 7.26% | 0.85 | -0.14 | 0.21 | -0.05 | — |
|  | 0.0001 | 0.0000 | 0.0031 | 0.0000 | 0.1670 | — |
| 5개 요소 모형 | 6.66% | 0.85 | -0.14 | 0.21 | -0.04 | 0.08 |
|  | 0.0002 | 0.0000 | 0.0037 | 0.0000 | 0.1822 | 0.0417 |

이 표를 보면 QV가 연 6~8%의 '알파'를 만들어내는 걸 알 수 있는데 달리 말하면 이미 알려진 요소들(시장, 규모, 가치, 모멘텀, 유동성)로 설명되지 않는 수익률의 성과가 그 정도라는 의미다. QV의 특징은 시장보다 낮은 베타(MKT-RF 베타가 0.85 언저리)를 갖고, 상대적으로 대형주(SMB -0.14, 대부분 투자 유니버스의 계수 때문)를 더 매수하고, 가치주(HML 0.23, 이는 우리가 모형을 의도적으로 그렇게 설계했는데 EBIT/EV의 최상 10분위에 속하는 종목을 원하기 때문이다)를 고수하고, 모멘텀 종목이나 유동성이 낮은 종목을 통계적으로 유의미할 만큼 매수하지 않는(MOM과 LQD 베타가 통계적으로 유의미하지 않다) 것을 들 수 있다.

그림 12.11은 각 전략의 퀄리티 지표가 승자주와 패자주를 선별하는 능력을 비교해서 보여준다. 더 좋은 퀄리티 선별 방법일수록 승자주와 패자주의 수익률 간 스프레드가 클 것이다. 그림 12.12는 QV와 MF에서 고퀄리티 및 저퀄리티 포트폴리오의 CAGR을 보여준다. MF는 MF_ROIC를 이용해 구분했다. QV의 저퀄리티 포트폴리오와 고퀄리티 포트폴리오는 앞서 설명한 퀄리티 지표를 이용해 구분했다.

그림 12.11과 12.12를 통해 이 책에서 설명한 퀄리티 지표가 승자주와 패자주를 더 잘 구별한다는 사실이 드러난다. QV의 고퀄리티 가치주들이 MF의 고퀄리티 가치주를 능가한다. 그리고 QV의 저퀄리티 가치주들은 MF의 저퀄리티 가치주보다 크게 저조하다. 이 책에서 설명한 퀄리티 지표를 이용해 고퀄리티이면서 싼 주식을 그렇지 못한 주식으로부터 구별하면 QV가 MF보다 더 낫다는 것을 이와 같은 분석으로 확인할 수 있다.

**그림 12.11** ― QV의 10분위 성과(1974~2011)

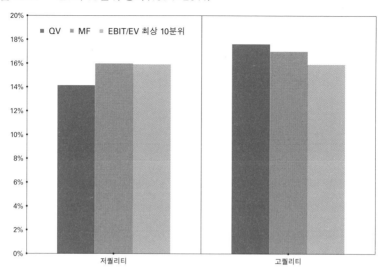

**그림 12.12** ― QV와 MF의 성과(1974~2011)

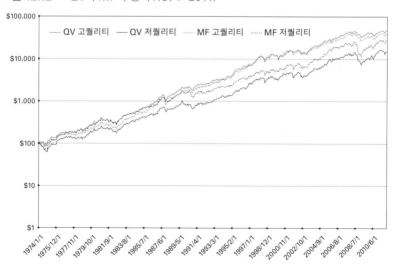

원금 100달러의 평가액(로그 척도)

# 블랙박스 엿보기

퀀트 분석은 승리를 장담할 수 없이 수수께끼 같은 '블랙박스'이며 도무지 이해할 수 없다고 공공연하게 우려하는 투자자가 많다. 일리가 없지는 않다. QV의 과거 성과가 아무리 탁월해도 뭔가 부실해 보여서 포트폴리오에 편입하고 싶지 않은 종목이 있기 마련이다. QV가 추려낸 목록에서 우리가 판단해서 종목을 선정하면 어떨까? 제임스 사이먼스James Simons는 그러지 말라고 답한다. 수학자 출신의 퀀트 헤지펀드(르네상스 테크놀로지스-역자 주) 거물이자 억만장자인 사이먼스는 모형을 엄격하게 준수하는 것이야말로 자신이 성공한 비결이라고 했다.[6]

> 모형이 내놓은 성과가 마음에 들었는가, 아니면 마음에 들지 않았는가? 백테스트해서 알아낼 수 있는 일이 아니다. 모형을 이용해 투자하려면 그저 노예처럼 모형에 복종해야 한다. 내키지 않더라도 모형이 시키는 대로 무조건 따라야 한다. 그 순간 자신이 바보 같다는 느낌이 들더라도 그래야 한다.

1~2장을 통해 모형의 결과를 갖고 장난치면 저조한 성과를 피할 수 없다는 것을 알게 되었다. 이성적으로는 잘 안다. 하지만 막상 투자를 하면 비이성적인 공포와 탐욕이 개입한다. 마술 쇼라고 생각하면 모형을 따르기가 힘들다.

버핏의 투자 스타일을 신봉하는 투자자들 역시 '능력범위' 안에 머무르라는 가르침을 받았다. 즉 자신이 아는 것에만 집중하고, 모르는 분야에는 투자하지 말라는 가르침이다. 예를 들어 버핏은 1996년 주주서한에 다음과 같이 썼다.

그저 자신이 잘 아는 능력범위 안에 있는 회사를 평가할 수만 있으면 됩니다. 그 범위가 얼마나 큰지는 그다지 중요하지 않습니다. 하지만 범위의 한계를 아는 것은 필수적입니다.

QV는 위의 가르침에서 벗어난 듯 보인다. 머릿속에서 자신의 능력범위를 벗어났다고 외치는 소리가 들리면 모형을 준수하기가 몇 배 어려울지도 모른다. 이를 극복하기 위해 우리는 책 전체를 통해 블랙박스가 아니라 투명한 수족관이 되도록 애썼다. 지금쯤은 독자들도 왜, 그리고 어떻게 QV가 유용한지 이해했기를 바란다. 이제 블랙박스를 열고자 한다.

표 12.6은 연도별로 연초에 QV 모형이 선택한 최고 종목 5개를 1974년부터 보여준다.

**표 12.6** — QV 보유 종목(발췌)

| 날짜 | EBIT/EV(%) | 시가총액(100만 달러) | 종목명 | QV 순위 |
|---|---|---|---|---|
| 1974/6/30 | 29.44 | 55 | 뉴프로세스 | 1 |
| | 43.42 | 59 | CTS | 2 |
| | 29.35 | 79 | 레밍턴 암즈 | 3 |
| | 30.44 | 62 | 하코트 브레이스 요바노비치 | 4 |
| | 30.24 | 77 | 피트웨이 | 5 |
| 1975/6/30 | 142.68 | 73 | 아말가메이티드 슈가 | 1 |
| | 32.64 | 319 | 사이프러스 마인즈 | 2 |
| | 28.89 | 105 | 켄마 메탈 | 3 |
| | 27.87 | 1,000 | 텍사스걸프 | 4 |
| | 34.84 | 509 | 코민코 | 5 |
| 1976/6/30 | 24.68 | 161 | 노리스인더스트리즈 | 1 |

| 날짜 | EBIT/EV(%) | 시가총액(100만 달러) | 종목명 | QV 순위 |
|---|---|---|---|---|
| 1976/6/30 | 26.39 | 2,511 | 레이놀드 RJ 인더스트리즈 | 2 |
| | 22.58 | 1,672 | 피츠턴 | 3 |
| | 22.75 | 452 | 챔피언 스파크 플러그 | 4 |
| | 22.59 | 206 | 거버 프로덕츠 | 5 |
| 1977/6/30 | 27.31 | 896 | 텔레다인 | 1 |
| | 25.17 | 126 | 레밍턴 암즈 | 2 |
| | 29.56 | 139 | 스튜어트 워너 | 3 |
| | 30.02 | 160 | 바이스 마켓 | 4 |
| | 24.69 | 355 | 크라운 코크 & 실 | 5 |
| 1978/6/30 | 27.70 | 731 | 허드슨베이 오일 & 가스 | 1 |
| | 27.08 | 126 | 코플랜드 | 2 |
| | 27.48 | 250 | 애브넷 | 3 |
| | 32.81 | 142 | 홀링어 마인즈 | 4 |
| | 30.28 | 110 | 이 시스템즈 | 5 |
| 1979/6/30 | 35.79 | 296 | 워싱턴 포스트 | 1 |
| | 29.77 | 155 | 트랜스웨이 인터내셔널 | 2 |
| | 34.10 | 313 | 콘골리움 | 3 |
| | 36.86 | 131 | 밀러 홀 | 4 |
| | 29.83 | 123 | 콜먼 | 5 |
| 1980/6/30 | 33.59 | 598 | 노스롭 | 1 |
| | 37.64 | 142 | 페더럴 | 2 |
| | 34.89 | 1,649 | 텔레다인 | 3 |
| | 30.32 | 669 | 윈딕시 스토어즈 | 4 |
| | 48.17 | 209 | 로빈 AH | 5 |
| 1981/6/30 | 28.88 | 281 | VF | 1 |
| | 25.75 | 1,184 | 카네이션 | 2 |
| | 32.46 | 250 | 스톤 & 웹스터 | 3 |
| | 26.96 | 1,469 | 리바이스트라우스 | 4 |
| | 25.70 | 313 | 내셔널 서비스 인더스트리즈 | 5 |
| 1982/6/30 | 43.13 | 185 | SFN 컴퍼니 | 1 |
| | 40.27 | 182 | 스콧 & 페처 | 2 |

Part 6. 모형 구축과 테스트

| 날짜 | EBIT/EV(%) | 시가총액 (100만 달러) | 종목명 | QV 순위 |
|---|---|---|---|---|
| 1982/6/30 | 32.63 | 1,208 | 쿠퍼 인더스트리즈 | 3 |
| | 34.83 | 327 | 와이먼 고든 | 4 |
| | 33.36 | 1,383 | 콜게이트 팜올리브 | 5 |
| 1983/6/30 | 29.26 | 567 | 브라운 포먼 디스틸러즈 | 1 |
| | 22.47 | 1,959 | 켈로그 | 2 |
| | 20.57 | 2,629 | 아메리칸 브랜즈 | 3 |
| | 23.70 | 1,791 | 카네이션 | 4 |
| | 28.17 | 652 | 카메론 아이언 웍스 | 5 |
| 1984/6/30 | 23.00 | 377 | 리글리 윌리엄 주니어 | 1 |
| | 24.16 | 530 | 메이태그 | 2 |
| | 31.73 | 798 | VF | 3 |
| | 26.26 | 599 | 파슨스 | 4 |
| | 32.28 | 271 | 배싯 퍼니처 인더스트리즈 | 5 |
| 1985/6/30 | 22.63 | 3,213 | 제너럴 다이내믹스 | 1 |
| | 24.56 | 3,174 | 핼리버튼 | 2 |
| | 41.41 | 292 | 웨스턴 퍼시픽 인더스트리즈 | 3 |
| | 20.11 | 301 | 칼라일 | 4 |
| | 24.37 | 514 | 다이볼드 | 5 |
| 1986/6/30 | 17.93 | 331 | 리 엔터프라이즈 | 1 |
| | 31.60 | 13,128 | 쉐브론 | 2 |
| | 36.26 | 4,923 | 스탠더드오일 | 3 |
| | 31.85 | 7,516 | 텍사코 | 4 |
| | 18.03 | 324 | 칼라일 | 5 |
| 1987/6/30 | 18.71 | 343 | 리 엔터프라이즈 | 1 |
| | 16.21 | 753 | 리글리 윌리엄 주니어 | 2 |
| | 15.38 | 7,530 | 록웰 인터내셔널 | 3 |
| | 16.04 | 345 | 혼 인더스트리즈 | 4 |
| | 46.45 | 582 | 스바루 아메리카 | 5 |
| 1988/6/30 | 16.39 | 513 | 셰어드 메디컬 시스템즈 | 1 |
| | 21.91 | 707 | 테크트로닉스 | 2 |
| | 19.71 | 513 | 스톤 & 웹스터 | 3 |

| 날짜 | EBIT/EV(%) | 시가총액(100만 달러) | 종목명 | QV 순위 |
|---|---|---|---|---|
| 1988/6/30 | 21.94 | 3,397 | 텍사코 캐나다 | 4 |
| | 21.22 | 2,717 | 록히드 | 5 |
| 1989/6/30 | 17.01 | 378 | NCH | 1 |
| | 19.49 | 2,846 | 록히드 | 2 |
| | 23.23 | 15,417 | 다우 케미컬 | 3 |
| | 20.15 | 5,291 | 필립스 페트롤리엄 | 4 |
| | 18.80 | 923 | 인터그래프 | 5 |
| 1990/6/30 | 16.42 | 954 | 글랫펠터 PH | 1 |
| | 16.75 | 4,070 | 레이시온 | 2 |
| | 17.20 | 1,318 | 선드스트랜드 | 3 |
| | 18.48 | 2,179 | 마틴 마리에타 | 4 |
| | 19.86 | 316 | 킴벌 인터내셔널 | 5 |
| 1991/6/30 | 34.74 | 295 | 킴벌 인터내셔널 | 1 |
| | 19.08 | 866 | 크레이 리서치 | 2 |
| | 20.30 | 4,876 | 애플 컴퓨터 | 3.5 |
| | 16.36 | 1,846 | 컴퓨터 어소시에이츠 인터내셔널 | 3.5 |
| | 29.46 | 2,708 | 컴팩 컴퓨터 | 5 |
| 1992/6/30 | 17.12 | 1,329 | 브라운 포먼 | 1 |
| | 14.86 | 800 | 로터스 디벨롭먼트 | 2 |
| | 14.03 | 5,871 | 레이시온 | 3 |
| | 24.82 | 409 | 내셔널 프레스토 인더스트리즈 | 4 |
| | 25.22 | 5,152 | 록웰 인터내셔널 | 5 |
| 1993/6/30 | 14.48 | 3,725 | 마틴 마리에타 | 1 |
| | 21.29 | 2,679 | 나이키 | 2 |
| | 17.53 | 1,251 | 킹 월드 프로덕션 | 3 |
| | 16.07 | 2,491 | 리복 인터내셔널 | 4 |
| | 14.50 | 7,083 | 제너럴모터스 | 5 |
| 1994/6/30 | 13.04 | 2,282 | 워싱턴 포스트 | 1 |
| | 24.29 | 474 | 유나이티드 텔레비전 | 2 |
| | 15.78 | 2,470 | 리복 인터내셔널 | 3 |
| | 13.83 | 967 | 브릭스 & 스트래튼 | 4 |

| 날짜 | EBIT/EV(%) | 시가총액(100만 달러) | 종목명 | QV 순위 |
|---|---|---|---|---|
| 1995/6/30 | 14.37 | 612 | 리 엔터프라이즈 | 1 |
| | 19.94 | 822 | 밴댁 | 2 |
| | 12.24 | 2,481 | 워싱턴 포스트 | 3 |
| | 15.58 | 1,166 | 조지아걸프 | 4 |
| | 16.76 | 729 | 스트래터스 컴퓨터 | 5 |
| 1996/6/30 | 28.38 | 581 | 밴댁 | 1 |
| | 26.10 | 4,132 | 펠프스 다지 | 2 |
| | 17.46 | 19,001 | 다우 케미컬 | 3 |
| | 19.99 | 1,364 | 킹 월드 프로덕션 | 4 |
| | 33.04 | 647 | 스털링 케미컬 | 5 |
| 1997/6/30 | 13.34 | 651 | 메두사 | 1 |
| | 14.12 | 5,130 | UST | 2 |
| | 13.29 | 713 | 툿시 롤 인더스트리즈 | 3 |
| | 12.38 | 753 | 아사 홀딩스 | 4 |
| | 12.55 | 4,227 | 모턴 인터내셔널 | 5 |
| 1998/6/30 | 12.16 | 785 | 서피리어 인더스트리즈 | 1 |
| | 11.95 | 2,890 | 딜럭스 | 2 |
| | 12.93 | 1,031 | 윌리스 컴퓨터 서비스 | 3 |
| | 13.44 | 722 | 조지아걸프 | 4 |
| | 21.90 | 1,626 | 어댑텍 | 5 |
| 1999/6/30 | 13.24 | 1,293 | 크럼프턴 & 놀즈 | 1 |
| | 14.33 | 696 | 블로운트 인터내셔널 | 2 |
| | 25.40 | 917 | 테쿰세 프로덕츠 | 3 |
| | 14.00 | 2,773 | 타임즈 미러 | 4 |
| | 14.55 | 5,162 | UST | 5 |
| 2000/6/30 | 15.35 | 661 | 매니토웍 | 1 |
| | 16.74 | 1,127 | 루브리졸 | 2 |
| | 16.34 | 965 | 뮬러 인더스트리즈 | 3 |
| | 19.22 | 673 | 서피리어 인더스트리즈 | 4 |
| | 16.94 | 623 | 포실 | 5 |
| 2001/6/30 | 26.60 | 3,641 | AVS | 1 |

| 날짜 | EBIT/EV(%) | 시가총액 (100만 달러) | 종목명 | QV 순위 |
|---|---|---|---|---|
| 2001/6/30 | 14.13 | 2,042 | 딜럭스 | 2 |
| | 13.71 | 2,524 | 브라운 포먼 | 3 |
| | 39.37 | 1,723 | 케멧 | 4 |
| | 17.00 | 1,246 | 팀버랜드 | 5 |
| 2002/6/30 | 13.27 | 2,720 | 브라운포먼 | 1 |
| | 16.22 | 962 | 유니버설 | 2 |
| | 13.72 | 1,634 | 리더스 다이제스트 어소시에이션 | 3 |
| | 11.83 | 4,318 | VF | 4 |
| | 12.66 | 1,520 | 오토데스크 | 5 |
| 2003/6/30 | 14.68 | 3,743 | 존즈 어패럴 그룹 | 1 |
| | 14.54 | 1,338 | 밸러시스 커뮤니케이션스 | 2 |
| | 12.28 | 1,338 | 폴라리스 인더스트리즈 | 3 |
| | 14.25 | 2,527 | 브라운 포먼 | 4 |
| | 15.14 | 1,127 | 매클래치 | 5 |
| 2004/6/30 | 11.53 | 7,709 | 매텔 | 1 |
| | 12.62 | 2,466 | 큐로직 | 2 |
| | 11.39 | 290,443 | 엑손 모빌 | 3 |
| | 11.99 | 2,170 | 딜럭스 | 4 |
| | 14.14 | 2,158 | 리복 인터내셔널 | 5 |
| 2005/6/30 | 12.93 | 2,145 | 팀버랜드 | 1 |
| | 11.27 | 7,548 | UST | 2 |
| | 13.61 | 1,786 | 브릭스 & 스트래튼 | 3 |
| | 11.07 | 4,017 | 린케어 홀딩스 | 4 |
| | 12.16 | 365,839 | 엑손 모빌 | 5 |
| 2006/6/30 | 13.52 | 4,198 | 체크포인트 소프트웨어 테크 | 1 |
| | 18.25 | 1,884 | 그룹 CGI | 2 |
| | 12.91 | 15,772 | 나이키 | 3 |
| | 13.17 | 3,873 | 리즈 클레이본 | 4 |
| | 15.76 | 2,830 | 커리어 에듀케이션 | 5 |
| 2007/6/30 | 14.00 | 4,663 | 렉스마크 인터내셔널 | 1 |
| | 17.73 | 17,695 | 누코어 | 2 |

| 날짜 | EBIT/<br>EV(%) | 시가총액<br>(100만<br>달러) | 종목명 | QV 순위 |
|---|---|---|---|---|
| 2007/6/30 | 11.48 | 2,517 | 토르 인더스트리즈 | 3 |
| | 25.98 | 2,545 | 메타넥스 | 4 |
| | 15.41 | 472,519 | 엑손 모빌 | 5 |
| 2008/6/30 | 24.49 | 1,610 | 래디오 | 1 |
| | 15.34 | 2,786 | 패밀리 달러 스토어즈 | 2 |
| | 33.14 | 2,485 | 프런티어 오일 | 3 |
| | 14.90 | 5,470 | 셔윈 윌리엄즈 | 4 |
| | 30.64 | 43,059 | 알트리아 그룹 | 5 |
| 2009/6/30 | 19.60 | 101,220 | 화이자 | 1 |
| | 24.57 | 2,100 | 엔도 파마슈티컬 홀딩스 | 2 |
| | 19.48 | 1,596 | 린케어 홀딩스 | 3 |
| | 23.91 | 3,003 | 폴로 랄프 로렌 | 4 |
| | 21.82 | 53,344 | 옥시덴털 페트롤리엄 | 5 |
| 2010/6/30 | 15.77 | 38,630 | 일라이 릴리 & 코 | 1 |
| | 14.53 | 2,685 | 토털 시스템 서비스 | 2 |
| | 17.19 | 14,223 | 베스트바이 | 3 |
| | 14.94 | 42,889 | 브리스틀 마이어스 스킵 | 4 |
| | 15.04 | 1,515 | 버클 | 5 |
| 2011/6/30 | 30.30 | 2,196 | ITT 에듀케이셔널 서비스 | 1 |
| | 13.49 | 217,776 | 마이크로소프트 | 2 |
| | 16.86 | 2,485 | 아메리칸 이글 아웃피터스 | 3 |
| | 16.67 | 31,459 | 델 | 4 |
| | 16.42 | 117,492 | 인텔 | 5 |

위의 표에는 꽤나 이야깃거리가 있는 종목들도 있다. QV는 1977년에 텔레다인을 매수했는데 앞서 9장에서 살펴본 대로 헨리 싱글턴이 눈부시게 성장시키기 시작한 때다. 한편 1979년에는 버크셔 해서웨이도 오랫동안 보유한 종목인 워싱턴포스트Washington Post를 매수했다. 1982년에도 버핏이

마음에 들어 한 스콧 앤드 페처Scott & Fetzer를 매수했는데 이 회사는 세계 대백과사전부터 진공청소기까지 아주 다양한 사업 영역에 걸쳐 있었다. 버 핏은 1986년에 이 회사를 3억 2,000만 달러에 인수하면서 이렇게 말했다. "버크셔 해서웨이가 딱 사고 싶어 하는 그런 기업입니다. 스콧 앤드 페처는 모범 사례 같은 회사입니다. 사업 내용을 이해할 수 있고 규모도 크고 경영 도 잘되고 있으며 수익도 잘 냅니다. 거의 모든 사업 분야의 ROE가 좋거나 훌륭합니다."

QV는 1982년 콜게이트 팜올리브Colgate Palmolive 역시 매수했는데, 모 두가 알면서 장기간에 걸쳐 탁월한 수익이 입증된 종목이다. 1985년에는 핼리버튼Halliburton, 1993년에는 나이키Nike와 리복Reebok, 2008년에는 패 밀리 달러 스토어Family Dollar Stores, 2009년에는 폴로 랄프 로렌Polo Ralph Lauren을 매수했다. 결과적으로 모든 종목이 시장을 능가했다. 이를 보면 QV는 유명한 대형주 위주로 투자하는 성향이 있음을 보여준다.

시뮬레이션 포트폴리오에 포함된 종목 대부분은 잘 알려지고 대중에게 친숙하며 염가에 매수되었다. 이들 유명 종목이 결국 살아남아 성공했기 때문에, 이제 와서 돌아보면 이들 역시 매수 시점에는 주가가 낮게 형성되 기에 충분한 이유가 있었다는 중요한 사실을 간과하기 쉽다. 그렇지 않았다 면 QV가 선정할 정도로 밸류에이션이 낮지 않아서 매수할 수 없었을 것이 다. 다시 한번 모형을 노예처럼 따라야 함을 강력하게 시사한다.

## 인간 vs. 기계

QV는 지난 20년 동안 최고의 가치투자 3인방과 비교해서 어떤 성과를 냈을까? 기계가 이길까, 아니면 기업의 경영진을 면담하고 정말 내용이 나쁜 주식을 피할 수 있는 인간이 우위에 있을까? 우리는 위험조정수익률과 낙폭을 비교할 수 있도록, 충분히 오랜 기간에 걸쳐 공식 발표한 월간 수익률이 존재하는 투자자만을 비교 대상으로 삼았다. 비교를 위해 매월 지급되는 1.5%의 운용보수와 1.0%의 트레이딩 및 거래 실행 비용을 가정해 QV에 적용하기로 한다. 이렇게 해야 뮤추얼펀드의 운용보수와 수수료, 펀드 거래 비용 등을 반영한 수익률과 맞비교할 수 있다. 비교 대상으로 삼은 3개 뮤추얼펀드는 모두 전설적인 명성을 갖고 있는 세쿼이아 펀드, 레그메이슨 밸류 트러스트, 서드애비뉴 밸류 펀드다.

- 1984년 5월 17일, 버핏은 그레이엄과 도드의 《증권분석》 출간 50주년을 기념해 컬럼비아 대학교에서 열린 행사에서 축사를 했다. 가치투자자에겐 전설적인 연설인 '그레이엄-도드 마을의 탁월한 투자자들'이다. 효율적 시장 가설이 부상하던 때에 가치투자자를 목청 높여 옹호하는 내용이었다. 버핏은 연설에서 그레이엄의 지적 후손으로 볼 수 있는 가치투자자를 몇 명 언급했는데 그중 한 명이 윌리엄 루안William Ruane이다. 버핏 투자조합을 청산할 때 자신의 과거 고객들을 위해 펀드를 새로 설정해줄 수 있느냐고 물어본 사람이 바로 루안이었다. 그렇게 설정된 펀드가 바로 세쿼이아 펀드이고, 버핏이 자신의 고객들에게 추천한 사람은 루안뿐이었다.

- 레그메이슨 밸류 트러스트는 1991년부터 2005년까지 15년 연속으로 수수료 공제 후 S&P500을 능가한 기록을 세우면서 유명해졌다. 빌 밀러Bill MIller가 1982년 설정 당시부터 2011년 11월 물러날 때까지 이끌었다. 경제지 〈머니Money〉는 그를 '1990년대 최고의 펀드매니저'로 꼽

았다. 모닝스타는 1998년 '올해의 미국 주식 펀드매니저'로 선정했고 1999년에는 '지난 10년간 최고의 펀드매니저'로 선정했다.[7]

- 마틴 휘트먼Martin J. Whitman은 1986년 서드애비뉴 밸류 펀드를 설립하고 87세가 되던 2012년 2월에 물러났다. 그는 자금난 투자 distress investing 분야 개척으로, 또 활발한 저술 활동으로 정평을 얻었다. 지은 책으로는 《Value Investing가치투자》(2000), 《The Aggressive Conservative Investor공격적이고 보수적인 투자자》(2005), 《Distress Investing자금난 투자》(2009) 등이 있다.

표 12.7 — QV와 가치투자 3인방의 성과(1991~2011)

|  | QV | 세쿼이아 | 레그메이슨 | 서드애비뉴 | S&P500 |
|---|---|---|---|---|---|
| CAGR(%) | 13.32 | 12.16 | 9.14 | 10.72 | 9.02 |
| 표준편차(%) | 16.20 | 14.62 | 19.62 | 16.49 | 15.05 |
| 하방편차(%) | 10.52 | 10.02 | 14.28 | 13.49 | 10.89 |
| 샤프지수 | 0.81 | 0.64 | 0.38 | 0.50 | 0.43 |
| 소르티노지수(MAR=5%) | 1.08 | 0.76 | 0.40 | 0.49 | 0.44 |
| MDD(%) | -29.85 | -40.72 | -68.91 | -58.23 | -50.21 |
| 월간 최저 수익률(%) | -15.69 | -14.69 | -21.35 | -18.95 | -16.70 |
| 월간 최고 수익률(%) | 16.34 | 16.36 | 14.61 | 18.85 | 11.41 |
| 수익월 비율(%) | 63.49 | 60.71 | 61.11 | 62.30 | 63.49 |
| CAGR(5) 승률(%) | - | 65.28 | 64.77 | 76.17 | 92.75 |
| CAGR(10) 승률(%) | - | 86.47 | 58.65 | 92.48 | 100.00 |
| CDD(%) | -4074.51 | -4358.42 | -6609.37 | -5116.35 | -5609.87 |
| 상관관계 | - | 0.563 | 0.636 | 0.629 | 0.689 |

표 12.7은 QV의 성과를 세쿼이아, 레그메이슨, 서드애비뷰 등과 비교해서 보여준다. 1991년 1월 1일~2011년 12월 31일의 수익률을 분석 대상으로 삼은 것은 서드애비뷰가 1991년 이전 데이터를 갖고 있지 않기 때문이다. 모든 데이터는 CRSP 생존 편향 제거 후 뮤추얼펀드 데이터베이스CRSP Survivor Bias-Free U.S. Mutual Fund Database를 사용했다.

QV는 전설적인 펀드 3개와 비교해도 좋은 성과를 거뒀다. CAGR은 가장 좋았고, 표준편차와 하방편차 중 하나에서도 좋은 수치를 보여 탁월한 샤프지수와 소르티노지수를 이끌어냈다. MDD는 비교 대상들에 비해 눈에 띄게 좋아서 하방 위험에도 안전망이 잘 갖춰졌음을 알 수 있다. QV는 CAGR(5)에서는 비교 대상을 3번 중 2번, CAGR(10)에서는 10번 중 6~9번 능가했다. 그림 12.13은 QV의 누적 성과를 세쿼이아, 레그메이슨, 서드애비

**그림 12.13** — QV와 가치투자 3인방의 성과(1991~2011)

원금 100달러의 평가액(로그 척도)

표 12.8 — QV와 가치투자 3인방의 연간 성과(1991~2011)

|      | QV      | 세쿼이아  | 레그메이슨  | 서드애비뉴 |
|------|---------|---------|----------|----------|
| 1991 | 20.93%  | 40.00%  | 34.73%   | 34.18%   |
| 1992 | 24.78%  | 9.36%   | 11.44%   | 21.29%   |
| 1993 | 5.30%   | 10.78%  | 11.26%   | 23.66%   |
| 1994 | 15.98%  | 3.34%   | 1.39%    | -1.46%   |
| 1995 | 54.26%  | 41.38%  | 40.76%   | 31.73%   |
| 1996 | 19.34%  | 21.74%  | 38.43%   | 21.92%   |
| 1997 | 58.12%  | 43.20%  | 37.05%   | 23.87%   |
| 1998 | -1.62%  | 35.25%  | 48.01%   | 3.92%    |
| 1999 | 13.78%  | -16.45% | 26.71%   | 12.82%   |
| 2000 | 14.90%  | 20.06%  | -7.14%   | 20.76%   |
| 2001 | 10.54%  | 10.52%  | -9.29%   | 2.82%    |
| 2002 | -10.44% | -2.64%  | -18.92%  | -15.19%  |
| 2003 | 39.92%  | 17.12%  | 43.53%   | 37.09%   |
| 2004 | 22.91%  | 4.66%   | 11.96%   | 26.60%   |
| 2005 | 15.94%  | 7.78%   | 5.32%    | 16.50%   |
| 2006 | 29.95%  | 8.34%   | 5.85%    | 14.69%   |
| 2007 | 24.66%  | 8.40%   | -6.66%   | 5.76%    |
| 2008 | -14.75% | -27.03% | -55.05%  | -45.60%  |
| 2009 | 8.51%   | 15.38%  | 40.64%   | 44.51%   |
| 2010 | 0.44%   | 19.50%  | 6.67%    | 13.87%   |
| 2011 | 13.35%  | 13.19%  | -4.00%   | -20.68%  |

뉴와 비교해서 보여준다.

그림 12.13과 표 12.8은 QV의 누적 투자 성과와 연간 투자 성과다. 레그메이슨은 1990년대 후반에 눈부신 성과를 내다가 2008년에 폭락하며 쓰라린 경험을 했다. 레그메이슨의 1990년대 후반 성과를 예외로 치면 QV는 분석 기간 내내 전설적인 가치투자 펀드 3개와 어깨를 나란히 한다. 전체 기간

**그림 12.14** — 경기 순환 주기에 따른 QV의 성과(1991~2011)

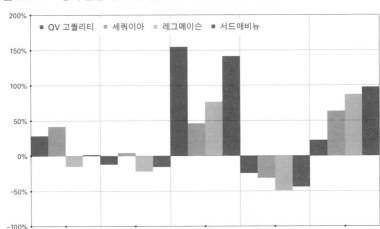

의 중간 지점부터 QV가 앞서면서 끝까지 선두를 뺏기지 않았다.

그림 12.14는 경기 순환 주기에 따른 QV의 성과를 나타낸다.

이 그림을 보면 QV가 경기 순환 주기를 걸쳐 탁월한 성과를 낸 것을 알 수 있다. 불경기에는 자본을 보전했고 호경기에는 자본을 증식했다. 나머지 가치투자 펀드들과 비교한 결과는 조금 복잡하다. QV는 약세장에서는 큰 차이로 능가하지만 2009~2011년 강세장에서는 상대적으로 저조하다. 2008~2011년은 낙폭이 투자 성과에 큰 영향을 준다는 것을 보여주는, 투자자에겐 교훈적인 기간이다. QV는 2008년 세계 금융위기 동안 자본을 더 잘 보전했고 이어진 2009~2011년 강세장에서의 회복은 더 작았다. 파국 위기에서 자본을 더 잘 지켜냈고 그렇게 해서 상대적으로 더 큰 자본을 굴렸기 때문에 QV는 분석 기간 전체를 통해서 승자로 등극할 수 있었다.

**그림 12.15** — QV와 가치투자 3인방의 MDD(1991~2011)

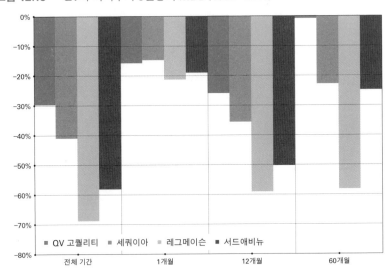

**그림 12.16** — QV와 가치투자 3인방의 위험·보상 관계(1991~2011)

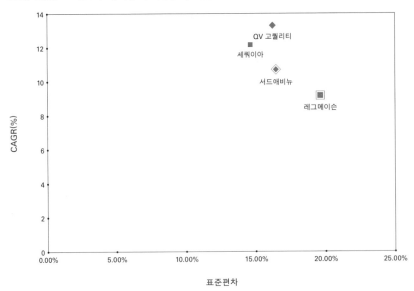

Part 6. 모형 구축과 테스트

그림 12.15는 QV의 낙폭을 분석한 것이다. 이 그림을 보면 주요 폭락장에서 QV가 자본을 더 잘 지켜낸 것을 알 수 있다. 최악의 5년 기간을 보면 QV는 손실을 본 해가 없다.

그림 12.16은 QV의 위험·보상 관계인데, QV가 나머지 3개 전략에 비해 확실히 앞서는 위험조정수익률을 기록했다. 위험은 비슷하지만 CAGR이 높다. 세쿼이아가 유일하게 위험·보상 관계에서 QV에 도전장을 내밀 수 있었다.

QV는 최고 수준 투자자를 상대로 좋은 성과를 냈다. CAGR은 가장 좋았고, 표준편차와 하방편차 중 하나에서도 좋은 수치를 보여 탁월한 샤프지수와 소르티노지수를 이끌어냈다. MDD는 다른 비교 대상들에 비해 눈에 띄게 좋아 하방 위험에도 안전망이 잘 갖춰졌음을 알 수 있다. QV는 CAGR(5)에서는 비교 대상을 3번 중 2번, CAGR(10)에서는 10번 중 6~9번 능가했다. 기계가 사람을 능가한 것으로 보인다.


## QV로 시장을 능가하다

가치투자는 충분히 연구된, 아주 효과적인 투자 방법이다. 단순한 가격지표든 세밀한 현금흐름 분석이든 정교한 SOTP(Sum-of-the-Parts, 부분을 합해서 전체를 구하는 방식)든, 밸류에이션 기법을 선택한 투자자가 청산 과정이나 특수 상황, 저평가 자산, 저평가 기업 등에서 포지션을 잡는 모든 상황을 포함하는 매우 폭넓은 투자 방법이다. 투자 스타일과 밸류에이션 기법이 아무리 각양각색이어도 내재가치와 주가는 서로 다르며 둘 사이에 충분히 큰 괴리가 있어 안전마진을 제공한다면 투자 기회가 있다는 그레이엄의 간명한 개념을 공통분모로 갖는다.

그레이엄의 신조는 시장이 효율적이라는 정통파 교조와 대척점에 있다. 효율적 시장 가설을 옹호하는 사람들은 명백히 시장을 능가하는 가치투자의 성과를 어떻게든 깎아내리기 위해서 그런 성과를 위험이나 규모, 모멘텀, 유동성 등의 요소 덕으로 돌리려고 갈수록 복잡한 방법들을 고안해냈다. 우리가 보기에 이런 논쟁에 관한 한 버핏의 견해가 가장 옳다. 즉 시장은 종종 효율적이지만 항상 효율적인 것은 아니다. 인지 편향에 취약하고 과거의 저조한 실적을 너무 먼 미래까지 투사하고 하락세가 끝없이 이어질 거라고 믿거나 악재에 과잉 반응해서 염가로 주식을 팔아치우는 '순진한' 투자자들 덕분에 자그마한 비효율성이 끊이지 않는다. 이런 비효율성은 '순진한' 투자자와는 반대로 준비가 되어 있는 투자자들이 십분 활용할 수 있다. 이때 방심은 금물이다. 가치투자자를 포함한 우리 모두는 행동 오류를 불러오는 인지 편향에서 자유롭지 못하기 때문이다. 이성은 가치투자가 효과적이라는 것을 잘 알지만 가치투자가 제공하는 열매를 수확하려면 본성을 억눌러야 하는 것이 무척이나 어려운 일이다.

케인스가 말했듯 "투자라는 직업은 도박을 즐기지 않는 사람에게는 견딜 수 없이 지루하고 고지식하기 그지없는 일이다. 반면 도박을 즐기는 사람이라면 상응하는 대가를 치러야만 할 것이다"[8]라는 사실을 우리도 잘 안다. 퀀트 기법은 우리 내면에 있는 도박 본능으로부터 자신을 지킬 수 있게 해주고, 동시에 다른 사람들이 저지르는 자그마한 오류를 꾸준하게 활용하게 해준다. 잘못된 행동을 타이르는 이성적인 충고 따위는 소용없다. 비이성적 행동 오류는 일어날 수밖에 없다고 확신하고 예상할 수 있기 때문이다. 인간에게 인지 편향이 있는 한 역투자와 가치투자처럼 평균 회귀를 이용하는 투자 전략은 여전히 효과적일 것이다. 따라서 QV를 따르는 투자자에게는 계속해서 기회가 생길 것이다.

가치를 찾아내는 방법은 많다. 단순한 가격 지표도 강력한 힘을 발휘할 수 있다. 우리는 EBIT/EV를 넘어서는 방법을 찾을 수 없었다. 한편 1년짜리 가격 지표들 모두 인기주와 시장 전체를 능가하는 가치주를 선별할 수 있었다. 장기 평균으로 만든 '정상이익', 가격 지표들을 섞어 만든 결합 지표들 역시 시장을 능가하는 가치주를 선별했다. 어떤 방법을 택하든 가치투자의 유용성은 견고하다. 장기적으로 보면 저렴한 가치주들이 비싼 인기주를 지속적으로 능가해왔다.

단순한 가격 지표 중 으뜸인 EBIT/EV를 넘어서기는 어렵지만 우리는 투자 유니버스를 개선해서 가치투자의 수익률을 높여줄, 논리적이며 직관적인 방법을 찾아냈다. 투자 유니버스에서 내재가치가 형편없는 종목, 즉 사기, 재무제표 조작, 자금난에 처할 가능성이 높은 종목들을 제거함으로써 수익률을 개선할 수 있음을 확인했다. 또한 주식 분석의 원리를 이용해 가치주 포트폴리오를 고퀄리티와 저퀄리티로 구별하면 고퀄리티 주식들이 저퀄리티 주식들을 현격한 차이로 능가함도 확인했다. 우리는 퀄리티는 경제적 해자와 재무건전성을 가진 종목이라는 퀀트적인 정의를 내렸다. 이때 높은 자본이익률과 높고도 안정적이거나 성장하는 매출총이익률은 강력한 경제적 해자의 증거라는 점을 확인했다.

고퀄리티 가치주가 시장을 능가할 것이라는 생각은 직관적으로 당연해 보인다. 하지만 아무리 우량한 기업도 비싸게는 사지 않으려 한다. 오랫동안 많은 투자자들이 깨닫고 또 깨닫는 진리는 내재가치와 주가의 괴리에서 투자 매력을 찾아야 한다는 점이다. 고퀄리티 종목이라도 비싸게 사면 좋은 성과를 낼 수 없다는 결과를 MF를 통해 확인했다. 내재가치는 언제나 최우선적으로 고려해야 할 사항이다. 내재가치보다 주가가 낮을수록 안전마진은 커지고 수익률도 기대된다. 언젠가 가치투자의 정수를 단 3개 단어로 압축해보라는 저돌적인 질문에 그레이엄은 '안전마진Margin of Safety'이라고 답했다. 그때도 지금도 진리라고 생각된다. 그레이엄의 금언을 제대로 실천할 수 있는 투자 전략이 바로 QV다.

# 퀀트가치 투자 전략은 한국에서 통하는가?

강환국

《Quantitative Investing》이 번역되다니! 이 책은 나와 인연이 매우 깊다. 2015년 즈음 이 책을 통해 많은 투자 기법을 배운 것은 물론이고, 지금도 저자 웨슬리 그레이 박사가 운영하는 '알파 아키텍트 www.alphaarchitect.com'는 내가 가장 자주 방문하는 사이트 중 하나다. 그레이 박사는 이 사이트를 통해 자신의 연구 결과를 발표하는 것은 물론이고, 중요한 퀀트 논문들을 요약해서 나와 같은 아마추어가 퀀트계의 최신 연구 결과를 이해하기 좋게 정리한다.

여기서 밝히지만, 나는 이 책에 소개된 두 가지 전략에 감히 내 멋대로 이름을 지어서 졸저 《할 수 있다! 퀀트 투자》에 소개하기도 했다. 《퀀트로 가치투자하라》 1장에 나오는 벤저민 그레이엄의 전략을 '그레이엄의 마지막 선물', 2장에 나오는 조엘 그린블라트 마법공식의 업그레이드 버전을 '신마법공식'으로 명명한 것이다.

당시 두 전략을 책에 소개한 이유는 무엇인가? 일반 투자자가 사용하기 가장 쉽기 때문이다. 두 전략은 공통점이 있는데, 가치 지표 한 개, 퀄리티 지표 한 개, 총 2개 지표만 가지고 주식시장보다 훨씬 더 높은 수익을 냈다는 점이다.


## 간단한 전략 – 2개 지표만으로 연복리 20% 달성

저자들은 1장에서 그레이엄이 추천한 것처럼 PER 10 이하, 부채 비율 50% 미만인 주식을 매수했다면 1976~2011년 연복리 17.8%라는 고수익을 달성할 수 있었다고 서술했다.

2장에서는 EBITDA/EV와 ROIC의 통합 순위를 계산하는 그린블라트

'마법공식'의 수익률이 그린블라트의 주장보다 훨씬 낮다고 밝히며, ROIC 대신 GPA를 사용하라고 권장한다. 표 2.4에서 BM<sup>(PBR의 역수)</sup>과 GPA가 우수한 주식을 사들이는 QP 전략을 사용했을 경우 1964~2011년 CAGR 15.31%를 거둘 수 있었다고 밝혔다.

마법공식과 QP 전략은 공통점이 있다. 가격 지표 한 개<sup>(PER, BM 등)</sup>, 퀄리티 지표 한 개<sup>(부채 비율, GPA 등)</sup>, 총 2개 지표만 사용하는 것이다. 그런데 놀랍지 않은가? 이런 간단한 전략으로도 S&P500의 수익을 압도하다니!

이 내용을 읽으면 비슷한 전략을 한국에서 활용하고 싶을 것이다. 그 전에 답변할 질문이 세 가지 있다.

1. 한국에서는 어떤 가치 지표와 퀄리티 지표가 잘 통할까?
2. 이렇게 만든 전략은 한국에서도 높은 수익을 낼 수 있었을까?
3. 이 전략에 맞는 종목을 어떻게 뽑을까?

이 질문들에 답해보겠다.

## 한국에서는 어떤 가치 지표와 퀄리티 지표가 잘 통할까?

첫째, 가격 지표를 보자. 두 저자는 7장에서 '가격 지표 시합'을 펼쳐 이익수익률, EBIT/EV, EBITDA/EV, FCF/EV, GP/EV, BM 우량 기업의 1964~2011년 수익을 분석한다. 그중 EBIT/EV 상위 10% 주식의 CAGR이 14.55%라서 가장 우수한 지표라고 주장한다. 그러나 지표들의 CAGR 차이는 그렇게 크지 않았다.

한국에서도 내가 PER, PBR, PCR, PSR, 배당수익률, EBITDA/EV 등 각종 가격 지표 우량 기업 수익을 2002년 7월~2016년 6월 구간에 백테스트해

보니 PBR, PCR, PSR, EBITDA/EV의 성과가 거의 비슷했다. 그럼 이 4개 지표 중 하나만 선택한다면 어떤 것이 좋을까?

나는 PBR이나 PSR이 가장 적합하다고 생각한다. 왜냐하면 PCR과 EBITDA/EV는 수익성 지표인데, 기업 대부분은 매년 수익 변동성이 매우 크기 때문이다. 예를 들면 삼성전자 같은 초우량 기업도 2014년에는 순이익이 전년 대비 22% 감소했고 2017년에는 전년 대비 84.4% 증가했다. 수익 변동성이 더 큰 기업도 많다. 따라서 수익성 지표는 일시적으로 매우 낮아지거나 높아질 수 있어서 저평가 기업을 찾아내는 척도로서는 적합성이 덜하다고 여긴다. 반면 PBR 측정에 필요한 순자산과 PSR 측정에 필요한 매출액은 상대적으로 변동성이 적은 편이다.

그중에서 나는 PBR, 정확히 말하면 PBR의 역수인 BM을 선택하겠다. 이유는? 10여 년 전부터 PBR을 유심히 봐서 PSR보다 더 친숙하기 때문이다. 그리고 이렇게 하면 위에 설명한 QP 전략과 손쉽게 비교도 가능하다.

둘째, 퀄리티 지표 차례다. 두 저자는 2장에서 ROA, FCFA, GPA, MF_ROIC라는 4개 지표가 우수한 기업들의 1964~2011년 수익을 분석했는데, GPA 우수 기업의 수익이 가장 높았다. 나는 한국 시장에서 FCFA 데이터는 구하지 못했지만, 나머지 3개 지표와 ROE 우량주를 2002~2016년 구간에 분석해봤는데, GPA가 월등 나았다. 나머지 3개 지표 상위 기업의 수익률은 KOSPI 지수를 하회하기도 했다.

그럼 '한국형 2개 지표 전략'에서 사용할 지표가 나왔다. PBR과 GPA! 공교롭게도 QP 전략과 동일한 지표다.

### 이렇게 만든 전략은 한국에서도 높은 수익을 낼 수 있었을까?

미국에서 QP 전략이 1964~2011년 15.31%라는 CAGR을 냈다는 것은 이미 위에서 밝혔다. 이제 한국의 결과를 공개하기 전에 한국형 QP 전략을 다시 한번 자세히 설명한다.

1. 매년 6월 말, 모든 주식의 BM(PBR의 역수), GPA 순위를 계산한다. 6월 말 주가와 전년 4분기 순자산 및 매출총이익 수치를 사용해서 계산한다. 예를 들어 2001년 6월 말에는 2001년 6월 말 당시 주가와, 2000년 4분기 순자산 및 매출총이익을 사용한다(2001년 6월 말에는 2001년 2분기 데이터가 아직 공개되지 않았기 때문이다.).
2. 2개 순위를 더한 통합 순위가 가장 높은 100개(또는 20개) 종목을 매수한다. 동일비중 포트폴리오, 즉 100개(또는 20개) 종목에 동일한 금액을 투자한다.
3. 1과 2를 연 1회 실시한다(리밸런싱).

이 간단한 QP 전략, 수익이 어땠을까?

경이로운 결과다! 1년에 한 번, 2개 지표를 보고 순위를 계산한 단순한 전략을 통해서 CAGR 22.8%<sup>(100개 종목)</sup> 또는 25.22%<sup>(20개 종목)</sup>라는 엄청난 수익을 낼 수 있었다. 주식 투자로 돈 벌기가 이렇게 쉽다니!

이 수익률 계산에는 배당 수익과 거래 비용<sup>(수수료와 슬리피지 포함)</sup>이 빠져 있지만, 거래가 연 1회로 매우 드물기 때문에 배당 수익이 거래 비용보다 다소 높을 것으로 추정된다. 즉, 실제 수익은 356쪽에 있는 표에서 계산된 것보다 조금 더 높았을 것이다.

## 한국형 QP 전략의 연도별 수익률(2001~2019)

(단위: %)

|  | QP(100종목) | QP(20종목) | KOSPI |
|---|---|---|---|
| 2001 | 24.97 | 37.93 | 24.80 |
| 2002 | -5.92 | -5.53 | -9.80 |
| 2003 | -3.23 | -10.69 | 17.29 |
| 2004 | 101.40 | 104.20 | 28.30 |
| 2005 | 55.58 | 88.45 | 28.47 |
| 2006 | 61.17 | 75.24 | 34.63 |
| 2007 | -6.13 | -16.41 | -3.94 |
| 2008 | -8.59 | -11.74 | -17.01 |
| 2009 | 25.04 | 25.03 | 22.17 |
| 2010 | 20.54 | 29.17 | 23.69 |
| 2011 | 35.17 | 4.87 | -11.74 |
| 2012 | 36.16 | 35.69 | 0.50 |
| 2013 | 25.79 | 35.75 | 7.45 |
| 2014 | 69.03 | 72.12 | 3.60 |
| 2015 | 19.95 | 49.69 | -5.01 |
| 2016 | 15.01 | 15.43 | 21.39 |
| 2017 | 3.49 | 13.54 | -2.75 |
| 2018 | -2.81 | -6.10 | -8.40 |
| **CAGR(2001~2019)** | **22.80** | **25.22** | **7.34** |

한국판 특별 부록

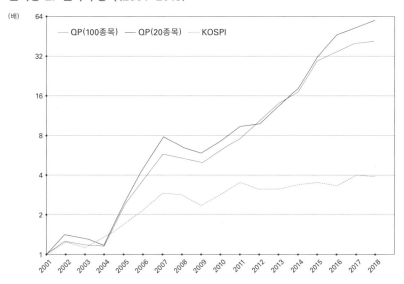

한국형 QP 전략의 성과(2001~2019)

## 이 전략에 맞는 주식을 어떻게 찾을까?

BM과 GPA 순위가 높은 기업에 투자하는 '신마법공식' 전략의 CAGR이 20%가 넘는 것을 보고 곧바로 저런 종목을 사고 싶은 욕구가 생길 것이다. 그러나 아쉽게도 GPA 지표를 제공하는 국내 서비스는 별로 없다.

주기적으로 국내 주식의 실시간 GPA 데이터를 제공하는, 내가 아는 유일한 서비스는 '퀀트킹(cafe.naver.com/quantking)'이다. 최근까지 무료였는데 2019년 6월에 연 11만 원의 유료 서비스로 전환했다. 퀀트킹을 통해서 신마법공식 종목을 추출하는 방법은 글로 설명하기가 매우 번거로우니 내 유튜브 채널 '할 수 있다! 알고 투자'의 '한국형 '퀀트 가치 투자 전략' 주식 찾기!' 영상으로 대체하겠다. 한번 보면 공식에 적합한 주식을 정말 쉽게 찾을 수 있어서 놀랄 것이다.

# 내용이 어렵지만 공부해야 하는 이유

파산할 기업을 걸러내고, 훌륭한 비즈니스를 발굴하고, 싼 주식을 찾고, 확실한 신호를 잡고, 모형을 구축해서 테스트하는 것까지 읽고 나면 혼란이 클 것이다. 실전에 어떻게 적용하라는 것인가?

표 2.4에 2개 지표(BM, GPA)를 활용한 QP 전략이 나온다. 6부까지 선보이는 고난도 기법을 모두 통과하고 수많은 계량적 스크리닝을 거친 최종 QV 전략은 QP 전략보다 CAGR이 1~2% 높다. 다른 퀀트투자 전략에도 자주 나타나는 현상으로, 훨씬 많은 지표를 활용한 것치고는 만족스럽지 않아 보일 수도 있다. 그러나 장기간으로 보면 결과가 크게 벌어진다.

게다가 QV 전략은 QP 전략보다 MDD가 훨씬 작다(QV -32.06% vs. QP -46.50%). 별것 아닌 듯 보이지만 실제로 투자할 때는 영향이 크다. 나는 CAGR보다 MDD를 더 중요하게 여기는데, MDD가 커지면 투자 심리에 쌓이는 타격이 심해져서 전략을 중단할 가능성이 기하급수적으로 높아지기 때문이다. 따라서 MDD가 작은 QV 전략을 채택할 이유가 충분하다.

투자 초심자이거나 투자에 많은 시간을 투입하기 어려우면 단순한 QP 전략을 사용하는 것도 괜찮은 대안이다. 이 전략을 썼다면 한국 시장에서도 매우 높은 CAGR을 얻을 수 있었다고 이미 설명했다.

이 책의 내용이 어렵지만 공부해야 하는 이유는 무엇일까?

우리는 파산할 기업을 걸러내고, 훌륭한 비즈니스를 발굴하고, 싼 주식을 찾고, 확실한 신호를 잡는 것이 중요하다는 점은 막연하게 알지만 실제로 시행할 방법을 찾기가 어렵다. 이 책은 이런 기업을 찾을 수 있는 구체적인 툴을 제시한다. 특히 개별 기업을 분석할 때 이런 기법을 적용하는 것은 엄청나게 중요하다. 따라서 투자를 더 진지하게 배우고 싶은 분, 이 중에서 특히 개별 종목 분석에 많은 시간을 투입하는 집중투자자, 특히 가치투자를 하는 분은 이 책에 있는 기법을 정확히 익힐 것을 강력하게 추천한다. 전업 투자자가 되고 싶다면 더더욱 알아야 한다. 투자 결정을 내리는 막강한 보조 도구라고 확신한다.

## 전략이 미래에도 통할 것인가

"좋아. QP, QV 등의 전략이 과거에 높은 수익을 달성했다는 것은 인정할 수 있어. 그러나 이렇게 책을 통해 전 세계에 알려지면 계속 통할 수가 없지!"라고 반박하는 분들이 있을 것이다. 논리적으로 흠잡을 수 없다. 그런데 현실은 과연 그럴까?

1장에서는 그레이엄이 사망하기 직전 추천한 'PER 10 이하, 부채 비율 50% 이하' 전략이 그가 사망한 후에도 잘 통했다는 내용이 나왔다. 그는 수백만 권 팔린 저서 《증권분석》과 《현명한 투자자》에서 시가총액이 청산가치보다 낮은 기업을 사는 NCAV라는 전략을 추천했는데, 이 전략은 공개된 지 80년이 지났지만 여전히 CAGR 20% 이상을 내고 있다! 이 간단한 사례만 봐도, 좋은 전략이 공개된다고 해서 꼭 초과수익이 사라지는 것은 아니다. 심지어 독일 교수들은 '특정 투자 전략이 논문으로 발표된 후 초과수익이 사라지는가'에 대해 논문을 썼는데, 미국을 제외한 다른 나라에서는 이런 전략들의 초과수익이 통계적으로 유의미할 정도로 감소하지 않았다. 한국 시장도 예외가 아니었다(H. Jacobs and S. Müller, "Anomalies Across the Globe: Once public, no longer existent?" *Journal of Finance Economics*, June 14, 2019).

그럼 누구나 따라 할 수 있고 전 세계에 공개된, 고수익이 검증된 투자 전략들이 왜 계속 초과수익을 낼 수 있는가?

투자 전략을 시작하는 것은 쉽지만 지속하는 것은 심리적으로 매우 어렵기 때문이다.

위에 소개한 QP, QV 등 퀀트 가치 투자 전략의 장기 수익이 높은 것은 확실하지만, 이런 전략들이 매년 15~20%의 고수익을 벌어주나? 그렇지 않다. QP 전략의 MDD는 -46.50%, QV 전략의 MDD는 -32.06%다. 즉, 일시적이나마 30% 이상의 손실을 기록한 순간이 있었다. 이때 소신을 갖고 "이 전략은 장기적으로 15~20%를 벌 수 있어. 그냥 좀 어려운 순간을 버티면 돼!" 하면서 수십 년간 끈기 있게 인내하며 버틸 수 있는 사람이 몇 명이나 될까?

이 전략을 계속 하다 보면, KOSPI 등 주가지수는 급등하는데 이 전략이 추천한 주식들이 지지부진하는 경우도 틀림없이 나온다. 1년 구간으로 분석해도 한국에서 QP 전략을 2001~2019년의 18년간 실행했다면 2003~2004, 2007~2008, 2016~2017년에 KOSPI보다 낮은 수익을 기록했다. 끔찍한 점은 지지부진하는 구간이 수년간 지속될 수도 있다는 것이다. 이래도 이 전략을 굳게 믿고 유지할 수 있을까?

또한 직접 종목을 구해보면 알겠지만 이 전략은 저평가된 종목을 많이 사게 되는데, 그중에는 정말 듣지도 보지도 못한 소형주도 있고, 정말 피하고 싶고 언론에서 지탄받는 사양 산업 또는 혐오 산업에 속한 기업도 매우 많다. 그래서 기업의 주가가 매우 저평가되는 것이지만, 이런 종목을 사서 장기간 보유하기가 쉬울까? 주가가 낮아지면 동요하지 않고 전략을 유지하기가 과연 쉬울까?

백테스트는 과거의 수익인데, 전략이 부진한 기간이 1년이 넘어가면 이런 말이 나오게 된다. "아, 이제 이 전략은 죽었나 봐. 50년 동안 잘 통했지만 내가 오자마자 안 통하네. 칼라일, 그레이, 강환국은 나쁜 놈들! 나는 참 운이 안 좋아." 전략을 잘 쓰다가도 다른 투자자들이 이러면 아무래도 같이 흔들리게 된다. 이래서 계속 유효한 투자 전략을 포기하게 된다.

이런 이유로 나는 이 전략을 알게 된 투자자 중 10년 넘게 고수할 수 있는 투자자는 2%도 안 된다고 확신한다. 그리고 잘 알려진 전략들이 미래에도 계속 초과수익을 낼 확률이 99% 이상이라고 주장한다.

여러분이 이 모든 역경을 이겨내고《퀀트로 가치투자하라》에 나오는 전략을 오래 유지해서 부자가 되는, 선택받은 투자자가 되기를 진심으로 기원한다.

**강환국**_《할 수 있다! 퀀트 투자》저자

# 감수 후기

## 소프가 버핏을 만났을 때

퀀트투자는 다양한 시장과 기업에 대한 정량적인 데이터를 결합하고 쪼개고 가공하여 각종 지표를 제조해내고 이를 백테스트하여 어떤 지표가 가장 잘 통하는지 확인함으로써 투자 운용상의 우위edge를 찾아내는 방법론입니다. 시장 상황에 따라 주도주가 바뀌듯이, 가장 잘 통하는 지표도 수시로 달라집니다. 그래서 퀀트투자에서는 지금 장세에서 어떤 지표가 가장 잘 통하고 강건한지를 빨리 찾아내는 것이 관건입니다. 컴퓨터 앞에 버티고 앉아서 끊임없이 지표를 탐색해서 모델을 개선하는 일이 퀀트들이 하는 주된 업무입니다. 언제든지 유효한 지표가 달라질 수 있기 때문에, 특정 지표에 대해 집착이나 애정을 갖지 않습니다. 그 지표가 도대체 어떤 의미라는 것인지 해석할 이유도 없고, 논리상 말이 되는지도 상관하지 않습니다. 언제든지 필요하면 지표를 바꿀 수 있다는 면에서 퀀트투자는 대체로 단기적인 방법입니다.

또한 퀀트투자는 정량적인 데이터를 근거로 하기 때문에, 사람의 불완전한 심리에서 발생하는 행동경제학적 오류에서 비교적 자유롭고 객관적인 접근법입니다. 하지만 과거의 데이터를 사용하기 때문에 미래를 예측하는 데에는 어느 정도 한계가 있을 수밖에 없습니다. 가끔은 몇 년 동안이나 퀀트투자가 잘 먹히지 않아서 애를 먹기도 합니다. 우연하게 맞아떨어진 상관관계인 것에 불과한데도 인과관계가 있다고 오해하고 잘못 사용하여 낭패를 당하기도 합니다. 또 과거에 발생하지 않았거나 아주 희귀한 사건, 즉 블랙 스완이 발생하면 퀀트 모델은 전혀 엉뚱한 해답을 내놓기도 합니다. 1987년에 발생한 블랙먼데이는 유사한 방법론을 가진 퀀트 모델들이 동시에 같은 방향으로 움직임에 따라, 나비 한 마리의 펄럭임에 불과한 미세한 변동성이 대규모 재앙으로 증폭된 사례로 알려져 있습니다. 이렇듯 퀀트투자는 유용한 것은 분명하지만, 무조건 맹신하기에는 어딘가 석연치 않고 마음이 놓이지 않는 방법론입니다.

한편 가치투자란 주가는 내재가치와 장기적으로 동행한다는 확신을 가지고, 내재가치에 비해 저평가된 우량주에 투자하는 방식입니다. 그러므로 도대체 이 기업은 돈을 어떻게 벌어내는지, 즉 사업 모델에 대해 통찰력 있게 이해해야 합니다. 또 그렇게 벌어들이는 수익이 일시적인지 아니면 반복 가능한 것인지를 확인하고, 그런 수익이 발생하기 위해 그 기업이 어떤 특별한 경쟁우위를 가지고 있는지, 장기적으로 꾸준히 성장 가능한지 등을 분석합니다. 그런 분석들을 토대로 추정한 내재가치에 비해 가급적 저평가된 가격에 매수하였다가 사업의 수익성이 악화되거나 지나치게 고평가될 때까지 오랜 기간 보유하면서 수익과 성장을 공유하는 것을 원칙으로 합니다.

그레이엄은 "투자란 철저한 분석을 통해 원금을 안전하게 지키면서도 만족스러운 수익을 확보하는 것이다"라고 말했습니다. 하지만 평범한 개인 투자자가 철저한 분석을 하기는 현실적으로 거의 불가능합니다. 기업 탐방은 커녕 주주총회 한 번이라도 참석한 사람마저 별로 없을 정도입니다. 지난 수년간 성장해온 모습을 대충 보고, "이런 회사라면 장기적으로 가져가도 괜찮겠지"라면서 매수했는데, 실적이라도 덜컥 악화되거나 무슨 이유에선지 주가라도 급락하면 개인 투자자는 도저히 견딜 재간이 없습니다. 그 기업에 대한 분석도 턱없이 부족하고 자신의 판단에 자신도 없는 마당에 어떻게 확신을 가지고 버틸 수가 있겠습니까? 말이 좋아서 '가치투자'이지, 사실은 남들도 우량 기업이라고 입을 모아 말하니까 친구 따라 강남 가듯이 '같이 투자'한 것에 불과했으니까요.

퀀트투자는 사무실에서 엉덩이에 땀띠가 날 정도로 앉아서 수많은 데이터를 컴퓨터에 쏟아 넣고 숫자와 씨름하면서 우위를 가진 지표를 찾아내서 활용하는 단기 트레이딩에 가깝습니다. 가치투자는 발바닥에 물집이 생길 정도로 수많은 기업을 미친 듯이 탐방하고 자료를 뒤지면서 우량 기업을 찾아내어 장기적으로 동행하는 동업자에 가깝습니다. 이렇게 퀀트투자와 가치투자는 업무 스타일과 추구하는 방법론이 완전히 다릅니다. 실제로 양쪽 실무자들을 만나보면 의료계의 양방과 한방이 그러는 것처럼 서로 친하지 않은 것은 물론이고 상대방의 방법론을 인정하지도 않는 경우도 있습니다.

그럼에도 불구하고 퀀트투자와 가치투자에는 신기하게도 공통된 면이 존재합니다. 바로 학계의 지배적 이론인 '효율적 시장 가설'에 반기를 든다는 점입니다. 효율적 시장 가설은 어떤 투자 정보를 얻더라도 주식시장에 비해 초과수익을 얻을 수 없다는 이론입니다. 그런데 퀀트투자는 정량적인 지표를 잘 활용하면 초과수익을 확보할 수 있다는 방법입니다. 또 가치투자는 우량 기업을 저평가된 상태에서 매수하면 초과수익을 확보할 수 있다는 방법입니다. 그러므로 초과수익이 가능하다는 면에서 '효율적 시장 가설'에 반항하는 같은 편입니다.

퀀트투자의 대가인 에드워드 소프와 가치투자의 귀재인 워런 버핏이 만나는 《퀀트로 가치투자하라》의 도입부가 인상적이지요. 그 모습은 퀀트투자와 가치투자의 위대한 만남을 상징하고 있습니다. 성격도 취향도 전혀 달랐던 두 사람이 만나 맞춰가는 영화 "해리가 샐리를 만났을 때"처럼, 이 책은 "소프가 버핏을 만났을 때" 어떤 일이 벌어지게 될까를 상상해본 것입니다. 구체적으로 가치지표를 강화하여 적용한 퀀트가치(QV) 투자 전략을 진행한 결과 퀀트투자에서 석연치 않았던 인과관계가 보완되고, 가치투자에서 쉽지 않았던 실천력이 보강되었습니다. 서로의 장점을 결합하고 단점을 보완하는 바람직한 시너지 효과가 발생한 것입니다.

구호에만 그치는 공허한 개념적인 주장에 그치지 않고, 시뮬레이션을 통해 숫자로 검증했다는 사실에 의미가 있습니다. 결과는 정말 우리의 '상상 그 이상'이라고 할 수 있습니다. 양대 진영의 전략적 결합은 전혀 어울릴 것 같지 않았지만 그런 생각은 어느새 온데간데없이 사라지고, 이 책의 말미에 가서는 "이렇게 잘 맞는 궁합이 세상에 또 있을까?"라는 생각이 들 정도로 천생연분처럼 느껴지기까지 합니다.

저는 가치투자의 외길을 걸어온 사람입니다. 또 한편으로는 심할 정도로 정량적인 데이터를 많이 활용합니다. 낮에는 탐방을 밥 먹듯 하면서 기업을 분석하고, 밤에는 어렵사리 확보한 자료를 가지고 컴퓨터와 씨름하느라 분주했습니다. 제 보스였던 분은 제가 무엇 때문에 그렇게 야근을 많이 하는지 궁금했다고, 지금도 만날 때마다 말씀하시곤 합니다. 그래서 《퀀트로 가치투자하라》를 원서로 처음 만났을 때 마치 저만이 소중하게 간직했던 비밀 다이어리가 공개된 느낌이 들기도 했습니다. 그만큼 저와 공명하는 부분이 많았기 때문입니다. 이 책이 번역되어 출간되길 오랫동안 기다렸습니다. 여간 까다로운 책이 아닌데도 애써준 출판사 관계자들께 감사드립니다.

2019. 08.

**신진오**_밸류리더스 회장

# 주석

## 1장. 눈먼 돈의 역설

1. Benjamin Graham and David Dodd, 《Security Analysis》 1934 Edition (McGraw-Hill, 1996).

2. Edward O. Thorp, "A Mathematician on Wall Street: Bridge with Buffett." *Wilmott Magazine*, November 2005, pp. 34~36, www.wilmott.com/pdfs/110329_thorp.pdf.

3. Jonathan Davis, "Buffett on Bridge", www.buffettcup.com/BuffettonBridge/tabid/69/language/en-GB/Default.aspx

4. 같은 글.

5. Thorp, "A Mathematician on Wall Street: Bridge with Buffett."

6. William Poundstone, 《Fortune's Formula: The Untold Story of the Scientific Betting Systme that Beat the Casinos and Wall Street》 (New York: Hill and Wang, 2005)

7. Scott Patterson, 《The Quants: How a New Breed of Math Whizzes Conquered Wall Street and Nearly Destroyed It》(New York: Crown Business, 2010).

8. Poundstone, p. 148.

9. 같은 책, p. 320.

10. Edward O. Thorp and Sheen T. Kassouf, 《Beat the Market: A Scientific Stock Market System》(Random House, 1967).

11. 같은 책.

12. Thorp, "A Mathematician on Wall Street: Bridge with Buffett."

13. Warren Buffett, "The Superinvestors of Graham-and-Dodsville," *Hermes*, Columbia Business School alumni magazine, 1984. www7.gsb.columbia.edu/alumni/news/hermes/print-archive/superinvestors

14. Benjamin Graham, "Should Rich but Losing Corporations Be Liquidated?" Reprinted on Forbes.com, December 27, 1999. http://www.forbes.com/forbes/1999/1227/6415410a.html

15. Justin Fox,《The Myth of the Rational Market: A History of Risk, Reward, and Delusion on Wall Street》(New York: HarperBusiness, 2009).

16. 같은 책.

17. Benjamin Graham,《The Intelligent Investor: A Book of Practical Counsel》, 4th ed.(New York: Harper&Row, 1986)

18. Seth A. Klarman,《Margin of Safety: Risk-Averse Value Investing Strategies for the Thoughtful Investor》(New York: HarperCollins, 1991).

19. 같은 책.

20. 같은 책.

21. J. Lakonishok, A. Shleifer, and R. W. Vishny, "Contrarian Investments, Extrapolation, and Risk." *Journal of Finance* 49(5): 1541~1578, 1994.

22. Graham and Dodd,《Security Analysis》.

23. Benjamin Graham, "A Conversation with Benjamin Graham." *Financial Analysts Journal* 32(5) (1976): 20-23. 찰스 미즈라히(Charles Mizrahi)가 이 기사를 알려주었다.

24. Janet Lowe,《The Rediscovered Benjamin Graham: Selected Writings of the Wall Street Legend》(New York: John Wiley & Sons, 1999).

25. Graham, "A Conversation with Benjamin Graham."

26. Amy Stone, "Homespun Wisdom from the 'Oracle of Omaha.'" *Business Week*(June 25, 1999), www.businessweek.com/1999/99_27/b3636006.htm

27. Eleanor Laise, "Best Stock Fund of the Decade: CGM Focus." *Wall Street Journal*, Fund Track(December 31, 2009), http://online.wsj.com/article/SB10001424052748704876804574628561609012716.html

28. Jesse J.prinz,《Gut Reactions: A Perceptual Theory of Emotion(Philosophy of Mind)》(Oxford: Oxford University Press, USA, 2004).

29. Nicholas Barberis and Richard Thaler, "A Survey of Behavioral Finance." NBER Working Paper No. 9222, September 2002, www.nber.org/papers/w9222.

30. Amos Tversky and Daniel Kahneman, "Judgment under Uncertainty: Heuristics and Biases." *Science*, New Series 185(4157)(September 27,

1974): 1124~1131; www.jstor.org/pss/1738360.

31. Dan Ariely, 《Predictably Irrational: The Hidden Forces that Shape Our Decisions》(New York: Harper Collins, 2008).

32. Philip E. Tetlock. 《Expert Political Judgment: How Good Is It? How Can We Know?》(Princeton University Press, 2005).

33. James Montier, 《Behavioural Investing: A Practitioners Guide to Applying Behavioural Finance》(Hoboken, NJ: John Wiley & Sons, 2007).

34. 같은 책.

35. Ian Ayres, 《Super Crunchers: Why Thinking-by-Numbers Is the New Way to Be Smart》(New York: Bantam, 2007).

36. 같은 책.

37. Montier, 《Behavioural Investing》.

38. Nassim Nicholas Taleb, 《Fooled by Randomness: The Hidden Role of Chance in Life and in the Markets》(Random House, 2008).

39. 다음을 예로 들 수 있다. Charles G. Lord, Elizabeth Preston, and Mark Lepper, "Considering the Opposite: A Corrective Strategy for Social Judgment." *Journal of Personality and Social Psychology* 47(6) (1984): 1231~1243; Asher Koriat, Sarah Lichenstein, and Baruch Fischhoff, "Reasons for Confidence." *Journal of Experimental Psychology: Human Learning and Memory* 6(2) (1980): 107~118.

40. James Montier, 《The Little Book of Behavioral Investing: How Not to Be Your Own Worst Enemy》(Little Books, Big Profits [UK]) (Hoboken, NJ: John Wiley & Sons, 2010).

41. Warren Buffett, "Shareholder Letter," Berkshire Hathaway, Inc. Annual Report, 1993.

42. Janet Lowe, 《Damn Right! Behind the Scenes with Berkshire Hathaway Billionaire Charlie Munger》(New York: John Wiley & Sons, 2000).

43. David Einhorn, "Winning Poker Strategies from an Investor, or Financial Learnings for Make Benefit Glorious Wiseguys." *Value Investing Congress*, November 10, 2006.

## 2장. 퀀트가치 투자 전략의 설계도

1. Joel Greenblatt, 《The Little Book that Beats the Market》(Hoboken, NJ: John Wiley & Sons, 2005).

2. Joel Greenblatt, 《You Can be a Stock Market Genius: Uncover the Secret Hiding Places of Stock Market Profits》(New York: Touchstone, 1999).

3. Warren Buffett, "Chairman's Letter," Berkshire Hathaway, Inc. Annual Report, 1989.

4. Aswath Damodaran, "Return on Capital, Return on Invested Capital (ROIC), and Return on Equity(ROE): Measurement and Implications." http://pages.stern.nyu.edu/~adamodar/pdfiles/papers/returnmeasures.pdf

5. 분명히 다르다고 명확하게 표기하지 않는 한, 이 책의 연구에 사용된 모든 시뮬레이션의 가정과 방법론은 11장에 상술되어 있다. 여기에는 MF의 검증과 1장에 다룬 그레이엄의 전략도 포함된다.

6. 모든 분석은 동일비중 포트폴리오를 원칙으로 하고 있으며 책의 모든 분석에서도 유사한 결론에 도달했다.

7. 다양한 가중치를 적용해보고 기간 조정 및 포트폴리오 구성을 시도해보았지만(즉 데이터 마이닝을 시도해보았지만) 그린블라트처럼 1988~2004년 기간 동안 연평균 30.8%에 근접하는 수익률을 달성하는 데는 실패했다.

8. Robert Novy-Marx, "The Other Side of Value: Good Growth and the Gross Profability Premium"(April 2010). NBER Working Paper No. w15940. http://ssrn.com/abstract=1598056

9. 같은 글.

10. 같은 글.

11. Eugene Fama and Kenneth French, "Q&A: Why Use Book Value to Sort Stocks?" Fama/French Forum, June 27, 2011; www.dimensional.com/famafrench/2011/06/qa-why-use-book-value-to-sort-stocks.html.

12. Joel Greenblatt, "Adding Your Two Cents May Cost a Lot Over the Long Term." *Perspectives, Morningstar*, January 16, 2012; http://news.morningstar.com/articlenet/SubmissionsArticle.aspx?submissionid=134195.xml&part=2

13. Atul Gawande, "The Checklist." *The New Yorker*, Annals of Medicine(December 10, 2007); www.newyorker.com/reporting/2007/12/10/071210fa_fact_gawande?currentpage=2.

14. Atul Gawande, 《The Checklist Manifesto: How to Get Things Right》(New York: Metropolitan Books, 2009).

## 3장. 이익 조작과 명백한 사기를 적발하라

1. John Kenneth Galbraith, 《The Great Crash of 1929》(New York: Mariner Books, 1997).

2. 발생주의 회계를 가지고 장난치는 것을 설명하면서 데이비드 푸크(David P. Foulke)가 해준 이야기다.

3. Siew Hong Teoh, Ivo Welch, and T. J. Wong, "Earnings Management and the Long-Run Market Performance of Initial Public Offerings." *Journal of Fianance* 53(6) (December 1998); www.jstor.org/stable/i300839.

4. L. L. DuCharme, P. H. Malatesta, and S. E. Sefcik, "Earnings Management, Stock Issues, and Shareholder Lawsuits." *Journal of Financial Economics* 71(January 2004): 27~40.

5. De-Wai Chou, Michael Gombola, and Feng-Ying Liu, "Earnings Management and Stock Performance of Reverse Leveraged Buyouts." *Journal of Financial and Quantitative Analysis* 41(2) (June 2006): 407~438.

6. Richard Sloan, "Do Stock Prices Fully Reflect Information in Accruals and Cash Flows about Future Earnings?" *Accounting Review* 71 (1996): 289~315.

7. David Hirshleifer, Kewei Hou, Siew Hong Teoh, and Yinglei Zhang, "Do Investors Overvalue Firms with Bloated Balance Sheets?" *Journal of Accounting and Economics* 38 (2004): 297~331.

8. George A. Papanastasopoulos, Dimitrios D. Thomakos, and Tao Wang, "Information in Balance Sheets for Future Stock Returns: Evidence from Net Operating Assets (June 20, 2011)." *International Review of Financial Analysis* 20 (2011): 269-282. http://ssrn.com/abstract=937361

9. M. D. Beneish, "The Detection of Earnings Manipulation." *Financial Analysts Journal* (September/October 1999): 24~36.

10. Messod Daniel Beneish, Craig Nichols, and Charles M. C. Lee, "To Catch a Thief: Can Forensic Accounting Help Predict Stock Returns?" (July 27, 2011). http://ssrn.com/abstract=1903593 or http://dx.doi.org/10.2139/ssrn.1903593

11. 엑셀의 NORMDIST 함수를 사용하면 PROBM 스코어를 해석하기 쉬운 PMAN, 즉 조작 가능성을 나타내는 정규분포 확률로 쉽게 변환할 수 있다.

12. Bethany McLean and Peter Elkind, 《Smartest Guys in the Room: The Amazing Rise and Scandalous Fall of Enron》(Mountain View, CA: Portfolio Hardcover, 2003).

13. Bethany McLean, "Is Enron Overpriced?" *Fortune* (March 5, 2001)

14. SGAI를 위한 데이터는 구할 수 없기 때문에 회귀분석 시에는 이 값을 1로 가정한다.

15. 모든 평균 수치는 베네이시의 책 Table 2에서 가져왔다.

16. G. D. L. Morris, "Enron 101: How a Group of Business Students Sold Enron a Year before the Collapse." *Financial History* (Spring/Summer 2009): 12~15.

17. Buffett, 1988.

## 4장. 자금난 위험을 피하라

1. Simon Romero and Riva D. Atlas, "WorldCom's Collapse: The Overview; WorldCom Files for Bankruptcy; Largest U.S. Case." *New York Times*, July 22, 2002. www.nytimes.com/2002/07/22/us/worldcom-s-collapse-the-overview-worldcom-files-for-bankruptcy-largest-us-case.html

2. Dennis Moberg and Edward J. Romar, "WorldCom," 2003; www.scu.edu/ethics/dialogue/candc/cases/worldcom.html

3. Edward J. Romar and Martin Calkins, "WorldCom Case Study Update 2006," www.scu.edu/ethics/dialogue/candc/cases/worldcom-update.html.

4. '자금난(financial distress)'의 의미를 보여주기 위해 '파산'이라는 용어를 사용하긴 하지만 둘은 중요한 차이가 있다. 자금난에 처한 기업이 취할 수 있는 가장 생생한 결과가 파산 신청이지만 상장폐지나 D등급을 받는 것, 또는 주주가치를 심각하게 희석시키는 유상증자처럼 기존 주주들에게 나쁜 영향을 미치는 다른 선택들도 있다. 자금난 위험이 높은 기업이 상당한 위험을 수반하면서 특별히 저조한 투자수익률을 초래한다고

말할 만한 실례가 충분하게 존재한다.

5.  N. Chuvakhin and L. Gertmenian, "Predicting Bankruptcy in the World-Com Age," 2003, http://gbr.pepperdine.edu/031/bankruptcy.html

6.  Edward I. Altman, "Financial Ratios, Discriminant Analysis and the Prediction of Corporate Bankruptcy." *Journal of Finance* 23(1968): 589~609.

7.  운이 전부는 아니다. 2000년 발표한 논문에서 알트만은 1999년 컴퓨스태트 데이터베이스에 있는 미국의 산업주를 검토했는데 Z-스코어가 1.81 미만인 기업이 20%대였다. 이는 2001년과 2002년에 비정상적으로 높았던 기업 파산율을 예언하는 것이었다.

8.  James A. Ohlson, "Financial Ratios and the Probalistic Prediction of Bankruptcy." *Journal of Accounting Research* 18(1) (Spring 1980): 109~131.

9.  Tyler Shumway, "Forecasting Bankruptcy More Accurately: A Simple Hazard Model" (July 16, 1999). http://ssrn.com/abstract=171436 or http://dx.doi.org/10.2139/ssrn.171436.

10. John Campbell, Jens Hilsher, and Jan Szilagyi, "Do Stock Prices Fully Reflect Information in Accruals and Cash Flows about Future Earnings? In Search of Distress Risk." *Journal of Finance* 63 (2008): 2899~2939.

## 5장. 경제적 해자를 파악하라

1.  Phillip A. Fisher, 《Common Stocks and Uncommon Profits and Other Writings(Wiley Investment Classics)》(New York: John Wiley & Sons, 1996).

2.  John Burr Williams, 《The Theory of Investment Value(Contrary Opinion Library)》(Flint Hill, VA: Fraser, 1997).

3.  Aswath Damodaran, "Return on Capital (ROC), Return on Invested Capital (ROIC) and Return on Equity (ROE): Measurement and Implications," July 2007. http://ssrn.com/abstract=1105499 or http://dx.doi.org/10.2139/ssrn.1105499

4.  같은 글.

5.  Michael J. Mauboussin, "Common Errors in DCF Models: Do You Use Economically Sound and Transparent Models?" Mauboussin on Strategy, Legg Mason Capital Management, March 16, 2006.

6.  Eugene F. Fama and Kenneth R. French, "Forecasting Probability and

Earnings," February 1999. CRSP Working Paper No. 456. http://ssrn.com/
.    abstract=40660 or http://dx.doi.org/10.2139/ssrn.40660
7.    8년의 기간을 얻기 위해 데이터 마이닝을 하진 않았다. 똑같이 신뢰할 만한 결과를 몇
년 더 길거나 짧은 기간에서도 얻을 수 있다.

## 6장. 재무건전성이 우수한 기업을 찾아라

1.    Graham and Dodd,《Security Analysis》.
2.    Joseph D. Piotroski, "Value Investing: The Use of Historical Financial
Statement Information to Separate Winners from Losers." *Journal
of Accounting Research* 38(Supplement) 2000. http://ssrn.com/ab-
stract=249455
3.    J. Boudoukh, R. Michaely, M. Richardson, and M. R. Roberts, "On the
Importance of Measuring Payout Yield: Implications for Asset Pricing."
*Journal of Finance* 62 (2007): 877~915.

## 7장. 가격 지표 시합

1.    J. Lakonishok, A. Shleifer, and R. W. Vishny, "Contrarian Investments, Ex-
trapolation, and Risk." *Journal of Finance* 49(5): 1541~1578, 1994.
2.    Eugene F. Fama and Kenneth R. French, "Fama and French Forum," June
27, 2011.www.dimensional.com/famafrench/2011/06/qa-why-use-book-
value-to-sort-stocks.html 참조.
3.    Tim Loughran and Jay W. Wellman, "New Evidence on the Relation be-
tween the Enterprise Multiple and Average Stock Returns." *Journal of
Financial and Quantitative Analysis* 46(2010): 1629~1650.
4.    같은 글.
5.    William F. Sharpe, "The Sharpe Ratio." *Journal of Portfolio Management*
21(1) (Fall 1994): 49~58.

## 8장. 정상이익과 결합 지표

1.  J. Y. Campbell and R. J. Shiller, "Valuation Ratios and the Long-Run Stock Market Outlook." *Journal of Portfolio Management* (Winter 1998): 11~26.
2.  John Y. Campbell and Robert J. Shiller, "Valuation Ratios and the Long-Run Stock Market Outlook: An Update (April 2001)." *NBER Working Paper Series*, Vol. w8221, 2001. http://ssrn.com/abstract=266191
3.  K. P. Anderson and Chris Brooks, "The Long-Term Price-Earnings Ratio." *Journal of Business Finance & Accounting* 33(7-8) (September/October 2006): 1063~1086. http://ssrn.com/abstract=934618 or http://dx.doi.org/10.1111/j.1468-5957.2006.00621.x
4.  Wesley Gray and Jack Vogel, "Analyzing Valuation Measures: A Performance Horse-Race over the Past 40 Years." *Journal of Portfolio Management* (March 29, 2012).
5.  James O'Shaughnessy, 《What Works on Wall Street: The Classic Guide to the Best-Performing Investment Strategies of All Time》, 4th ed. (New York: McGraw-Hill, 2011).
6.  S. Nathan, Kumar Sivakumar, and Jayaraman Vijayakumar, "Returns to Trading Strategies Based on Price-to-Earnings and Price-to-Sales Ratios." *Journal of Investing* 10(2) (Summer 2001): 17~28.
7.  8년짜리 가격 지표와 맞추고 다른 모든 가격 지표들과 맞비교할 수 있도록 우리의 표본은 1972년 시작된다(1964년에 8년을 더했다).

## 9장. 스마트 머니가 보내는 신호를 좇아라

1.  Robert J. Flaherty, "The Singular Henry Singleton," *Forbes*, July 9, 1979.
2.  Warren Buffett, "Shareholder Letter," Berkshire Hathaway, Inc. Annual Report, 1982.
3.  John Train, 《The Money Masters》(New York: HarperBusiness, 1994).
4.  Flaherty, "The Singular Henry Singleton."
5.  Alison Leigh Cowan, "Wall St. Eyes Are on Teledyne." *New York Times*, July 9, 1987.
6.  David L. Ikenberry, Josef Lakonishok, and Theo Vermaelen, "Market Un-

derreaction to Open Market Share Repurchases." *NBER Working Paper Series*, Vol. w4965, pp. 181-208, 1994. http://ssrn.com/abstract=226564

7. Alice A. Bonaimé, "Repurchases, Reputation, and Returns," Journal of Financial and Quantitative Analysis 47(2) (April 2012): 469~491. http://ssrn.com/abstract=1361800 or http://dx.doi.org/10.2139/ssrn.1361800

8. Jack Hough, "Buy Signals: How to Decipher Stock Buybacks." *Wall Street Journal*, Upside, January 21, 2012. http://online.wsj.com/article/SB10001424052970203750404577171231151712236.html.

9. O'Shaughnessy, 《What Works on Wall Street》.

10. Ako Doffou, "Insider Trading: A Review of Theory and Empirical Work." *Journal of Accounting and Financial Research* 11(1) (Spring 2003). http:ssrn.com/abstract=1028898

11. Lauren Cohen, Christopher Malloy, and Lukasz Pomorksi, "Decoding Inside Information," *Journal of Finance* (May 21, 2012).

12. Daniel Giamouridis, Manolis Liodakis, and Andrew Moniz, "Some Insiders Are Indeed Smart Investors," July 29, 2008. http://ssrn.com/abstract=1160305 or http://dx.doi.org/10.2139/ssrn.1160305

13. Alon P. Brav, Wei Jiang, Randall S. Thomas, and Frank Partnoy, "Hedge Fund Activism, Corporate Governance, and Firm Performance." *Journal of Finance* 63 (May 2008): 1729; ECGI Finance Working Paper No. 139/2006; Vanderbilt Law and Economics Research Paper No. 07-28; FDIC Center for Financial Research Working Paper No. 2008-06. http://ssrn.com/abstract=948907

14. April Klein and Emanuel Zur, "Entrepreneurial Shareholder Activism: Hedge Funds and Other Private Investors." *Journal of Finance* (January 23, 2009).

15. Gerald S. Martin, and John Puthenpurackal, "Imitation Is the Sincerest Form of Flattery: Warren Buffett and Berkshire Hathaway," April 15, 2008. http://ssrn.com/abstract=806246 or http://dx.doi.org/10.2139/ssrn.806246

16. 같은 글.

17. Ekkehart Boehmer, Zsuzsa R. Huszar, and Bradford D. Jordan, "The Good News in Short Interest," May 15, 2009. http://ssrn.com/abstract=1405511 or http://dx.doi.org/10.2139/ssrn.1405511

## 10장. 데이터 마이닝의 함정을 피하라

1. David J. Leinweber, 《Nerds on Wall Street: Math, Machines and Wired Markets》(Hoboken, NJ: John Wiley & Sons, 2009).

2. Christopher Blake and Matthew Morey, "Morningstar Ratings and Mutual Fund Performance." *Journal of Financial and Quantitative Analysis* 35(2000): 451~483.

3. Eugene Fama and Kenneth French, "Luck versus Skill in the Cross Section of Mutual Fund Returns." *Journal of Finance* (September 21, 2010).

4. J. B. Berck and R. C. Green, "Mutual Fund Flows and Performance in Rational Markets." *Journal of Political Economy* 112 (2004): 1269~1295.

5. Leinweber, 《Nerds on Wall Street》.

6. J. D. Freeman, "Behind the Smoke and Mirrors: Gauging the Integrity of Investment Simulations," *Financial Analysts Journal* 48 (6) (November~December 1992): 26~31.

7. Nassim Nicholas Taleb, 《The Black Swan: The Impact of the Highly Improbable》(New York: Random House, 2007).

8. Claire I. Tsai, Joshua Klayman, and Reid Hastie, "Effects of Amount of Information on Judgement Accuracy and Confidence." *Organizational Behaviour and Human Decision Processes* 107 (2008): 97~105. http://ssrn.com/abstract=1297347

9. Paul Watzlawick, 《How Real Is Real?》(Vintage, 1977).

10. Joel Greenblatt, "Adding Your Two Cents May Cost a Lot Over the Long Term".

11. Steven Friedman, "Joel Greenblatt and Robert Goldstein of Gotham Asset Management, LLC," *Santangel's Review*, Profiles of Undiscovered Investors, March 2011.

12. 같은 글.

13. Freeman, "Behind the Smoke and Mirrors: Gauging the Integrity of Investment Simulations".

14. William Beaver, Maureen McNichols, and Richard Price, "Delisting Returns and Their Effect on Accounting-Based Market Anomalies." *Journal of Accounting and Economics* 43 (2007): 341~368.

15. Marcus Bogue and Morris Bailey, "The Advantages of Using as First Re-

ported Data with Current Compustat Data for Historical Research." Charter Oak Investment Systems, Inc., 2001.

16. Oppenheimer, H. R. "Ben Graham's Net Current Asset Values: A Performance Update." *Financial Analysts Journal* 42 (1986): 40~47; and J. Greenblatt, R. Pzena, and B. Newberg, "How the Small Investor Can Beat the Market." *Journal of Portfolio Management* (Summer 1981): 48~52.

17. Xiao Ying and Glen Arnold, "Testing Benjamin Graham's Net Current Asset Value Strategy in London." *Journal of Investing* 17 (2008): 11~19.

18. 생존 편향에서 자유로운 펀더멘털 데이터가 1962년 12월 31일 시작되기 때문에 우리는 포트폴리오 설정일을 1963년 7월 1일부터 정할 수 있다. 하지만 포트폴리오를 시장에 쉽게 노출하기 위해, 그리고 "반쪽(1월 1일이 아닌 7월 1일부터 시작)"짜리 해를 피하기 위해 모든 결과는 1964년 1월 1일~2011년 12월 31일을 대상으로 한다. 1963년 7월 1일~1963년 12월 31일의 수익을 제외했다고 해서 우리의 결론이나 결과가 달라지지는 않는다.

19. Eugene Fama and Kenneth French, "The Cross-Section of Expected Stock Returns." *Journal of Finance* 47 (1992): 427~465.

20. Philippe Jorion and William Goetzmann, "Global Stock Markets in the Twentieth Century." *Journal of Finance* 54 (1999): 953~980.

21. Roy Batchelor, "Bias in Macroeconomic Forecasts." *International Journal of Forecasting* 23(2) (April~June 2007): 189~203.

22. 뉴욕증권거래소 제외 수준(breakpoint)은 케네스 프렌치의 웹사이트에서 구할 수 있다. http://mba.tuck.dartmouth.edu/pages/faculty/ken.french/data_library.html

23. Beaver, McNichols, and Price, "Delisting Returns and Their Effect on Accounting-Based Market Anomalies."

# 11장. MF의 문제

1. Edward Chancellor, 《Devil Take the Hindmost: A History of Financial Speculation》(New York: Penguin Group, 2000).

2. Joseph D. Piotroski, "Value Investing."

3. 엑셀의 NORMDIST 함수를 사용하면 PROBM 스코어를 해석하기 용이한 PMAN, 즉 조작 가능성을 나타내는 확률로 쉽게 변환할 수 있다. 예를 들어 PROBM = -1.26이면

PMAN 셀에 NORMDIST(-1.26,0,1,TRUE)를 입력해 10.38의 값을 얻는다. 이는 조작 가능성이 10.38%라는 의미다.

4. 처음에는 경제적 해자와 재무건전성의 단순한 평균을 이용했다. 이후 여러 가지 가중치를 시험해보았으나 결과는 대동소이했다.


## 12장. QV로 시장을 이겨라

1. John Maynard Keynes, 《The General Theory of Employment, Interest, and Money》(Palgrave Macmillan, 1936).

2. William E. Sharpe, "Capital Asset Prices: A Theory of Market Equilibrium under Conditions of Risk." *Journal of Finance* 19(3) (1964): 425~442.

3. Eugene Fama and Kenneth French, "Common Risk Factors in the Returns on Stocks and Bonds." *Journal of Financial Economics* 33 (1993): 3~56.

4. Mark Carhart, "On Persistence in Mutual Fund Performance." *Journal of Finance* 52 (1997): 57~82.

5. Lubos Pastor and Robert Stambaugh, "Liquidity Risk and Expected Stock Returns." *Journal of Political Economy* 111 (2003): 642~685.

6. James Simons, "Mathematics, Common Sense, and Good Luck: My Life and Career," MIT Seminar, January 24, 2011.

7. Santa Fe Institute biography, www.santafe.edu/about/people/profile/Bill%20Miller.

8. Keynes, 《The General Theory of Employment, Interest, and Money》.

# 퀀트로 가치투자하라

초판 1쇄  2019년 8월 25일
    2쇄  2022년 1월 5일

지은이  웨슬리 그레이, 토비아스 칼라일
옮긴이  서태준
감수  신진오

펴낸곳  에프엔미디어
펴낸이  김기호
편집  김형렬, 양은희
디자인  유민기

신고  2016년 1월 26일 제2018-000082호
주소  서울시 용산구 한강대로 109, 601호
전화  02-322-9792
팩스  0303-3445-3030
이메일  fnmedia@fnmedia.co.kr
홈페이지  http://www.fnmedia.co.kr

ISBN  979-11-88754-19-9

이 도서의 국립중앙도서관 출판예정도서목록(CIP)은
서지정보유통지원시스템 홈페이지(http://seoji.nl.go.kr)와
국가자료공동목록시스템(http://www.nl.go.kr/kolisnet)에서 이용하실 수 있습니다.
(CIP제어번호: CIP2019031444)